Evolutionäres Management

Ervin Laszlo

unter Mitarbeit von Christopher Laszlo

Evolutionäres Management

Komplex denken gezielt handeln

DER STANDARD
BIBLIOTHEK

© copyright Ausgabe für Österreich:
Oscar Bronner Ges.m.b.H.
Herrengasse 1, 1014 Wien
Der Standard Bibliothek
Projekt Management: Michael Sedivy

ISBN 3-901047-07-7

Übersetzung: Wolfgang Becker, Claus-Peter Leonhardt, Tascha Faltys-Linden
Bearbeitung und Lektorat: Claus-Peter Leonhardt
Korrektur: Dr. Sonja Klug, Lucia Schrampf
Herstellung: Philipp Walz
Typographie: Claus-Peter Leonhardt
Umschlag: Tony Waltinger
Satz und Desktop Publishing: PAIDIA Verlag
Schrift: Sabon und Syntax
Papier: Gardapat 115 g/qm
Druck: Wiener Verlag, Himberg

Printed in Austria

INHALTSVERZEICHNIS

ANHANG

VORWORT

VON DANIEL GOEUDEVERT

Die Globalisierung der Wirtschaft ist ein unaufhaltsamer Prozeß im Zuge eines immer rascheren Wandels durch technologische Innovationen. Die Herausforderungen an die Unternehmen werden zunehmend komplexer und unterliegen schnelleren Veränderungen als bisher. Die transnationalen Unternehmen werden in Zukunft eine immer wichtigere Rolle spielen in einer Welt, die nicht länger in ideologische Blöcke gespalten ist. Die entscheidenden Impulse für die zukünftige Entwicklung unserer Welt werden nicht mehr von einzelnen Nationen, auch nicht von starken Wirtschaftsräumen, sondern von einzelnen Unternehmensgruppen kommen, die die globale Marktführerschaft innehaben.

Betrachtet die Wirtschaft ihre Globalisierung aber nur als Streben nach der Durchsetzungsfähigkeit am Weltmarkt und nach der Beherrschung der Märkte, koppelt sie sich von den eigentlichen globalen Entwicklungen ab.

Dann bleibt sie ihrem sozialen System verhaftet und beschäftigt sich weiter nur mit sich selbst. Sie nimmt Warnsignale von außen nicht wahr oder unterdrückt sie. Ihr einziger Bezugsrahmen ist dann der Markt, dessen Dynamik sie mit den ihr eigenen Mitteln sicherstellt. Störungen des Marktes nimmt die Wirtschaft lediglich über von ihr entwickelte und damit nur von ihr lesbare Meßinstrumente wahr, zum Beispiel über den Preis.

Demnach könnten Signale zum Beispiel aus dem System Umwelt oder aus anderen sozio-kulturellen Systemen nur in das System Wirtschaft eindringen, wenn sie in einem der Wirtschaft verständlichen Code abgegeben werden. Preise, Zahlungen, Kosten werden registriert.

Aber globale Entwicklungen, die die Märkte nicht unmittelbar verunsichern, ignoriert die Wirtschaft zumeist. Wachsende Umweltzerstörung und die sinkenden Überlebenschancen für Millionen von Menschen auf unserem Planeten sind bisher keine Parameter für global agierende Unternehmen und ihre Manager, neue Strategien für eine neue Weltwirtschaft zu entwickeln.

Dabei heißt Globalität, die ganze Welt im Blick zu haben. 1969 wurden die ersten Satellitenbilder von unserem blauen Planeten Erde im Fernsehen gezeigt. Zum ersten Mal sahen wir unseren Globus als Ganzes. Seitdem ist das Bewußtsein bei den Menschen, für diese kleine Kugel auch verantwortlich zu sein, beträchtlich gewachsen. Deshalb können wir unsere Kontinente nicht nur in rentable und unrentable Regionen aufteilen. Die Welt als globaler Markt funktioniert ohnehin nur, wenn wir diese Erde gemeinsam erhalten und entwickeln. So sind wir in vielen Dingen schon an die Grenzen des Wachstums gestoßen.

Globalität ist die Interdependenz aller Ereignisse und aller Handlungen auf diesem Globus. Und deswegen kommen einem global tätigen Unternehmen und seinem Management Verantwortungen zu, die nur mit vernetztem ganzheitlichen Denken und Handeln in die Praxis umzusetzen sind. Es reicht nicht, mit linearem Denken Wettbewerbsfähigkeit nach alten Mustern und Wirtschaftswachstum zu forcieren, ohne die globalen Auswirkungen zu berücksichtigen.

Das Management hat die Aufgabe, globale Unternehmensstrategien zu entwerfen, die globale Entwicklungen fördern und nicht behindern oder gar schädigen. Wir brauchen daher eine neue Definition der Wettbewerbsfähigkeit, in die Daten und Informationen einfließen, die bislang ausgeklammert waren. Um das zu leisten, brauchen wir ein neues strategisches Wirtschaftsdenken und vielleicht ein ganz neues Denken für die Manager der Unternehmen: das kreative, vernetzte Chancendenken, das Evolutionen zuläßt und initiiert.

Die Umsetzung dieses Denkens beginnt im Unternehmen selbst, wenn Abschied genommen wird von der klassischen Unternehmenshierarchie. Das Prinzip der Weisungen von oben nach unten ist ohnehin fragwürdig geworden. Die Experten, die Spezialisten mit dem für das Unternehmen überlebenswichtigen Know-how, sitzen zumeist nicht im Top-Management. Aber sie entscheiden letztlich über die zukünftige Entwicklung eines Unternehmens. Nur wenn das mittlere und untere Management eine Chance erhält, selbst zu denken und zu handeln, sind Evolutionen innerhalb des Unternehmens möglich, die auch Erfolge im Markt garantieren. Jeder Mitarbeiter sollte seine Kreativität und seine Initiative in den unternehmerischen Prozeß einbringen können.

Die Voraussetzung dafür ist der Abbau von Hierarchien, von Herrschaftsinstrumenten und Herrschaftssignalen. Das Management muß seine zumeist räumliche und sprachliche Trennung, die schon fast einer Isolation gleichkommt, den Mitarbeitern gegenüber aufgeben. Er muß ein Stück Unternehmen mit ihnen zusammen leben. Die Kommunikation in gleicher Umgebung mit gleicher Sprache ermöglicht den gewünschten Synergieeffekt zum Beispiel von Unternehmensleitlinien.

Der Manager sollte ein integrierter Teil des unternehmerischen Informationsnetzes sein. Dann kann er Entwicklungen sehr viel eher steuern und beeinflussen, als wenn er in der Vorstandsetage ohnehin nur gefilterte Informationen erhält. Gefragt ist eine neue Art der Flexibilität gegenüber Informationen, die aus den sozialen Bezugssystemen aller Mitarbeiter, aber auch aus anderen sozialen Systemen wie der Politik, der Wissenschaft oder gar gesellschaftlichen Randgruppen kommen. Potentielle Störfaktoren in Form von unliebsamen oder irritierenden Informationen sollten nicht unterdrückt werden zugunsten eines reibungslosen organisatorischen Ablaufes. Diese Faktoren gilt es daraufhin zu überprüfen, ob sie Anzeichen sind für neue Entwicklungen, neue Weichenstellungen, neue Chancen, die das Unternehmen ergreifen könnte.

Nur ein Management mit der Bereitschaft, seinen Mitarbeitern die Chance zur Entwicklung eigener Ideen zu geben, kann auch das Unternehmen zu globalen, verantwortbaren Entwicklungen führen. Der Manager hat zwar Führungsfunktionen. Aber heute heißt das, ein Team zusammenzufügen und dann die Menschen und die im Team ablaufenden Prozesse zu beobachten. Der Manager soll begleiten und seine Mitarbeiter im richtigen Moment zu gemeinsamer Leistung, zu gemeinsamer Kommunikation und Information und zur gemeinsamen Entwicklung motivieren. Dazu gehört die Erkenntnis, daß in der heutigen Informationsgesellschaft Motivation nur noch durch adäquate Information möglich ist.

Dazu gehören aber auch Eigenschaften wie Intuition, Instinkt und Initiative genauso wie Respekt vor der Persönlichkeit des Mitarbeiters. Dazu gehört vor allem die Bereitschaft, sich offen zu zeigen für neue Anstöße, und die Fähigkeit, das Unternehmen als Teil einer vernetzten Welt zu sehen.

Dann erst stellen globales Denken und Handeln eine Einheit dar, die sich nicht ausschließlich an der Konkurrenz im globalen Markt orientiert, sondern eine Evolution zugunsten des gesamten Lebens auf diesem Globus unterstützt. Und auch dann erst ist das Management in der Lage, die notwendigen Rückkopplungen von Unwägbarkeiten der globalen Entwicklung und scheinbar chaotischen Sprüngen des globalen gesellschaftlichen Wandels für sein Unternehmen vorzunehmen und kreativ-erfolgreich umzusetzen.

Daniel Goeudevert
Mitglied des Direktoriums des Club of Rome
April 1992

VORWORT

VON JAMES OGILVY

Die Evolutionstheorie hat sich nicht nur ihren Platz in der Geistesgeschichte erobert, indem sie unsere Auffassung vom Platz des Menschen in der Natur revolutioniert hat, sondern sie dominiert heute auch unser Denken über viel mehr als nur den Ursprung der Arten und die Herkunft des Menschen. Heute stehen wir am Anfang der Erkenntnis, daß das Konzept von der Evolution nicht nur auf die lange Geschichte der Arten, die von den Paläontologen entdeckt wurde, angewendet werden kann, sondern auch auf das Wachstum und die Entwicklung anderer komplexer Systeme, die von der Sprache bis zur Ökonomie reichen.

Wie die Kopernikanische Revolution, die nicht nur unser Denken über den Himmel veränderte, sondern auch Folgen auf der Erde hatte, so setzten die Ideen über die Entwicklung der biologischen Arten ganze Serien von Auswirkungen auf anderen Gebieten in Gang. Diese können noch immer wahrgenommen werden, und ihr Widerhall ist noch spürbar. Die Evolutionstheorie reißt uns nicht nur aus einer fundamental statischen, ahistorischen Weltsicht, die wir von Plato und Aristoteles geerbt haben, und schleudert die Menschheit mitten in die Zeit, sondern sie verändert auch unser Nachdenken über Veränderungen. An Stelle der hellenistischen, teleologischen Sicht der Dinge, die zu dem werden, was sie werden sollen, und an Stelle der mechanistischen Sichtweise Newtons von den Wirkungen, die notwendigerweise aus Ursachen folgen, führt uns die Evolutionstheorie dahin, in Begriffen einer komplexen Dynamik zu denken, die aus der zufälligen Veränderung und Selektion durch die Umwelt besteht. Weil sie uns weder die sublime Ewigkeit des christlichen Platonismus noch den präzisen Determinismus der Mechanik Newtons gestattet, unterwirft uns die Evolutionstheorie der Zeit und beläßt uns auf Dauer im Schatten des Zufalls. Nichts geschieht, weil es so am besten ist. Auch ist nichts die vorhersehbare und kontrollierbare Wirkung einer Ursache. Vielmehr finden Vorgänge statt, weil sie zufällig durch ein Chaos widerstreitender Einflüsse, die gleichzeitig auf zahlreiche Register und Rhythmen wirken, aus einer Unzahl von Möglichkeiten ausgewählt werden. Dieses unordentliche, aber letztlich funktionale Bild der (Un-)Ordnung der Dinge sieht allmählich doch sehr wie die Welt der Unternehmen und wie der Weltmarkt aus.

Führungskräfte standen zu Recht vielen akademischen Zugängen zur pragmatischen Komplexität des Marktes skeptisch gegenüber. Wenn Akademiker mit ihren Blockklemmen und eleganten Modellen und Theorien darüber reden, wie denn die Dinge funktionieren sollten, lautet die Reaktion in der Regel etwa so: "Theoretisch mag das so sein, aber in der Praxis ...". Und wenn die Akademiker in ihre Theorie Umstände und Bedingungen einarbeiten, welche die Ausnahmen berücksichtigen sollen, die in der Praxis vorliegen, dann kann ihre ursprünglich möglicherweise zu stark vereinfachte Theorie so komplex werden, daß sie ihren Nutzen verliert.

Die zeitgenössische Evolutionstheorie kehrt aber das ganze Verhältnis zwischen Unternehmen und der akademischen Welt um. Die Theorie selbst ist unglaublich einfach, und je häufiger man sie anwendet, desto größer wird der Bereich der Komplexität, für den sie gilt. Statt auf der Grundlage eines beherrschenden Gesetzes und der Beschreibung eines früheren Zustandes Voraussagen über einen bestimmten Zustand zu machen, erklärt die Evolutionstheorie die Dinge, ohne eine Voraussage über ein starres, einzig mögliches Ergebnis zu machen.

Sie erkennt das Chaos, die Unordnung sowie die Zufälligkeit an und sagt folgendes aus: Was auch immer sich aus der Unordnung entwickelt - und sich weiterhin daraus entwickeln wird - entsteht, weil es sich gemeinsam mit anderen Teilen der Unordnung entwickeln konnte. Die Evolutionstheorie ist eine Art des Denkens - nicht so sehr ein Denken in linearen Sequenzen deterministischer Ursachen und Wirkungen, sondern in systematischen Beziehungen, welche die Dinge mit ihrer jeweiligen Umwelt in Beziehung setzen. Sie ist ihrer Natur nach eher holistisch und relational als linear und mechanistisch.

Das evolutionäre Denken betrachtet die Dinge immer im Zusammenhang: eine Spezies, die sich an eine ökologische Nische anpaßt, ein neues Produkt, das die Antwort auf ein unerfülltes Bedürfnis ist. Die Perspektive der Evolutionstheorie ist einerseits immer und unvermeidlich temporal und dynamisch, andererseits holistisch und auf die Umwelt bezogen. Weil es diese Rundumsicht auf die Umwelt erzwingt, weitet das evolutionäre Denken jede Perspektive, die in der linearen Tunnelsicht einfacher Ursachen und Wirkungen gefangen ist. Aus diesem Grunde ist das evolutionäre Denken für die Entscheidungsträger und Führungskräfte nützlich, die um die Notwendigkeit der Rundumsicht wissen.

Wenn man sich einmal an die evolutionäre Betrachtungsweise gewöhnt hat, so ist es ganz erstaunlich, wie offenbarend und fruchtbar diese Perspektive in der Unternehmenswelt und in der Politik sein kann. Heute haben wir uns weit über die Unreife des Sozialdarwinismus und des Überlebens des Tüchtigsten von Herbert Spencer hinaus entwickelt. Die zeitgenössische Evolutionstheorie hat den Überlebenswert der Kooperation zwischen sich miteinander entwikkelnden Arten in symbiotischen Beziehungen erkannt. Wenn die Evolutionstheorie darüber hinaus auf intelligente Organismen angewandt wird, die Aufzeichnungssysteme wie zum Beispiel die Kultur entwickelt haben, wird deutlich, daß erworbene Merkmale - Sitten und Gebräuche - vererbt werden können. Dann beginnt das auf menschliche Systeme angewandte evolutionäre Denken eher wie sozialer Lamarckismus auszusehen denn wie das alte Schreckgespenst des Sozialdarwinismus.

Die Verfasser dieses Buches sind hervorragend qualifiziert, Licht auf die Interpretation und Anwendung der neuesten Entwicklung der Evolutionstheorie zu werfen. Ervin Laszlo hat zahlreiche Schriften über die Systemtheorie verfaßt und ist der Begründer der weithin bekannten allgemeinen Evolutionstheorie. Außerdem hat er sich während der Jahre seiner Tätigkeit als Forschungsdirektor der UNITAR und jetzt als wissenschaftlicher Leiter der Wiener Akademie in das Weltgeschehen vertieft. Prinz Alfred von Liechtenstein, im Jahre 1990 Träger des Albert-Schweitzer-Preises für humanitäre Verdienste, ist der Gründer und Präsident der Wiener Akademie und eine führende Persönlichkeit in einer Stadt, die sich anschickt, ihre Rolle als Zentrum des europäischen Denkens und der europäischen Kultur wieder zu übernehmen. Christopher Laszlo ist ein erfolgreicher, junger Praktiker, der das evolutionäre Denken in seiner Position als Manager für strategische Planung bei Lafarge-Coppée einsetzt, einem "Fortune 500"-Unternehmen aus Frankreich.

Ihr Buch erscheint zu einem entscheidenden Zeitpunkt. Sein Gegenstand spricht das Bedürfnis unserer Zeit an.

James Ogilvy
Präsident des Global Business Network

VORWORT

DER VERFASSER

Dieses Buch wurde geschrieben, um Wirtschaftsmanagern neue Einsichten zu eröffnen, die auf dem Wissen der System- und Chaostheorie beruhen. In turbulenten Zeiten, wenn sich die wirtschaftliche Umwelt in einer stürmischen Evolutionsphase befindet, gekennzeichnet von immer stärkerem globalen Wettbewerb, neuen und rasch wechselnden Produkten und Technologien, sowie zunehmender ökologischer und sozialer Verantwortung und weitgehenden Änderungen der Werte der Konsumenten, bieten die Erkenntnisse, die aus diesen Wissenschaften gewonnen werden, Managern einen fundierten Handlungsleitfaden. Im letzten Jahrzehnt des 20. Jahrhunderts haben system- und chaostheoretische Konzepte einzigartige Relevanz und eine unvergleichliche Nützlichkeit für das Wirtschaftsmanagement.

Die gegenwärtige Managementpraxis erkennt immer mehr, daß das Unternehmen als ein komplexes System in einer turbulenten Umwelt zu sehen ist. Das bis dahin dominierende Unternehmenskonzept als Mechanismus, der von oben mit Taylorscher Rationalisierung der Aufgaben und mit einer klaren Matrixstruktur geführt wurde, ist nicht mehr funktionell. Dieses Konzept wurde von sich immer rascher entwickelnden Technologien, globalem Wettbewerb, der engen Verbindung zwischen dem Unternehmen und der sozialen und ökologischen Umwelt sowie der Zunahme von übergreifenden, funktionalen Beziehungen am Arbeitsplatz innerhalb der Unternehmen selbst überholt.

In dem turbulenten Umfeld des späten 20. Jahrhunderts nehmen Unternehmen Eigenschaften von komplexen, unstabilen Systemen an, die nicht darauf reagieren von oben geführt zu werden, die aber sehr wohl durch die Anwendung von zuverlässigem Wissen, engagierter Entscheidungsfindung und geteilter Verantwortung in der Durchführung, navigiert werden können. Die Aktionsprinzipien zu Informationsoffenheit, die Fähigkeit, selbst zu lernen, die sinnhafte Anwendung von Instabilität, um wiederum einen dynamischen Durchbruch zu erreichen, ist erforderlich, um intuitive Vorgangsweisen durch auf Wissen basierende Aktionen zu ersetzen - ein unerläßlicher Faktor für effektives und verantwortliches Management von modernen Unternehmen.

Die Aktionsprinzipien, die in direkter Relevanz zu modernen Unternehmen stehen, nutzen die Freiheit als Bestandteil der Veränderlichkeit von komplexen Systemen in einer turbulenten Umwelt. Das sind evolutionäre Prinzipien, Evolution nicht als kontinuierlich ansteigende Änderungen, aber als plötzliche und oft chaotische Transformation. Das neue Wissen entstammt der System- und Chaos-Forschung in den Bereichen der Physik, Biologie, Sozialwissenschaften und Mathematik. Die evolutionären Theorien dieser Disziplinen sind quantitativ und raffiniert (sophistiziert). Für interessierte Leser stellen wir einen Überblick im Anhang zur Verfügung. Die Aktionsprinzipien, die von evolutionären Theorien stammen, sind von sofort einsichtiger Bedeutung, und der Leitfaden, den sie bieten, ist eine effiziente und unersetzliche Basis für Aktionen innerhalb verschiedenster komplexer Situationen.

Während wir uns in Richtung globale und informantionsintensive Welt des 21. Jahrhunderts bewegen, ergibt sich eine immer größer werdende Notwendigkeit für eine geistige Brücke, die das Wissen aus den Workshops der neuen System- und Chaoswissenschaften in die internationale Wirtschaftsarena zu transferieren vermag. Wir hoffen, daß dieses Buch imstande ist, dem Verkehr auf dieser Brücke Starthilfe zu leisten, indem es den Appetit von System- und Chaos-Forschern anregt, deren Resultate in Hinblick auf praktische Anwendungen zu überprüfen, und vor allem die Manager motiviert, die daraus resultierenden Einblicke in einen effektiven Leitfaden für Unternehmensnavigation durch eine turbulente Umwelt einzuarbeiten.

BEMERKUNGEN ZUR STANDARD-AUSGABE

Die Arbeit auf dem Gebiet des evolutionären Managements hat eine lange Vorgeschichte. Es begann, als Ervin Laszlo gebeten wurde, eine Rede vor einer Gruppe von Wirtschafts- und Geschäftsleuten zum Thema Anwendungen von neuen Systemen und chaostheoretischen Konzepten in bezug auf gegenwärtige, internationale wirtschaftliche Belange zu halten.

Beim Schreiben der Notizen für diese Rede profitierte es sehr von den Diskussionen mit Christopher Laszlo und Prinz Alfred von Liechtenstein. Beide Herren produzierten Papiere, das in die erste Rohfassung integriert wurde, die sich bald zu einem Buchmanuskript entwickelte. Die Materialien von Christopher Laszlo wurden in verschiedenen Kapiteln integriert, die von Prinz Liechtenstein waren in einem Anhang als seine persönlichen "Reflexionen" zusammengefaßt.

Diese Version von "Evolutionäres Management" wurde in Italien unter dem Titel "La Sfida dell'epoca: Il ruolo del management moderno in un mondo di grandi transformazioni" veröffentlicht (Milano: Sperling & Kupfer, 1991). Als das Interesse für dieses Thema wuchs, hat der Hauptautor ein erweitertes Manuskript vorbereitet. Zusätzliches Material von Christopher Laszlo wurde im Text integriert, der Beitrag von Prinz Alfred wurde aus dem Anhang entfernt und ist zur Einleitung von Kapitel 2 dazugekommen.

Diese überarbeitete Version, die auch die "Prinzipien des evolutionären Managements" beinhaltet, erschien in Deutschland unter dem Titel "Evolutionäres Management: Globale Handlungskonzepte" (Fulda: PAIDIA Verlag, 1992). Diesem Buch lagen Gespräche mit allen beteiligten Autoren zugrunde.

Der Text, wie er sich jetzt dem Leser präsentiert, ist das Resultat zahlreicher weiterer Arbeiten von Ervin und Christopher Laszlo. Die Managementprinzipien wurden völlig umgeschrieben und die Managementkonzepte ausgearbeitet. Da das einführende Material gekürzt und zusammengefaßt wurde, ist das ursprüngliche Kapitel 2 gestrichen worden.

Dieses Buch, so wie Sie es jetzt in Ihren Händen halten, spiegelt die Ideen und Notizen der beiden Autoren wider, und sie übernehmen volle Verantwortung für den Inhalt des Buches. Jedoch möchten sie auf die wertvollen Vorschläge und Anregungen von Prinz Alfred, die umfangreiche Unterstützung und wichtigen Hinweise von Michael Sedivy, Claus-Peter Leonhardt, Serge Feneuille, Pierre Grou, und Ray Deck, Jr., hinweisen. Sie alle haben zur Entstehung dieses Buches beigetragen, das der Anwendung von evolutionären Prinzipien im Management gewidmet ist und sich selbst evolutionär entwickelte.

Ervin Laszlo und Christopher Laszlo
Montescudaio/Toskana und Dallas/Texas
Juli 1992

Erster Teil
Globales Denken

1

DIE MOTOREN DER GLOBALISIERUNG

DAS GLOBALE UNTERNEHMEN

Seit dem Ende des zweiten Weltkrieges reiten Wirtschaftsunternehmen auf einer weltweiten Welle wirtschaftlichen Wachstums. Die Konvergenz von Produktion, Handel, Technologien der Steuerung und Information sowie der sich verändernden politischen Landschaft bot Unternehmen die Chance und die Mittel, weltumspannend tätig zu werden. Auf der Suche nach Gewinnen und Wettbewerbsvorteilen expandierten Firmen erst national, dann multinational und schließlich global.

Unmittelbar nach dem Krieg waren amerikanische Firmen, wie zum Beispiel die "großen Drei" der Automobilindustrie, Pioniere der Verlagerung von der nationalen auf die internationale Ebene. Die Motivation bestand im Streben nach Gewinn, und die Triebkraft waren die niedrigen Lohnkosten in Übersee. Im Zuge dieser Veränderung transferierten die Unternehmen Know-how und Technologien in einem beachtlichen Umfang an die Gastgeberländer. In Europa, Asien sowie Lateinamerika entstanden konkurrierende einheimische Industrien. Es dauerte nicht lange, bis einige der überseeischen Firmen, besonders in Japan, ihre Gegenüber in den USA in Wettbewerbsfähigkeit, Rentabilität und Marktanteilen einholten und sogar übertrafen. Während amerikanische Firmen noch immer nach billigen Arbeitskräften im Ausland suchten, investierten die Japaner in globale Marktanteile, wobei sie niedrige Diskontsätze zum Aufbau von Niedrigpreispositionen benutzten, die auf Größenvorteilen basierten. In der Automobilindustrie führte die Verdoppelung der Gesamtproduktion bei der Herstellung von Verbrennungsmotoren zum Beispiel zu einer Reduzierung von etwa 20 Prozent der direkten Stückkosten. Darüber hinaus erbrachte die Massenproduktion sowohl Qualitäts- als auch Preisvorteile. Durch ihre Expansion in immer mehr verwandte Branchen wurden japanische Produzenten wie Honda, Nissan und Toyota zu Branchenführern.

Mit großem Kapitaleinsatz kämpften die amerikanischen Firmen mit der neuen asiatischen Konkurrenz tapfer um den Aufbau immer größerer Unternehmungen: die größten Fabriken, die größten Serien, die intensivsten Werbekampagnen, das meiste Verkaufspersonal. Industrieanalytiker haben folgendes erkannt: Als die amerikanischen Unternehmen gerade dazu übergingen, Größenvorteile, Erfahrung und Technologie auszunutzen, wandten sich die japanischen Unternehmen schon wieder anderen Strategien zu, nämlich flexiblen Fertigungssystemen, der vollen Reaktionsbereitschaft auf Kundenbedürfnisse (total customer responsiveness, TCR), der totalen Qualitätskontrolle (total quality control, TQC), der ständigen Differenzierung, der Automatisierung und anderen Innovationen, mit deren Hilfe sie die Bedürfnisse des Kunden mit minimalen Verzögerungen und zu den niedrigsten Kosten erfüllen konnten. Weil sie gelernt haben, mit der Vielfalt umzugehen - mit größeren Kundenkreisen und größerer geographischer Ausdehnung, mit mehr eingeführten Produkten, einer breiteren Produktpalette und mehr Fertigungsprozessen für eine gegebene Menge von Ressourcen -, haben japanische Firmen ganze Industriesektoren auf dem Weg der Globalisierung vorangebracht.

Natürlich konnte nicht jede Industrie, ob in Amerika oder Japan, den vollen Nutzen der Internationalisierung genießen. Einige Industrien sind wegen der Struktur ihres Services, wegen Größennachteilen oder kostenintensiver geographischer Unterschiede in den Produktpaletten von ihrer Anlage her lokal gebunden. Die meisten Industrien vermochten aber auf irgendeiner Ebene ihrer Tätigkeit, Nutzen aus der Internationalisierung zu ziehen - zum Beispiel in

Forschung und Entwicklung, bei der Beschaffung von Rohstoffen oder den Gemeinkosten. Und die Internationalisierung hat gewisse Risikobereiche, wie zum Beispiel Ertragsschwankungen, auf bestimmten Märkten verkleinert.

Es waren die weltweiten Informationsströme, die, wenn auch nur indirekt, eine weitere wichtige Triebkraft der Globalisierung wurden. Weil sich Informationen schnell von Unternehmen zu Unternehmen übertragen können, wurde es schwieriger, Wettbewerbsvorteile durch die Vermarktung von Erfindungen zu erringen. Anfang dieses Jahrhunderts führten Forschung und Entwicklung neuer Produkte zu gewinnträchtigen Führungspositionen, welche zunächst durch Patente und später durch berühmte Markennamen bewahrt werden konnten - Ford und Mercedes Benz sind gute Beispiele.

Als die Wissensbasis der Innovation aber global und in sekundenschnelle von jedem Ort zugänglich wurde, führten Nachahmungen und -bauten schnell zur Verringerung der Gewinne aus neuen Projekten. Die französischen Hersteller von Fernsehgeräten waren bei der Entwicklung von Spitzengeräten mit Wahltasten und Fernbedienung führend und brachten Geräte mit diesen Funktionen lange vor ihren japanischen Konkurrenten auf den Markt. Da die Japaner aber in der Lage waren, diese Technologie zu übernehmen und in sehr kurzer Zeit bessere Geräte herzustellen, blieben der Erfolg und der Gewinn für die französischen Hersteller gering. Mitte der 80er Jahre war der größte französische Fernsehhersteller in ernsten Schwierigkeiten und zog den Verkauf des Unternehmens an einen der japanischen Elektronikgiganten in Betracht.

Infolge des kürzer gewordenen Zyklus von Erfindung, Nachahmung und Gewinnausfall schreckten viele Firmen vor riskanten, vorgelagerten Quellen von Wettbewerbsvorteilen zurück und wandten sich neuen Formen des Wachstums zu. Das wirkte wiederum als eine Triebkraft der Globalisierung. Auf der einen Seite wandten sich Unternehmen nachgelagerten Sektoren wie den Konsumenten- und Dienstleistungsbereichen zu, auf der anderen Seite expandierten sie durch Zusammenschlüsse und Aufkäufe horizontal.

Die Deregulierung, besonders die Lockerung der Antitrust-Gesetze unter Reagan, der Abbau von Handelsschranken in der Einheitlichen Europäischen Akte sowie der Abbau von Unterschieden in der Besteuerung in verschiedenen

Staaten waren weitere Motoren für die wachsende Größe und die Expansion von Konzernen.

Die Entstehung multinationaler Konzerne stellte eine Phase der Wachstumswelle der Wirtschaft dar. Die nächste Phase bestand im Auftauchen transnationaler, das heißt wirklich globaler Konzerne. Die multinationalen Riesen der 60er Jahre behandelten ihre Auslandsniederlassungen wie entfernte Anhängsel für die Produktion von Waren, die in ihrem Heimatland geplant und konstruiert, verkauft und gewartet wurden. Die Hierarchie eines Multis war eindeutig mit der Nationalität verbunden. Aber Ende der 80er Jahre hatte kein Staat mehr ein Monopol auf Technologie, Kapital, Talent und Innovation. Im dauernden Streben nach Gewinn und Wachstum wandelten sich international operierende Firmen zu transnationalen Unternehmen. Diejenigen unter ihnen, welche am weitesten entwickelt waren, erreichten Durchbrüche in den Labors eines Landes, verkauften Aktien an Investoren eines anderen und brachten Bürger eines dritten Staates auf den schnellen Weg zur Spitze. Nicht nur Verkaufs- und Produktionseinrichtungen, sondern auch die Hauptverwaltungen der Konzerne wurden dezentralisiert. Ende der 70er Jahre war NCR eine der ersten Firmen, welche die Verantwortlichkeiten für ihre weltweit angesiedelten Unternehmensbereiche vom Stammsitz in den USA nach Deutschland verlagerte. Erst in den 80er Jahren ergriff eine Reihe anderer amerikanischer Firmen ähnliche Maßnahmen, einschließlich Hewlett-Packard und Procter & Gamble. Die europäischen Unternehmen Nestlé, ABB, Philips, Ericson sowie die japanischen Firmen Sony und Nissan dezentralisierten ihre Hauptverwaltungen etwa zur gleichen Zeit. Als der Branchenführer IBM, dessen Zentrale sich traditionellerweise in den USA befindet, das Hauptquartier eines seiner wichtigsten Unternehmenszweige nach Großbritannien verlegte, schienen die verbliebenen Reste der nationalen Machtbasen innerhalb der bedeutendsten Konzerne zum Untergang verurteilt.

Die Welle der Übernahmen und Fusionen in den 80er Jahren und die Entwicklung verschiedener innovativer Formen strategischer Allianzen zu Anfang der 90er Jahre verwandelte manchen "Nischen-Spieler" erst in einen nationalen und dann in einen globalen Spieler. Als global operierende Spieler lernten sie, sich bei ihrer Entscheidung darüber, wohin Produktion und Kapital verlagert werden sollten, auf Kapitalflußberechnungen statt auf nationale Loyalität zu verlassen. Anders als die Multis, die in verschiedenen Staaten "Lehensgüter" unterhielten, die Dividenden an die nationalen Hauptverwaltungen zahlten, orchestrieren die dezentralisierten globalen Spieler die Bemühungen der nationalen Tochterunternehmen unter Berücksichtigung des Weltmarktes.

In Branchen wie der Biotechnologie, der Herstellung von Flugzeugtriebwerken und verschiedenen Finanzdienstleistungen favorisierte das beschleunigte Innovationstempo von Produkten die globalen Spieler mit weltweitem Zugang zu Ideen, Technologien und Kapital. Der Marktanteil der Produkte, die weniger als fünf Jahre alt waren, wuchs von etwas über 40 Prozent vor zehn Jahren auf über 55 Prozent heute. Nur globale Spieler konnten sich Forschungs- und Entwicklungsetats leisten, die Durchbrüche ermöglichten - sie beliefen sich auf 10 Prozent des Umsatzes und mehr. Und nur sie konnten sich das Risiko leisten, neue Produkte erfolgreich einzuführen. Rolls-Royce, Pratt & Whitney, Mitsubishi Heavy Industries und Fiat Industries waren selbst globale Spieler, als sie Mitte der 80er Jahre ein Gemeinschaftsunternehmen, die International Aero Engines, für die Erforschung und Entwicklung einer neuen Generation schubstarker Triebwerke gründeten.

Diese Entwicklung erreicht inzwischen in verschiedenen Industriezweigen schon den Mittelstand. Unter dem Konkurrenzdruck der globalen Giganten der Branche vollzieht sich ein rasanter Wandel. Beispielsweise repräsentieren 50 globale Unternehmen der Lebensmittelbranche 75% des Großhandelsumsatzes Europas. Weitere 500 nationale Unternehmen stehen vor der Entscheidung, sich europaweit zu entwickeln, um langfristig zu überleben oder unterzugehen: Sie stehen schon auf der Einkaufsliste einiger Giganten wie *Nestlé*. Allein dieses Unternehmen hat 1986-1988 Firmen wie *Rowntree Mackintosh*, *Sooner Snacks*, *Tom's Food* und *Thomi & Franck* in Großbritannien, *Buitoni* und *King's* in Italien, *Bendict*, *Heimbs* und *Zoegas* in Deutschland, *Sanpareil* in Belgien und *Granja Castello* in Spanien übernommen. Um ein ähnliches Schicksal zu vermeiden, haben im August 1989 zahlreiche Firmen wie *Marchant* in Holland und in der Schweiz, *Socadip* in Frankreich, *ZE* in Österreich, *Selex* in Spanien und Italien sowie *Linda-a-Velha* in Portugal ihre Vertriebsstruktur in einem gemeinsamen Unternehmen, der "European Marketing and Distribution", zusammengeführt. Diese Handelsorganisation, mit einem Umsatz von 82 Milliarden DM, gewährt seiner steigenden Zahl von mittelständischen Mitgliedern eine langfristige Konkurrenzfähigkeit in dem verschärften *Wettbewerbskampf* mit globalen Spielern im Europäischen Binnenmarkt. Diese Entwicklung verdeutlicht die Ausbildung transnationaler Strukturen in der mittelständischen Industrie: Inzwischen ist auch in diesem Bereich der Wechsel von der *nationalen* auf die *transnationale* Ebene zu finden.

Der Sprung auf die transnationale Ebene hat auch die Umsätze dezentralisiert. Im Jahre 1990 machten 36 Unternehmen mit jeweils mindestens 3 Milliarden Dollar Jahresumsatz 50 Prozent ihres Umsatzes oder mehr in anderen als ihren Heimatländern, und fünf dieser Firmen (Nestlé, Sandoz, Hoffmann-La Roche, SKF und Philips) erzielten mehr als 90 Prozent ihres Umsatzes im Ausland. Der im Ausland erzielte Umsatz hat sich bei den meisten multinationalen Spielern erhöht, auch wenn bei der Mehrheit von ihnen die nationalen Umsätze noch über der 50-Prozent-Marke bleiben.

Die Globalisierung der Fertigungsfirmen entwickelte sich parallel zur Globalisierung der Handels- und Dienstleistungsunternehmen. In fast allen Sektoren steigen die direkten Investitionen über Staatsgrenzen hinweg rasch an. Angetrieben durch die Globalisierung der führenden Unternehmen, die Umstrukturierung durch Konkurrenz auf verschiedenen Gebieten, den sich daraus ergebenden Steuer- und Lohnkostenvorteilen sowie dem Bedürfnis, protektionistischen Sanktionen aus dem Wege zu gehen, ist der grenzüberschreitende Kapitalfluß um mehr als 30 Prozent pro Jahr gewachsen und hat im Jahre 1990 über 200 Milliarden Dollar erreicht.

Die Globalisierung der Wirtschaft hat die wirtschaftliche Souveränität der Nationalstaaten untergraben. Die nationalen Regierungen wissen nicht einmal, wie sie den globalen Spielern gegenübertreten sollen, ganz zu schweigen davon, wie sie zu reglementieren wären. Es ist unklar, welche nationalen Verpflichtungen für ein globales Unternehmen gelten oder welche Nation die Technologie kontrolliert, die sie entwickelt hat. Es ist auch unklar, wie seine Unternehmenstätigkeit in das Bruttosozialprodukt einzurechnen ist. Wenn eine amerikanische Firma beispielsweise Fernsehgeräte in Japan herstellt und in den USA verkauft, soll ihr Umsatz dann ebenso als Handelsdefizit gerechnet werden wie bei den Erzeugnissen, die in Japan von japanischen Firmen hergestellt werden?

Während die Unternehmen in zahlreichen Staaten an Größe und Erfahrung zunahmen, lernten sie, das jeweilige nationale Wirtschaftsklima zu formen. Das gilt insbesondere in Staaten, in denen sie den nationalen Markt beherrschen. In den USA kontrollieren oft nur vier oder fünf Firmen 80 Prozent eines Marktsektors, in Japan werden diese 80 Prozent oft von weniger als vier Firmen erreicht. Und in Europa, wo jeder Staat seine Branchenführer im Laufe der Geschichte geschützt hat, führt das Programm für den Abbau der Binnengrenzen der Gemeinschaft schnell zu einer Konzentration der Konkurrenten.

Dies geschieht zum größten Teil durch Zermürbung, obwohl Fusionen und Übernahmen sich auch auf dem europäischen Kontinent wachsender Beliebtheit erfreuen. Sogar die mächtigsten Regierungen müssen den überlebenden globalen Spielern den Hof machen, damit sichergestellt ist, daß ein Teil der schätzungsweise 200 Milliarden Dollar, die sie jährlich über Staatsgrenzen hinweg investieren, in die heimische Wirtschaft fließt.

Der von globalen Unternehmen erworbene Reichtum repräsentiert in der modernen Welt eine beispiellose Quelle wirtschaftlicher Macht. Die Konzentration des Reichtums, die ihren Ursprung in der Nachkriegszeit hat, erfuhr in den 80er Jahren eine gewaltige Beschleunigung. Im Jahre 1976 betrug das Einkommen der 200 größten Fertigungsbetriebe der Welt etwa ein Sechstel des Welt-Bruttoinlandsproduktes. Im Jahre 1988 war der gleiche Anteil am Welt-BIP auf die 100 größten Unternehmen konzentriert. Die "Fortune Top 5" (General Motors, Ford, Exxon, Royal Dutch/Shell und IBM) hielten über 3 Prozent des BIP der 120 Mitgliedsstaaten der Weltbank; das entspricht einem Gesamteinkommen von 431 Milliarden Dollar bei einem Welt-BIP von etwa 14 Billionen Dollar.

Natürlich drückt die als Umsatz ausgewiesene Größe nicht die ganze Wahrheit aus. Macht im Sinne eines Wettbewerbsvorteiles fällt oft kleineren, beweglicheren Spielern zu. Dieses gilt sogar für die Grundstoffindustrie, in der Grö ßenvorteile am deutlichsten erkennbar sind. In der Stahlindustrie haben zum Beispiel Miniwerke wie Nucor und Chaparral traditionsreiche Werke wie USX und LTV weit hinter sich gelassen. Die Forderungen nach Flexibilität und Eingehen auf Kundenwünsche haben auf breiter Basis sogar zu einer Desintegration geführt, indem Unternehmensbereiche zu Subunternehmern verlagert wurden. Im Sinne der Wertschöpfung könnten die weltweit führenden Industrie- und Dienstleistungsunternehmen im Schnitt sogar an Macht verlieren. Aber die Wertschöpfung stellt auch nicht das vollständige Bild der wirtschaftlichen Macht dar. Eine machtvolle neue Form taucht auf. Es ist die Reintegration über Datenaustausch und Partnerschaften von Lieferanten und Händlern, die an die Stelle des Eigentums an Vermögen tritt. In den USA sind Campbell Soup, Frito-Lay und PPG die Pioniere solcher Verbindungen zwischen Händlern, Kunden und anderen Zulieferern, die auf die jeweiligen Bedürfnisse zugeschnitten sind. Rohr Industries hat Projekte für Forschungs- und Entwicklungsteams mit dem Flugtriebwerk-Hersteller GE, dem Flugzellen-Hersteller Boeing und der auftraggebundenen Fluglinie als dem Endkunden ins Leben gerufen. So werden Netze geschaffen, in denen das Management eine viel größere Macht ausübt, als durch die Kapitalbasis ihrer Unternehmen ausgedrückt wird.

Der Umsatz bleibt aber als Indikator interessant, weil er der einzige klare Maßstab für den Vergleich mit der Macht der Nationen ist. In diesem Lichte betrachtet, überflügeln Großfirmen ganze Volkswirtschaften. 1988 entsprach das Einkommen der 17 größten industriellen Fertigungsunternehmen mit etwa 922 Milliarden Dollar dem Einkommen der ärmsten 50 Staaten der Welt, in denen 65 Prozent der Weltbevölkerung leben. Das kombinierte Einkommen der drei größten Fertigungsunternehmen (GM, Ford und Exxon) war höher als das Bruttoinlandsprodukt Brasiliens. Und während die brasilianische Wirtschaft hochverschuldet war, was zu einem Kapitalflußdefizit führte, erzielten die drei Unternehmen Nettojahresgewinne von über 15 Milliarden Dollar.

Globale Unternehmen, deren Fabriken, Kundendienstabteilungen oder Verkaufs- und Marketingorganisationen sich in mehreren Dutzend Ländern befinden, beeinflussen die Abwicklung von Geschäften in der ganzen Welt. Auf

Regierungsebene verlangen Entscheidungen, die mehrere Staaten betreffen, komplexe Verhandlungen, die oft schwer durchzusetzen sind. In der Geschäftswelt dagegen schaffen Unternehmen effektive überstaatliche Normen und Kulturen der Verantwortung für die Umwelt, die ein direktes Ergebnis der Unternehmenspolitik sind.

Obwohl Unternehmen nur Zehntausende, in wenigen Fällen auch Hunderttausende Arbeitskräfte haben, wogegen die Regierungen in Anspruch nehmen, Millionen Menschen ihrer Völker zu vertreten, kontrollieren die Unternehmen oft entscheidende Sektoren der Weltwirtschaft mit sehr viel größeren strategischen Wirkungen auf Natur und Gesellschaft als die öffentlichen Institutionen.

DER GLOBALE INFORMATIONSFLUSS

Dank der Globalisierung der führenden Unternehmen und der Schaffung der Weltmärkte ist die Welt der Unternehmen in das globale Zeitalter eingetreten. Globale Unternehmen können jedoch nicht auf altmodischen Standards wie Gold, Geld, Materie und materiellem Reichtum beruhen. Es mußte eine weit flexiblere und immaterielle Basis geschaffen werden. Die Grundlagen dieser neuen Operationsbasis sind Ideen, Know-how und Kommunikation, mit anderen Worten Information. Im Laufe des letzten Jahrzehnts ist die Wirtschaft auch in das Zeitalter der Information eingetreten.

Die Industriegesellschaft verließ sich auf einen scheinbar unbegrenzten Vorrat an Rohstoffen und an Energie. Ihr Ziel war die Herstellung von Massenprodukten für Massenmärkte. Sie schuf Mechanismen für den Handel, die Werbung und den Transport, um die Entfernung zwischen Hersteller und Konsumenten zu überbrücken und immer größere Mengen von Massengütern auf immer umfangreichere Märkte zu bringen.

In den wirtschaftlich entwickelten Teilen verschwindet diese historische Entwicklungsform. Ihr Platz wird von einer postindustriellen Gesellschaft eingenommen, die nicht die Quantität, sondern die Qualität optimiert. Die in diesen Gesellschaften produzierten Güter zeichnen sich dadurch aus, daß sie einen steigenden Informationsgehalt bei sinkenden Energie- und Materialanteilen enthalten.

Die Industriegesellschaft war so organisiert, daß Stückkosten durch Massenproduktion vermindert wurden. Diese Produktionsform bedeutete Starre und Einförmigkeit im Fertigungsprozeß. Macht und Reichtum waren mit der Akkumulation des Kapitals verbunden, der Schaffung von Monopolen, der Kontrolle der Energie- und Rohstoffreserven und der Beherrschung der Massenmärkte. Die postindustrielle Gesellschaft konzentriert sich nicht mehr allein auf quantitatives Wachstum, sondern wendet sich der Umwandlung der Informationen zu. Sie folgt der Einsicht, die Lebensqualität zu verbessern. Die Produzenten erreichen eine breite Vielfalt von Konsumenten durch flexible, kundenorientierte Fertigungsmethoden.

Innovative Netze verbinden Produzenten und Konsumenten auf immer mehr Gebieten und verwischen so den Unterschied zwischen Fertigung und Dienstleistungen. Während die Industriegesellschaft durch Privateigentum an Kapital, freien Wettbewerb und Profitmaximierung gekennzeichnet war, verkörpert die Informationsgesellschaft auch Prinzipien des sozialen Nutzens und der ökologischen Synergie. Diese Entwicklungen ziehen eine Betonung der Kreativität und Flexibilität nach sich, die im Gegensatz zu dem starren Professionalismus steht, der im industriellen Zeitalter vorherrschte. Der japanische Zukunftsforscher Yonedi Masuda unterstreicht, daß die postindustrielle Gesellschaft horizontal-funktional und nicht vertikal-doktrinär ist. Der neue Markt ist die Grenze des Wissens. Der Zeit-Wert für jeden einzelnen wird anstelle des Preismechanismus zum Tauschmittel.

Es ist kein Zufall, daß sich moderne Gesellschaftsordnungen vom Industrie- zum Informationszeitalter bewegen: Der Übergang folgt aus der Art, wie sie ihre Information verarbeiten. In der Vergangenheit wurden Gesellschaftsordnungen hauptsächlich durch Information geformt, die in menschlichen Gehirnen verarbeitet war. Die Information materialisierte sich in der Erziehung der Kinder, der Gründung von Unternehmen, der Einrichtung lokaler oder nationaler Regierungen, der Organisierung von Kirchen oder Armeen und der Gründung von Schulen oder Theatern. Im Laufe des 20. Jahrhunderts wurde aber die in menschlichen Gehirnen verarbeitete Information mehr und mehr durch Information ersetzt, die in technischen Systemen verarbeitet wurde. *Im letzten Jahrzehnt dieses Jahrhunderts entwickeln sich menschliche Gesellschaftsordnungen über rein soziale Systeme hinaus: Sie wandeln sich zu sozio-technologischen Systemen.*

Der Prozeß der "Informatisierung" der Gesellschaft hat im frühen Altertum begonnen, hat sich jedoch erst in jüngster Zeit rasant beschleunigt. Die Erfindungen des Zahlensystems und des Alphabetes sowie die des Geldes erfolgten parallel und waren vielleicht die größten Innovationen in der Informationsverarbeitung. Obwohl es auch in der Antike einige mechanische Vorrichtungen gab, die die menschlichen Rechenfähigkeiten übertrafen - zum Beispiel den vor 3000 Jahren erfundenen Abakus, eine wunderbar einfache und nützliche Rechenmaschine, die auf dem Gebiet der ehemaligen UdSSR und im Orient bis heute benutzt wird - tauchten Maschinen, die diese Fähigkeiten durch die Ausführung von Berechnungen mit Hilfe eingebauter Programme wesentlich verbesserten, erst im 17. Jahrhundert wieder auf.

Im Jahre 1642 erfand Blaise Pascal eine Addiermaschine, die man als den ersten Digitalrechner ansehen kann, und 1671 baute Gottfried Wilhelm Leibniz ein Instrument, das durch wiederholte Addition multiplizierte. Im Jahre 1833 stellte Charles Babbage die Analytische Maschine her und schuf damit eine Grundlage für den Bau echter Rechenmaschinen.

Vor etwa einhundert Jahren kamen dann die Technologien der Informationsverarbeitung wirklich in Schwung. Ende des 19. Jahrhunderts gelang Hermann Hollerith die Automatisierung der Volkszählung in den USA, und Graham Bell erfand das Telefon. Etwa zur gleichen Zeit entwickelte Heinrich Hertz das Prinzip der drahtlosen Telegrafie und erbrachte Pionierleistungen bei der Entwicklung des Radios.

Konrad Zuse hat seine Z1-, Z2- und Z3-Computer in den 30er Jahren gebaut, und Eckert, Mauchly und Goldstein schufen 1946 den schwerfälligen, aber bereits voll leistungsfähigen ENIAC-Computer. 1952 wurde UNIVAC I, eine riesige Maschine mit 5.000 Wärme erzeugenden Vakuumröhren, die eine Fläche von etwa 220 Quadratmetern einnahm und etwa fünf Tonnen wog, dazu verwendet, den unerwarteten Wahlsieg Dwight Eisenhowers vorherzusagen. Im nationalen Fernsehen war die Maschine eine Sensation.

In den 40er Jahren ermöglichte die Erfindung der digitalen Datenverarbeitung in der Computerarchitektur durch den Mathematiker John von Neumann einen Quantensprung in der elektronischen Datenverarbeitung. Durch die Digitalisierung konnten Zahlen, Buchstaben, Wörter, Töne, Bilder und die Meßwerte mechanischer und elektrischer Instrumente schnell und genau in Folgen elektronischer Impulse umgewandelt werden. Anfang der 50er Jahre kamen digitale Computer für die Signalverarbeitung auf den Markt, die Nutzen aus der gleichzeitigen Massenproduktion von Transistoren für Hörgeräte und Radios zogen. In den 60er Jahren drangen Computer auf das Gebiet der Produktion vor. Die CIM (Computer-Integrated Manufacturing: computerintegrierte Fertigung) beherrschte die neuen Fähigkeiten des Digitalrechners und integrierte die unterschiedlichen Elemente der Fertigung, so daß der gesamte Prozeß als ein einziges System betrieben werden konnte. Dank der einzigartigen Fähigkeiten des Computers konnte dieses System flexibel automatisiert und on line in Echtzeit betrieben werden.

In den 70er Jahren machte die Entwicklung und Implementierung der vollen Fähigkeiten der CIM nur langsam Fortschritte, da die meisten Unternehmen die Computertechnik zur Automatisierung isolierter Elemente der Fertigung einsetzten. Sie schufen "Inseln der Automatisierung", wobei nur eine geringe Integration der Teile in einem sich adaptiv optimierenden Fertigungssystem vorhanden war.

In den 80er Jahren hat sich die Situation allerdings geändert: Bedeutende Fertigungsunternehmen wurden sich des Wettbewerbsvorteiles bewußt, der in einer durchgängigen Automatisierung, Optimierung und Integration einer als Gesamtsystem begriffenen Fertigung liegt. Die fortschrittlichsten Industrien schlossen nicht nur die technologischen Elemente des Fertigungssystems ein - das Produktdesign, die Produktplanung und -kontrolle sowie die Automatisierung der Fabrik -, sondern auch Führungselemente wie strategische Planung, Finanzen, Personalwesen und Marketing. In der nächsten Zukunft wird die CIM es Firmen ermöglichen, mit der Hälfte der gegenwärtig benötigten Maschinen das Produktionsniveau in den Anlagen zu halten. Die direkten Lohnkosten können um bis zu 75 Prozent sinken, der Bestand an unfertigen Erzeugnissen könnte fast auf Null fallen, und die Vorlaufzeit für Lieferungen kann auf wenige Tage schrumpfen.

Programmierbare Maschinen können durch Laden eines anderen Programmes auf ein anderes Produkt umschalten. In der Folge wird die Wettbewerbsfähigkeit durch die Qualität der Software einer Firma und nicht durch die installierte Hardware bestimmt.

Das Neue der Informationstechnologien erschließt sich am besten im Gegensatz zu jenen Technologien, die ihnen vorausgingen. Vor mehr als zweihundert Jahren begann die erste industrielle Revolution mit der Dampfmaschine, der Gewinnung von Eisen durch die Verwendung von Koks und der Tuchweberei. Sie wurde von Unternehmen angeführt, denen meistens ein Mann vorstand und die sich im Besitz einer Familie befanden. Bald breitete sich die Revolution aus und umfaßte die Herstellung und die Verwendung von Stahl, von Eisen und der Dampfmaschine für Eisenbahnen und Dampfschiffe auf weltumspannenden Handelswegen.

Mitte des 19. Jahrhunderts mußten größere und komplexere Organisationsstrukturen entwickelt werden, damit die Größenvorteile effektiv genutzt werden konnten, welche die neuen Technologien boten. Im Laufe des 20. Jahrhunderts verlangten die Elektrizität, der Verbrennungsmotor und der Einsatz von Mischungen chemischer Elemente zur Umsetzung der Ergebnisse aus Forschung und Entwicklung in rentable Unternehmungen mit diversifizierten Produktlinien noch weiter entwickelte Organisationsstrukturen.

In unserer Zeit erzwingen die Technologien von Information und Kommunikation einen weiteren Quantensprung in der Organisation der Wirtschaftsunternehmen und Nationalökonomien. Die Technologien erschließen Gebiete wie die Mikroelektronik, Laser-, Robotik-, Bio- und Gentechnik, Künstliche Intelligenz, neue Werkstoffe, die Nutzung des Weltraumes, Abfallmanagement, Kommunikation und Systemsteuerung. Ihr gemeinsamer Nenner - und der wichtigste Unterschied zu den klassischen industriellen Technologien - ist die hochentwickelte Verarbeitung und Verwendung von Information. Diese

Technologien verbinden neue Entwicklungen in den Wissenschaften mit der Produktion, dem Marketing sowie den Dienstleistungen, und sie treiben die Reorganisation der Strukturen und Verfahrensweisen der Unternehmen selbst an. Sie erfordern, daß Unternehmen von lokalen und nationalen Märkten auf den internationalen Markt wechseln.

Der Einsatz der neuen Technologien bietet wesentliche Vorteile. Die Unternehmen sind in einem großen Maße von geographischen Beschränkungen befreit. Heute kann jedes Reisfeld der Welt innerhalb weniger Monate in eine technologische Anlage auf dem neuesten Stand der Technik umgewandelt werden. Anlagen dieser Art sind nicht stark von lokal verfügbaren Rohstoffen, lokal verfügbarem Fachwissen und lokal verfügbaren Arbeitskräften abhängig. Und ihr Ertrag auf das investierte Kapital ist weit höher als der von Unternehmen, welche mit Gebrauchsgütern handeln, die eine niedrige Gewinnspanne bieten. Die Risiken, denen diese Einrichtungen ausgesetzt sind, sind weit geringer, weil sie nicht den unberechenbaren Gebrauchsgütermärkten unterliegen.

Computer besetzen heute dank Miniaturisierung, Massenproduktion und sinkender Kosten alle Phasen des Produktionsprozesses. Die Leistung der Großrechner der 70er Jahre wurde in den 80er Jahren auf Workstations übertragen und an immer mehr Schreibtischen zur Verfügung gestellt. Die Einheiten wurden durch eine Reihe von Methoden und Techniken immer stärker vernetzt. Verteilte Rechnerumgebungen machen es möglich, daß der einzelne von seinem PC aus Netze und Spezialrechner erreicht. In den 90er Jahren wurden Tausende komplexe Operationen als Algorithmen, auf dem Gebiet der Künstlichen Intelligenz auch als hochentwickelte Heuristik, in Rechner einprogrammiert. Der Markt für Computer-Laptops, Desktops, Workstations, Minis, Superminis, Großrechner und Supercomputer hat mehr als 220 Milliarden US-Dollar erreicht.

Kognitive Prozesse werden zunehmend auf Computer übertragen. Die Speicherung und Verarbeitung von Informationen durch Computer schafft, zusammen mit den neuen Techniken der Telekommunikation, riesige Netze, in denen Informationen gesammelt, verarbeitet, gespeichert und übertragen werden, ohne menschliche Eingriffe in ihren Betrieb zu erfordern - oder auch nur zuzulassen. Derartige Systeme sind tief in die Strukturen moderner Gesellschaften verwoben und befinden sich auf unzähligen Wegen in Wechselwirkung mit ihnen.

Da die Kontrolle in vielen Fällen fast vollständig an Computer übertragen ist, erhalten moderne Informationsverarbeitungssysteme in zunehmendem Maße Autonomie. Globale Fertigungsunternehmen und internationale Banken sowie Kreditinstitute haben ihre Finanzroutinen fast vollständig an Computerprogramme delegiert, die in weltweite Telekommunikationsnetze integriert sind. Quasi-autonome Informationsverarbeitungssysteme sind gründlich in Fertigung (CIM), Design und Konstruktion (CAD) und Bestandssteuerung (Just-In-Time-Systeme) integriert. Sie führen lebenswichtige Funktionen für Militär (Frühwarn- und Aufklärungssysteme), Boden- und Lufttransport (automatische Stellwerke, Autopiloten und Instrumentenlandesystem) und in so komplexen Operationen wie der Steuerung der atomaren Kettenreaktion in Kernkraftwerken durch. Die Systeme sind nahezu unverzichtbar geworden. Weder können sie durch menschliche Gehirne ersetzt werden (weltweit benötigt es allein fünfeinhalb Milliarden Menschen, in effiziente Arbeitsteams eingeordnet, um die Arbeitsleistung von ca. vier Millionen Computern zu ersetzen, und allein in Deutschland wären sieben Millionen Menschen notwendig, um die Rechenleistung des automatischen Banksystems zu erbringen), noch können sie "abgeschaltet" werden, ohne daß dies zu dramatischen Folgen führt, die vom Börsenkrach bis zur Kernschmelze reichen. Informationsverarbeitung ist ein elementarer Bestandteil unserer Gesellschaftssysteme geworden.

Informationen sind auch zum wesentlichen Faktor bei der Kanalisierung der Kapitalströme geworden. Walter Wriston, der langjährige Chef der Citicorp, hat darauf hingewiesen, daß der Informationsstandard den Goldstandard als Basis des internationalen Finanzwesens ersetzt hat. Die weltumspannende Kommunikation macht es möglich und stellt sicher, daß sich das Geld gesteuert durch die neueste Information (oder Fehlinformation) um die Welt bewegt. "Moore's Gesetz" gilt noch: Die Zahl der Komponenten auf einem Chip verdoppelt sich alle zwei Jahre. Das bewirkt unter anderem, daß die Größe der Systeme pro Leistungseinheit in den letzten Jahren um schätzungsweise

10 Prozent pro Jahr abgenommen hat und die Kosten ebenfalls um 10 Prozent gefallen sind. Da die Lernkurve keine Anzeichen einer Abflachung zeigt, werden voraussichtlich in den nächsten Jahren mehr und mehr Informationsverarbeitungssysteme on line gehen und immer mehr Funktionen übernehmen, die bisher von menschlichen Gehirnen ausgeführt wurden. Innerhalb der Gesellschaft entwickelt sich ein System , das technologische Informationsverarbeitungseinrichtungen und Menschen durch komplexe Feedbackschleifen integriert. Es speichert Information in einer Form, die viel dauerhafter und um mehrere Dimensionen umfangreicher ist als jede Form der Informationsspeicherung, die in früheren Gesellschaftsordnungen eingesetzt wurde. Dieses – für die Menschen "exosomatische" – Informationssystem wird zum inneren, fast "somatischen" Nervensystem der zukünftigen globalen Gesellschaft, dessen Triebkraft das schon heute globalisierte Wirtschaftsunternehmen ist.

AKTUELLE TRENDS IM MANAGEMENT-DENKEN

Um erfolgreich zu bleiben , müssen Manager am Ball des sich verändernden geschäftlichen Zeitgeistes bleiben und müssen sogar lernen, Zukunftstrends vorherzusehen. Das setzt voraus, daß die Grundkonzepte für die Führung moderner Unternehmen auf den neuesten Stand gebracht werden. Objektive Veränderungen innerhalb des wirtschaftlichen Umfeldes setzen entsprechende Veränderungen des subjektiven, nicht weniger wichtigen Denkens der führenden Manager voraus. Management-Konzepte, die in der ersten Hälfte des Jahrhunderts neu waren und während der Nachkriegszeit dominiert haben, sind heute veraltet.

Als eine Spätfolge der Naturwissenschaft des 19. Jahrhunderts, insbesondere von Newtons klassischer Mechanik, haben Manager ihre Unternehmen als komplexe Maschinen angesehen.

Sie glaubte, daß die beste Methode, um diese Maschine zum Arbeiten zu bringen, eine Kontrolle durch eine strikte hierarchische Organisation von ganz oben sei. Das Topmanagement war im alleinigen Besitz von Informationen bezüglich des Zustands und der Ziele des Unternehmens. Es war ein externer Kontrolleur, der allen Teilen der Unternehmensmaschinerie Befehle gab, ohne jedoch selbst welche zu empfangen oder auch nur teilweise von unteren Ebenen beeinflußt zu werden. Macht war hochkonzentriert, gekoppelt mit Verantwortung und Überblick. Das mittlere Management hatte nur Zugang zu jenen Informationen, die gerade relevant für die derzeitige Aufgabe waren. Die Verteilung der Aufgaben war von den Zentralen festgelegt: Die Unternehmensfunktionen waren mechanistisch in individuelle Arbeitskomponenten zerteilt. Das Top-Management teilte die Aufgaben zu und wies das Personal an, diese zu erfüllen. Mitarbeiter sollten die Anweisungen nicht kommentieren, sondern nur ausführen. Die Motivation für die Aufgabenerfüllung erfolgte durch materielle Anreize, unterstützt durch Drohungen. Individuelle Kreativität und Initiative wurden als unnötige Störfaktoren empfunden. In dem einer Maschine ählichen Unternehmen war das Management die einzige Quelle von Ideen und Wissen und der einzige Lenker des Unternehmensgeschickes.

Planung basierte auf dem festen Glauben an Kontrolle und Vorhersagbarkeit. Ergebnisse waren auf die Ursachen zurückführbar, und die Ursachen wurden quantitativ analysiert. Unternehmensaktivitäten auf der Grundlage von Ursache-Ergebnis-Ketten waren vorgegebene Größen unabhängig von Zeit und Ort. Wie in einer Maschine erwartete man bei gleichem Input immer denselben Output. Das Topmanagement konzentrierte sich auf den Input: Mit der richtigen Formel, würde der ersehnte Output automatisch folgen.

Dies war, mit nur geringer Übertreibung, die Essenz westlichen Managementdenkens während der meisten Zeit dieses Jahrhunderts. Die Einzelheiten dieser Denkweise wurden von Frederic Taylor in den USA und von Henn Fayol in Frankreich definiert.

Das mechanistische Konzept dominierte während der ersten Hälfte des 20. Jahrhunderts und einige Jahrzehnte innerhalb der zweiten Hälfte: Das ökonomische Wachstumsumfeld in der Nachkriegszeit bot keine Basis, dieses Konzept zu hinterfragen. Manager konnten ihre Unternehmungen führen, als wären diese verläßliche Maschinen und konnten sich sogar ihres persönlichen Wagemutes rühmen; fast alles, das ein unternehmungsfreudiger Manager versuchte, hatte gute Chancen zu funktionieren. Es gab keine Notwendigkeit, ein Basiskonzept zu überprüfen - wenn die Dinge von allein immer besser funktionieren, warum sollte man dann weiterschauen als bis zu seiner eigenen Nase. Geschäftsleute sorgten sich nicht, ob es Fortschritt geben würde oder nicht, sie versuchten nur zu erraten, welche Form er annehmen würde - und wie sie davon profitieren könnten.

Das Management hatte handfeste Gründe für sein Selbstvertrauen. Der technologische Fortschritt schien gesichert, und expandierende Märkte schienen den Wachstumsgewinn zu verteilen. Die Nachkriegswirtschaft hieß alle Unternehmer willkommen; sie konnten im gleichen Maße wachsen, wie die Weltwirtschaft expandierte. Langfristige Kosten, falls welche anfielen, waren langfristig verdeckt. Geschäftsleute pflegten zu sagen, daß es keinen Grund zur Besorgnis über die Zukunft gäbe: Langfristig, wie Keynes sagte, werden wir alle tot sein.

Während der 70er und 80er Jahre änderte sich die Situation. Die ökonomische Wachstumskurve flachte ab, optimistische Extrapolationen versagten in ihren Voraussagen, und der Club of Rome konnte aufzeigen, daß Wachstum letztlich Grenzen hat. Soziale Entfremdung und Unregelmäßigkeiten nahmen zu, die Technologie hatte unerwartete Nebeneffekte: Angst und Schrecken der Katastrophen von Three Mile Island, Bhopal und Tschernobyl, das Ozonloch über der Antarktis, ständig wiederkehrende Erdölunfälle, der saure Regen, die zunehmende Umweltverschmutzung in den Städten und auf dem Land, die Krise der Landwirtschaft. Der Glaube an den Fortschritt war gebrochen, Intellektuelle und Jugendgruppen hielten es für notwendig – und in einigen Schichten galt es als modern -, daß der technologische Fortschritt gefährlich sei, und daher gestoppt werden müsse. Nachdem Umweltthemen und Änderungen in den sozialen Werthaltungen als neue Faktoren in die Gleichung von Unternehmenserfolg aufgenommen wurden, begannen Manager gemeinsam mit Beratern und Managementtheoretikern, ihre operativen Erkenntnisse zu überprüfen.

Das Fehlen von Vertrauen in das dominierende Konzept hatte schwerwiegende Gründe: In einer sich rasch verändernden Umwelt verursacht mechanistisches Denken, das auf starren und uniformen Kausalketten basiert, Schocks und Überraschungen. Wenn neue Technologien auftauchen, wenn Märkte sich integrieren und internationalisieren, wenn Produktzyklen kürzer, Produktangebote diversifizierter werden und Kunden und Konsumenten kürzere Lieferzeiten und höhere Qualität einfordern, dann kann ein mechanistisch geführtes, hierarchisches Unternehmen diesen Anforderungen immer weniger entsprechen. Die Zentralisierung von Information und ihr langsames Vordringen in die unteren Ebenen produzierte eine bedrohliche Unbeweglichkeit und hatte manchmal fatale Fehler zur Folge.

In den späten 70er Jahren wurde offensichtlich, daß das Taylorsche Unternehmen für die Navigation in turbulenten Gewässern nicht ausgerüstet ist; eine Logik, die anders funktioniert als eine hierarchische Maschine, ist erforderlich. Diese neue Logik muß dem Management die Möglichkeit geben, wenig vorhersehbare Situationen zu bewältigen. Sie muß genügend Flexibilität ermöglichen, um neue Technologien, sobald sie erfunden werden, sofort anzuwenden. Dem Unternehmen muß die Möglichkeit geboten werden, neue Aktivitätsbereiche zu eröffnen und alte zu verlassen, wenn sich eine Gelegenheit bietet. Die Logik muß die Fähigkeit haben, die Interdependenzen des Unternehmens mit seinem sozialen und ökologischen Umfeld aufzunehmen und umzusetzen.

Die gegenwärtige Wirtschaftsliteratur spiegelt die Suche nach einem neuen Konzept wieder. Während der 70er Jahre haben amerikanische Wirtschaftsschulen die neue Manager-Generation eher mit dem rationalen Arbeitsplatzkonzept Peter Druckers konfrontiert als mit Taylors Ideen zum "wissenschaftlichen Management". In den 80er Jahren begann - angetrieben von der wachsenden Attraktivität von Unternehmensleistungen in einem immer instabileren Geschäftsklima - der Weg der Vorkämpfer Tom Peters und Bob Waterman sehr populär zu werden. Manager fingen an, die Erfolgsgeschichten dieser Zeit zu studieren. Viele sahen ein, daß der richtige Weg nur "Zurück zur Basis" heißen konnte, andere wollten lernen, wie man die Zeiten eines stärker werdenden Chaos übersteht. Der Informationstechnologie, der Akquisition von Wissen und der Zeit als strategische Ressource kamen immer mehr Bedeutung zu.

Der Erfolg japanischer Unternehmen und die Einrichtung des Gemeinsamen Marktes in Europa spornte zur Erforschung alternativer Managementmethoden an. Forscher entdeckten bemerkenswerte Züge im Denken japanischer Manager, die einen starken Einfluß östlicher Philosophie und eine unerwartet niedrige Empfänglichkeit für westliche Theorien und Mythen aufwiesen. Europäische Manager dagegen waren durch ihr eigenes kulturelles Erbe stark beeinflußt. Wissenschafter nahmen den Kampf gemeinsam mit professionellen Managementberatern auf. Der Anthropologe Martin Large z. B. empfahl, daß die grundlegenden Charakteristika gesellschaftlicher Entwicklung - qualitative Veränderung, vorübergehende Krisen, Involution und Evolution, Diskontinuität, Umstrukturierung auf immer höheren Ebenen dynamisches Gleichgewicht und Irreversibilität - sowohl auf Individuen wie auch auf geschäftliche Organisationen angewandt werden sollten. Immer mehr Stimmen wurden laut, die sich für ein "holistisches Management" aussprachen, das die Integrität des ökonomischen Prozesses und seine enge Verbindung mit der subjektiven Sphäre betont, durch die Individuen Werte schaffen und die Ziele ihrer Existenz verfolgen.

Das Interesse an evolutionären Konzepten nahm rasch zu. Frühe Exponenten einer evolutionären Wirtschaftsrichtung waren George Ainsworth, der drei Wachstumsstufen beschrieb (die Akreszenz, die Replikation und die Mutualität), und der Biologe Barry McWaters mit dem Konzept der synergetischen Befreiung als Kernstück einer bewußten Evolution. Die Schule des entwicklungsorientierten Managements, deren Pionier in den späten 60ern Bernhard Lievegoed war, setzte die Ausarbeitung des evolutionären Denkens mit Betonung der speziellen Situation von Managern in den frühen 90ern gerne fort.

Die darauffolgenden Richtungen von Managementtheorien und operationalen Rezepten wetteiferten um ausschließliche Aufmerksamkeit, obwohl sie häufig widersprüchlichen Rat hatten. In den 60er Jahren war es modern, Diversifikation und Multi-Aktivitäts-Portfolio zu empfehlen, während in den 80er Jahren die Aktionärs-Werttheorie Divestment und Konzentration auf ein einzelnes Unternehmen mit einem starken Produkt erforderte. In den 80ern galt es als verrückt, einem Kunden zu sagen, was in einem Produkt oder in einer Dienstleistung zu sehen ist. In den 90er Jahren dagegen erlangte das Konzept des "Expeditions-Marketing" Popularität - die Strategie des Suggerierens oder Kreierens einer Nachfrage durch Avantgarde-Design und Technologie.

Von der Betonung der rationellen Aufteilung der Arbeitskraft im Geschäft als charakteristisches Merkmal des mechanistischen Denkens, das die erste Hälfte des Jahrhunderts dominierte, ging man dazu über, das Unternehmen als ein Element in einem internationalen, ökonomischen, politischen, sozialen und ökologischen System zu betrachten. Die Veränderung ist zwar an sich signifikant, hat jedoch noch nicht vollends das heute allgemein vorherrschende Management-Denken durchdrungen. Mit Ausnahme einiger einsichtiger Manager, die die Situation - meist intuitiv - erkannt haben, bleibt die alltägliche Arbeit von Managern und Managementberatern den "erprobten" Methoden und Formeln der Mikroökonomie verhaftet. Wie im Kapitel 3 besprochen wird, betrachten diese Konzepte ein Unternehmen nicht mehr als mechanistische Einheit, jedoch werden Funktionen in eine Reihe individueller Aufgabenbereiche (wie Einkauf, Marketing, Finanzen etc.) aufgeteilt, ohne systematische Verbindungen zwischen den einzelnen Aktivitäten oder zwischen dem Unternehmen und seinem sozialen, ökologischen, politischen und kulturellen Umfeld miteinzubeziehen.

Das Management-Denken ist in Veränderung begriffen, aber es hat noch einen weiten Weg vor sich. Evolutionäre Konzepte müssen im Unternehmensmanagement erst reifen und zu evolutionären Unternehmenspraktiken führen. Dies ist die Hauptaufgabe, der dieses Buch gewidmet ist. Im nächsten Kapitel werden wir die Grundlagen einer evolutionären Theorie behandeln.

2

EINFÜHRUNG IN DAS EVOLUTIONÄRE DENKEN

In der Gegenwart ist die Kenntnis der Begriffswelten, mit deren Hilfe die entscheidenden Vorgänge unserer Zeit wahrgenommen und analysiert werden, Bestandteil der Bildung des Managements. Der Erwerb dieser Bildung bedeutet, daß man etwas über die Entwicklung komplexer Systeme in der Realität weiß. Dies erfordert seinerseits die Beachtung der fundamentalen Erkenntnisse der neuen Wissenschaften von den Systemen, dem Chaos und der Komplexität. Das Weltbild dieser Disziplinen unterscheidet sich grundlegend von dem Bild, das mit Wissenschaft zu assoziieren uns gelehrt wurde.

Modernes Denken in evolutionären Systemen ist Denken in Prozessen. Dinge werden *nicht geschaffen*, sie *werden* zu etwas. Das Werden ist ein Prozeß der Veränderung, der niemals zu seinem Ursprung zurückkehrt: Evolutionäre Veränderung ist *unumkehrbar*. Evolutionäre Veränderung ist auch *nichtdeterministisch*. Die Entwicklung eines Systems - es kann eine Galaxis, ein Mensch, eine Gesellschaft oder ein Unternehmen sein - ist nicht bereits am Anfang festgelegt. Jeder Prozeß der evolutionären Veränderung bringt seinen eigenen Weg hervor und führt die Integration vieler Zufallsfaktoren innerhalb einer Gesamtentwicklung herbei.

Die moderne, evolutionäre Betrachtungsweise von Systemen reflektiert eine bedeutende Verlagerung des wissenschaftlichen Denkens. Bis zum Beginn die ses Jahrhunderts war das wissenschaftliche Weltbild höchst deterministisch. Jedes Ereignis trat als Ergebnis eherner Notwendigkeit ein, die auf die Wirksamkeit unveränderlicher Naturgesetze zurückgeführt wurde. Man stellte sich die Welt wie ein riesiges Uhrwerk vor: Die Newtonsche Physik wurde nicht umsonst als klassische Mechanik bezeichnet. Die Sicherheit dieses Wissens ließ Laplace seine berühmte Antwort auf Napoleons Frage nach dem Platz Gottes in diesem System folgendermaßen formulieren: "Sire", sagte der große Mathematiker, "ich bedarf dieser Hypothese nicht."

Wenn man davon ausgeht, daß seine Grundannahmen richtig waren, hatte Laplace recht. In einem deterministischen Universum folgen spätere Ereignisse rigoros aus vorhergehenden. Wenn man weiß, was am Anfang war, kann man berechnen, was darauf folgen wird. Aber die deterministischen Annahmen von Laplace waren falsch. Sie wurden bald in Frage gestellt und später ganz verworfen.

Schon Mitte des 19. Jahrhunderts stellte Darwin die Vorherrschaft des Determinismus in der Natur mit der Behauptung in Frage, daß Mutationen bei Lebewesen zufällig seien. In Darwins Biologie stehen die zufälligen Mutationen darüber hinaus in zufälligen Wechselwirkungen mit der Umwelt, so daß die natürliche Selektion auf einem zweifachen Zufall beruht, nämlich auf dem Ergebnis der zufälligen Mutation und auf der zufälligen Integration der Mutanten in ihr Milieu. Diese doppelte Zufälligkeit führte zu einer Spaltung in den Wissenschaften.

Die Physik stand unter dem Einfluß des Newtonschen Determinismus, während die Biologie schon mit den stochastischen Wahrscheinlichkeitsgesetzen zu arbeiten begann. Bergson, Boltzmann und andere große Geister des 19. Jahrhunderts bemühten sich vergeblich, die Folgerichtigkeit nachzuweisen. Erst weit in unserem Jahrhundert konnten Biologie und Physik versöhnt werden, und in diesem Prozeß erfuhren beide fundamentale Veränderungen. Die Physik ließ den Zufall als grundlegenden Faktor zu, und die Biologie integrierte den Zufall in eine Entwicklungsreihe, die eine eigene Kohärenz besitzt.

Um die Mitte dieses Jahrhunderts kam die Revolution des wissenschaftlichen Denkens ernsthaft in Gang. Mit dem Erscheinen von Bertalanffys allgemeiner Systemtheorie, Prigogines Thermodynamik des Ungleichgewichtes, Wieners Kybernetik, Shannons Informationstheorie, Rösslers, Mandelbrots und Abrahams Chaostheorie und den anderen "Wissenschaften von der Komplexität" wandelte sich das wissenschaftliche Weltbild vom maschinenhaften Determinismus der klassischen Mechanik und dem zufallsgebundenen Indeterminismus der Darwinschen Biologie zum in sich folgerichtigen Universum der selbstorganisierenden dynamischen Systeme.

In der neuen Sichtweise bestehen selbstorganisierende, das heißt evolutionäre Systeme, aus Konfigurationen von Materie und Energie, die sich durch den Austausch und die Entwicklung von Informationen konsolidieren. Diese Systeme existieren weit entfernt vom stabilen, aber inerten Zustand des Gleichgewichtes. (Im Gleichgewicht - das heißt im thermodynamischen Gleichgewicht - gibt es keine Temperaturunterschiede und kein chemisches Gefälle in einem System; alles ist gleichförmig. Daher kann keine Wärme fließen, und irreversible Prozesse können nicht stattfinden: Das System ist "tot".) Es hat sich erwiesen, daß die Entwicklungsebene eines Systems und seine Entfernung vom Gleichgewicht in einer Korrelation stehen. Je weiter sich ein System entwickelt hat, desto weiter ist es vom thermodynamischen Gleichgewicht entfernt.

Zum Beispiel ist ein organisches Molekül weiter vom Gleichgewicht entfernt als ein stabiles Atom, eine Maus weiter als eine Amöbe, und ein Mensch ist weiter als eine Maus von diesem Zustand entfernt.

Die komplexe Struktur der hochentwickelten Systeme wird nicht mehr durch den Ausgleich von Kräften in dauerhaft stabilen Strukturen zusammengehalten, sondern durch aufeinander abgestimmte Zyklen und Feedbacks, die aufeinander reagieren und Abweichungen von den Normen des Systems kompensieren. Die Balance, die man in einem sich entwickelnden System erhält, ist "dynamisch" und nicht "strukturell". Sie ist nicht die Balance des Eiffelturms, bei dem ausbalancierte Träger eine permanente Struktur erhalten, sondern die Balance einer Artistentruppe, die eine menschliche Pyramide bildet. Hier beobachten die Muskeln jedes einzelnen Akrobaten die Bewegung aller anderen, reagieren auf sie und halten somit jedermann in einem dynamischen Gleichgewicht mit allen anderen.

Aber auch die menschliche Pyramide ist ein ungenügendes Beispiel für das Gleichgewicht, das in sich entwickelnden Systemen auftritt. Tatsache ist, daß Evolutionsprozesse nicht darauf abzielen, irgendeine Form eines Gleichgewichtes zu bilden, noch nicht einmal eine höchst dynamische Form. Sie sind statt dessen auf Wachstum und Entwicklung orientiert.

Ein Evolutionsprozeß umfaßt die Destabilisierung der von ihm selbst geschaffenen Strukturen ebenso wie ihren dynamischen Ausgleich. Diese Tatsache ist wie folgt begründet: Evolution findet niemals allein innerhalb des sich entwickelnden Systems statt, sondern immer im Kontext einer fein abgestimmten und daher instabilen Beziehung zu seiner Umgebung. Kein sich entwickelndes System ist eine Insel. Ein geschlossenes System könnte nicht lange Bestand haben, es würde früher oder später seine Energien verbrauchen und "ablaufen".

Das berühmte zweite Gesetz der Thermodynamik kennt keine Ausnahmen: Wenn ein System Arbeit leistet, wenn es irgend etwas tut, verbraucht (degradiert) es Energie. Seine Abfallenergien können niemals vollständig wiederverwendet werden: Es wäre mehr Energie notwendig, um den Abfall auf ein brauchbares Niveau zu heben, als das System durch seine Wiederverwendung gewinnen könnte. Daher kann es in einem geschlossenen System niemals ein Perpetuum mobile geben.

Während sich geschlossene Systeme unausweichlich auf den Zustand des thermodynamischen Gleichgewichtes hin entwickeln, ist dies bei sich entwickelnden Systemen nicht der Fall. Sie laufen nicht ab, weil sie ihre Vorräte an Materie und Energie einfach durch Aufnahme neuer Ressourcen aus ihrer Umwelt ständig auffüllen. Die Umgebung eines sich entwickelnden Systems ist die Quelle frischer Materie und frischer Energie, und sie ist die Deponie für Abfall-Materie und Abfall-Energie. Sich entwickelnde Systeme hängen unabdingbar und mit vitalen Konsequenzen von ihrem Milieu ab, das ihr Überlebensraum ist.

Je weiter ein System entwickelt ist, desto enger und empfindlicher ist seine Anbindung an seine Umwelt. Die Bindung an die Umwelt ist jedoch kein statischer Zustand, sondern ein dynamischer gegenseitiger Ausgleich. Die Bedingungen in der Umwelt tendieren zur Veränderung, gleichzeitig ist das auch im System der Fall. Daraus folgt eine beständige Reihe von Fluktuationen, durch die die Flexibilität der Schnittstelle zwischen dem System und der Umwelt getestet wird. Unter normalen Umständen gleicht ein System jede Abweichung von seinen normalen Wechselwirkungen mit der Umwelt aus. Es bringt sich in die Lage, die von ihm benötigten Ressourcen aufzunehmen und die von ihm erzeugten Abfälle auszustoßen. Viele Systeme erreichen jedoch einen Punkt, an dem dieser Ausgleich nicht mehr möglich ist. Dann bricht das System entweder zusammen, oder es strukturiert sich um. Die menschliche Pyramide bricht zusammen und löst sich in einzelne Akrobaten auf, während ein Organismus, ein ökologisches System oder eine Gesellschaft sich umstrukturieren könnte. Der Prozeß ist tendenziell nichtlinear, er schafft einen Bruch mit der Vergangenheit. Selbstorganisierende Systeme entwickeln sich durch den Wechsel zwischen längeren Zeiträumen der dynamischen Selbststabilisierung und kurzen Perioden der revolutionären Umstrukturierung. Der Rhythmus der Evolution ist wie das Leben eines Polizisten: Es besteht aus verhältnismäßig langen Perioden der Langeweile und relativ kurzen Perioden des Schreckens.

Diese Konzepte teilen uns etwas über die Welt mit, in der wir leben. Die evolutionäre Umstrukturierung ist in vollem Gang - nicht bei einzelnen Menschen, deren Organismus durch den genetischen Code lebenslang definiert ist, sondern in der Gesellschaft. Tatsache ist, daß die menschliche Gesellschaft nicht genetisch, sondern kulturell codiert ist. Gesellschaftliche Codes sind Moral, Werte, Sitten, Gebräuche, Gesetze, Bestimmungen und dergleichen. Diese können und werden sich zu allen Zeiten verändern, besonders in Streß- und Krisenzeiten. Folglich ist die menschliche Gesellschaft, und mit ihr die Gemeinschaft, die Kultur, die soziale und politische Organisation sowie das Wirtschaftsunternehmen, ständig Änderungen ausgesetzt. Individuen mit festen genetischen Codes treten in diese Gruppen ein, und sie verlassen sie, aber die Gruppen selbst können immer wieder durch neue "kulturelle" Codes umstrukturiert werden.

Längerfristige Selbststabilisierung, periodische Instabilität und der Sprung zu einer neuen Form der Stabilität: Dieses sind die entscheidenden Prüfsteine des evolutionären Prozesses. Wenn man die Welt in diesem Lichte betrachtet, dann evolutionären Prozesses. Wenn man die Welt in diesem Lichte betrachtet, dann sieht man sie anders als jene Menschen, die sie im Lichte der klassischen Konzepte der stabilen Strukturen, der linearen Entwicklung und vorübergehenden Abweichung vom Gleichgewicht betrachten.

Unglücklicherweise verharrt das heutige Führungsdenken noch immer in Modi, die mechanistisch und auf das Gleichgewicht ausgerichtet sind. Entscheidungsträger analysieren politische Systeme, Unternehmen und Märkte, als seien sie Maschinen, die man zerlegen und reparieren kann. Sie wollen das fehlerhafte Teil finden, um es zu reparieren oder auszutauschen. Sie betrachten Fluktuationen als Bedrohung und Abweichungen als Gefahr. Das übliche Ziel ist die Bewahrung oder Wiederherstellung des ehemaligen Zustandes des Systems - in einem Regime die Erhaltung von "Recht und Ordnung" oder im Markt das Einfinden des zuvor herrschenden Gleichgewichtes.

Falls notwendig greifen die Entscheidungsträger ein, um den Status quo wiederherzustellen. In der Wirtschaft bekämpfen sie die Konkurrenz und die Gesetzgebung und, wenn es sein muß, entlassen und ersetzen sie Personal. In der Politik mobilisieren sie die öffentliche Meinung, unter größerem Druck, rufen sie die Hilfe der Polizei oder der Streitkräfte herbei. In diesen Handlungen wird die Tatsache mißachtet, daß Gruppen von Menschen, die einer grundlegenden Instabilität ausgesetzt waren, nicht mehr auf den Status quo zurückgeführt werden können. Wie andere sich entwickelnde Systeme auch strukturieren sich Gesellschaften, Kulturen, Gemeinschaften und Unternehmen auf neuen Ebenen und in neuen Formen eines dynamischen Gleichgewichtes um. Wird in diesen Prozeß eingegriffen, um die Gleichgewichte "erprobter" Bedingungen wiederherzustellen, beschränkt man das Spiel der selbstschöpferischen Kräfte. Die Ergebnisse werden nur vorübergehender Natur sein, in internationalen Beziehungen ebenso wie in der Wirtschaft. Nachdem ein Gorbatschow oder Saddam Hussein das "strukturelle Gleichgewicht der Großmächte" gestört hat, kann es nicht durch eine Nixon- oder Kissinger-Doktrin oder durch die Perestroika wiederhergestellt werden. Ebensowenig kann die alte Struktur eines Unternehmens nach Fusionen und Übernahmen innerhalb des Konzerns und nach Veränderungen in seiner Umgebung wiederaufgebaut werden.

Die Wahl der Perspektive, aus der man die Welt betrachtet, ist keine müßige Übung in begrifflicher Gymnastik, sondern eine bedeutende Determinante der Entscheidungsfindung. Es gibt keine rationale Entscheidung, die nicht durch die Weltsicht geformt wird. Ebenso existiert kein Sehen und Hören, das nicht durch kulturelle Konditionierung und soziale Erfahrung geformt ist. Die pragmatische Haltung nach dem Motto "Vergiß die Theorie, laß uns handeln" ist nicht effizient; sie ist nur naiv.

DER EVOLUTIONÄRE GIGATREND (EGT)

Alle Menschen tragen eine Weltsicht in ihrem Kopf, die Frage ist nur, welche Sichtweise es ist. Einige sind besser als andere, richtiger und funktionaler. Die Sichtweise, welche die neue evolutionäre Systemwissenschaft anbietet, ist eine, die einzigartig an unsere Epoche der Instabilität und der Veränderung angepaßt ist. Ihr Kern ist die Dynamik des Evolutionsprozesses selbst.

Dieser Prozeß entfaltet sich nicht mit der ehernen Notwendigkeit, welche die klassische Mechanik dem Universum zuschrieb. Er ist auch nicht das Opfer der Zufallsprozesse, welche Darwins Biologie in die lebende Welt hineininterpretierte. Der Evolutionsprozeß ist nichtdeterministisch und selbstschöpferisch, aber er ist nicht willkürlich oder ungeordnet.

Die Entfaltung des Evolutionsprozesses schafft einen kanonischen Trend in Natur und Gesellschaft. Evolutionäre Trends sind weit dauerhafter und entscheidender als die von John Naisbitt Ende der 80er Jahre popularisierten Megatrends.

Als Trend betrachtet, sind Evolutionsprozesse Gigatrends. ("Megas" heißt im klassischen Griechisch groß, "gigas" bedeutet gigantisch.) Wie Gigawatt sind Gigatrends länger und tiefer als ihre "Mega"-Gegenstücke. Wenn wir die Geschichte verfolgen, erfahren wir, daß der evolutionäre Gigatrend, den wir nachfolgend abgekürzt EGT nennen, sich von der Steinzeit bis zum Informationszeitalter durch die Entwicklung menschlicher Gesellschaften zieht. Und wenn nicht eine kollektive Katastrophe den Prozeß beendet, wird der EGT fortbestehen, wird sich das Informationszeitalter des 21. Jahrhunderts zu einem noch nicht erkannten Zeitalter der Zukunft weiterentwickeln.

Die diesem Trend zugrundeliegenden Merkmale können in wenigen Schlüsselkonzepten zusammengefaßt werden. Die Konzepte lauten Innovation, Synergie, Konvergenz, Komplexität, Bifurkation und Chaos. Ihre Bedeutung für die zeitgenössische Welt ist kaum zu überschätzen.

Innovation. Evolution findet statt, weil die Gesellschaft nicht für längere Zeit so bleiben kann, wie sie war.

In menschlichen Gesellschaftsordnungen sind Innovationen kulturell. Genetische Innovationen sind unwichtig: Mutationen des menschlichen Genoms werden, obwohl sie jederzeit möglich sind, meistens schnell eliminiert. Aus der Erkenntnis, daß die menschliche Evolution genetisch und nicht kulturell ist, folgt, daß Innovationen im Denken der Menschen stattfindet und dann in ihre Handlungsweise übersetzt werden. Wenn neue Handlungsweisen sich in einer Gesellschaft verbreiten, werden die Strukturen und Vorgänge in dieser Gesellschaft beeinflußt, und es entwickeln sich neue Beziehungen zwischen den Menschen wie auch zwischen dem Menschen und der Natur.

In der Geschichte wurden Ideen, die Veränderungen in den Beziehungen zwischen den Menschen sowie zwischen dem Menschen und der Natur hervorgebracht haben, in der Form technologischer Innovationen ausgedrückt. Das heißt, die Menschen haben eine neue Art der Interaktion miteinander und mit der Natur gefunden. In diesem Sinne war die erste große Innovation die "Beherrschung" des Feuers vor eineinhalb Millionen Jahren. Die Erfindung des Rades folgte und dann die Erfindung der Landwirtschaft und Viehzucht, die Domestizierung von Pflanzen und Tieren. Jede Innovation muß zuerst in den Köpfen einiger Menschen aufgetreten sein, um dann auf irgendeine Weise in die Praxis umgesetzt und in der damaligen Bevölkerung verbreitet zu werden. Aus dieser Perspektive ist die Geschichte der gesellschaftlichen Veränderung die Geschichte kultureller Innovationen, die einen technologischen Ausdruck und soziale Verbreitung erfahren haben.

Technologische Innovationen sind der wichtigste Motor der Evolution in der gesellschaftlichen Sphäre. Jede neue Innovation führt der Gesellschaft zusätzliche Mengen und weitere Arten freier, das heißt nutzbarer Energie zu. Jede Innovation löst die fortschreitende Ausarbeitung und Verkomplizierung der sozialen Strukturen aus, durch welche die Technologien angewendet und verwaltet werden. Dies bedeutet, daß der technologische Fortschritt die Gesellschaft auf immer höhere Ebenen der Organisation hebt, auf ein immer höheres Niveau des thermodynamischen Ungleichgewichtes.

Der technologische Fortschritt tritt in drei Formen auf: Steigerung der Muskelkraft, Erhöhung der Leistungsfähigkeit der Sinne oder Erweiterung der Rechen- und der Kommunikationsfähigkeit des Gehirns. Die Muskelkraft wurde durch den Hebel und das Rad gesteigert, durch diese Urtechnologien, die seit Jahrtausenden genutzt werden. Ihre modernen Gegenstücke sind die zahlreichen Spielarten mechanischer Systeme, die von Motorrädern über Düsentriebwerke bis zu Trägerraketen reichen. Die technologische Erweiterung der menschlichen Sinnesorgane begann mit Vorrichtungen wie Röhren zur Übertragung von akustischen Signalen und Fackeln, Feuern und Rauch zur Übertragung von optischen Signalen. Ihre neueren Entsprechungen sind Vergrößerungsglas, Mikroskop, Teleskop, Telefon, Telefax und unzählige Technologien der Telekommunikation sowie wissenschaftliche Sonden wie Elektronenmikroskope, Radioteleskope und verschiedene medizinische Instrumente.

Historisch gesehen kam die technologische Erweiterung der Rechen- und Kommunikationsfähigkeit des menschlichen Gehirns zuletzt, obwohl die Ursprünge der Informationsverarbeitung bis in die Antike zurückreichen. In diesem Bereich der technologischen Innovation holte der Fortschritt jedoch bald auf und übertraf alle anderen Bereiche sogar. Heute wird eine verblüffende Menge von Informationen in Computern gespeichert und verarbeitet, die in hochentwickelten Sequenzen Millionen von Operationen pro Sekunde ausführen.

Der technologische Fortschritt ist weder reibungslos noch kontinuierlich, aber er ist unumkehrbar. Wie bei den Mutationen schlagen zahlreiche Versuche der technologischen Innovation fehl. Und es gibt Zeiten, in denen überhaupt keine Innovationen eingeführt werden. Aber wenn sie tatsächlich eingeführt werden, verändern sie die bestehende Leistungsfähigkeit des Systems, in dem sie eintreten: Es wird effektiver und effizienter zur Bewältigung der Beziehungen zwischen den Menschen sowie zwischen dem Menschen und der Natur. In der Praxis gehen technologische Innovationen immer von der Hacke zum Pflug und nicht umgekehrt. Es werden viele neue Vorrichtungen und Konzepte erfunden, aber nur jene werden auch tatsächlich angenommen, die irgendeine Verbesserung der Wirksamkeit und Effizienz eines für Menschen nützlichen und von ihnen nutzbaren Verfahrens darstellen.

Die Unumkehrbarkeit technologischer Innovationen gilt in der gesamten Geschichte, von der Erfindung des Feuers und des Rades bis zur Solarzelle und zum Computer-Chip. Sie ist der Hauptmotor des gegenwärtigen Übergangs zu einem vernetzten sozio-technologischen Weltsystem.

Komplexität und Konvergenz. Die technologische Innovation führt in die Strukturen der Gesellschaft zusätzliche Ströme freier Energie ein, und wenn die Gesellschaft den sich daraus ergebenden Schub zur Komplexität und zum Ungleichgewicht überleben soll, muß sie höher entwickelte und effizientere Formen der Koordination und Kontrolle entwickeln. Im Laufe der Geschichte waren technologische Durchbrüche in der Tat die Katalysatoren komplexerer sozialer Strukturen, die sich von den einfachen Dorfräten der Alten in der Frühzeit der neolithischen Revolution zu den komplizierten sozioökonomischen und politischen Strukturen der industriellen und postindustriellen Gesellschaft entwickelt haben. Die höherwertigen Strukturen wurden zur Kontrolle und Koordination der bereits vorhandenen hinzugefügt. Diese Entwicklung hatte zur Folge, daß die bestehenden Strukturen zur Konvergenz in immer umfassendere, übergeordnete Netze getrieben wurden.

In der Politik bezeichnet der Begriff Konvergenz eine wachsende Ähnlichkeit und letztendlich eine Gleichheit der konvergierenden Teile. Dagegen steht der Begriff Konvergenz in der Evolutionstheorie für die Koordination vorher unabhängiger und dann zunehmend miteinander verbundener Systeme in höherwertigen Strukturen.

Zum Beispiel verbinden sich einfache chemische Moleküle zu komplexen Polymeren und in einigen Fällen zu organischen Makromolekülen. Die einfacheren Formen des Lebens, die direkt auf Verbindungen organischer Moleküle basieren, verbinden sich zu komplizierteren zellulären Lebensformen, und Einzelzellen entwickeln sich zu locker integrierten Kolonien mit koordinierten Funktionen und später zu weiter integrierten Vielzellern.

Komplexe Organismen verbinden sich zu sozialen Strukturen innerhalb der Arten und in ökologische Systeme verschiedener Arten. Letztendlich konvergieren die lebenden Systeme in dem selbstregulierenden System der Biosphäre. Und die sozialen Strukturen der Menschen verbinden sich miteinander zu regionalen, nationalen, kontinentalen und schließlich globalen Netzen und Strukturen.

Im Laufe der bekannten Geschichte hat die Konvergenz Stämme, Sippen, Dörfer und Provinzen in immer umfassenderen, komplexeren und diversifizierteren sozialen, ökonomischen und politischen Systemen zusammengeführt. Die archaischen Reiche Chinas und Indiens enthielten und koordinierten Dörfer und regionale Gemeinschaften in subkontinentalen Verwaltungsstrukturen.

Das klassische Römische Reich war aus zahlreichen Stadtstaaten, Regionen und Provinzen unter der Herrschaft der Pax Romana aufgebaut, und die Kolonialreiche Europas bestanden nicht nur aus Dörfern, Städten und Provinzen in den Mutterländern, sondern auch aus einer Reihe von Kolonien in Übersee.

In den modernen Gesellschaftsordnungen wird dieser Trend fortgesetzt. Jedes Land besteht aus großstädtischen Zentren und ländlichen Gebieten mit Dörfern und Städten, und Bundesstaaten umfassen politisch und sozioökonomisch halbautonome Staaten, Republiken oder Provinzen.

Nationale Strukturen koordinieren die unterschiedlichen Funktionen der nachgeordneten Systeme und versetzen Gesellschaften in die Lage, Technologien zu bewältigen, mit deren Hilfe sie Energie und Informationen verarbeiten. Mit der Verbesserung des Zugriffs, der Speicherung, der Verarbeitung und der Nutzung freier Energien durch neue Technologien wachsen menschliche Gemeinschaften von den energetisch und strukturell vergleichsweise einfachen Stammesgruppen der Steinzeit hin zu den hochstrukturierten und umfassenden soziotechnologischen Systemen unserer Zeit.

Eine Gesellschaft, die allein auf der Beherrschung des Feuers, der Verwendung von Zugtieren und des Rades basierte, konnte mit einer zwei- oder dreischichtigen sozialen Struktur auskommen, die aus Jägern oder Bauern, Kriegern und Ältesten bestand. Aber eine Gesellschaft, die Technologien der industriellen und postindustriellen Revolution einsetzt, erfordert hochentwikkelten Strukturen in Verwaltung, Exekutive und Kontrolle der modernen Nationalstaaten.

Es scheint aber, als habe der Prozeß der Konvergenz seinen Höhepunkt in der Entstehung der Nationalstaaten gefunden und als sei dann eine Stagnation eingetreten. Die Nationalstaaten sind seit dreieinhalb Jahrhunderten das dominante Modell der sozialen Organisation. Als die europäischen Staaten in diesem Jahrhundert ihre Kolonien aufgaben, haben die befreiten Länder den Nationalstaat als beherrschendes Prinzip ihrer Verfassung übernommen. Die Folge war das genaue Gegenteil der Konvergenz: Es trat ein Zerfall der Kolonialreiche und eine Verbreitung der Nationalstaaten ein. In jüngster Zeit aber hat der Prozeß der Konvergenz wieder begonnen. Der Druck in Richtung Integration der mehr als 170 Nationalstaaten in größere regionale Strukturen wächst. Die Regionalisierung ist mit der Schaffung subregionaler und regionaler Gemeinschaften und Vereinigungen von Nationalstaaten sowie der Integration nationaler Märkte und Wirtschaftsordnungen in regionale und globale Wirtschafts- und Finanzstrukturen in vollem Gange. Das "neue Europa" ist der fortschrittlichste geopolitische Ausdruck der nationale Grenzen überschreitenden Konvergenz, während der schwierige Übergang zu einer globalen Informationsgesellschaft ein Ausdruck der transnationalen Konvergenz in der Sphäre der Wirtschaft und der Unternehmen ist.

Die aktuellen Ereignisse in der Sowjetunion und in Jugoslawien stehen nicht im Widerspruch zum Trend der Konvergenz zwischen den Nationen. Sie zeigen im Gegenteil einige wesentliche Elemente seiner Dynamik auf. Es ist eine entscheidende, wenn auch häufig mißachtete Tatsache, daß die Konvergenz langfristig nur dann erfolgreich verlaufen kann, wenn sie die Frucht eines organischen Prozesses ist. Damit das entstehende größere System lebensfähig ist, müssen seine Bestandteile durch mehr als nur militärische Macht zusammengeführt werden, die durch eine Zentralmacht ausgeübt wird. Relativ unabhängige Staaten, Republiken oder Nationen müssen aufgrund ihres eigenständigen Entschlusses in einer Vereinigung zusammenkommen, die alle beteiligten Parteien für vorteilhaft halten.

Weder die Sowjetunion noch Jugoslawien waren das Ergebnis eines organischen Zusammenwachsens ihrer jeweiligen Republiken. Die UdSSR wurde nach der Revolution von 1917 von den Bolschewiken geschaffen, deren Rote Armee die Ukraine, Weißrußland, die Staaten des Baltikums und die übrigen Republiken unterwarf und sie unter die Kontrolle der "Diktatur des Proletariats" in Moskau stellte. Die Föderation der Nationalstaaten von Jugoslawien kam unter etwas weniger zwanghaften Umständen zustande. Sie wurde Ende 1945 als Nachfolger des relativ kurzlebigen jugoslawischen Königreiches unter dem Einfluß des Zweiten Weltkrieges und der Solidarität der Völker ausgerufen, die sich unter Tito in der Vereinigung im Kampf gegen die Invasion der Nationalsozialisten entwickelt hatte. Die Solidarität der sechs Teilrepubliken wurde wachgehalten, weil Tito sich gegen Stalin wandte und einen jugoslawischen Weg zum Sozialismus beschritt. Als der Stalinismus aber diskreditiert wurde und als Tito starb, wurden die Bindungen schwächer, welche die Republiken Jugoslawiens zusammenhielten. Und als sich das übrige Osteuropa aus der kommunistischen Herrschaft befreite, wurden die Kräfte, die den jugoslawischen Staat zusammenhielten, sehr schwach. Im Jahre 1990 waren sowohl Jugoslawien als auch die UdSSR reif für die Aufgabe der Union, in der sie die letzten Jahrzehnte überdauert hatten.

Die Gemeinschaft der Unabhängigen Staaten (GUS), wie auch die noch zu gründende Konföderation der gegenwärtig verfeindeten jugoslawischen Republiken, signalisiert eine neue Phase der Konvergenz in Osteuropa und auf dem Balkan. Sie vervollständigt und ergänzt auf regionaler Ebene die Konvergenz der stabileren Nationalstaaten Europas, die ihre den Kontinent umspannende wirtschaftliche, währungspolitische und letztendlich auch politische Integration fortsetzen.

Bifurkationen und Chaos. Wenn Innovationen die sich entwickelnden Systeme reibungslos, kontinuierlich und fortschreitend mit konvergenter Synergie auf dem Wege der Komplexität voranbrächten, dann wären die Evolution im allgemeinen und die Sozialgeschichte des Menschen im besonderen wesentlich einfacher, als sie tatsächlich sind. Die Evolution ist aber weder kontinuierlich noch reibungslos, obwohl sie insgesamt unumkehrbar und damit progressiv ist.

Es gibt im Evolutionsprozeß starke Nichtlinearitäten und Diskontinuitäten, die in den neuen Wissenschaften als Prozesse der Bifurkation beschrieben werden. Zum größten Teil münden Bifurkationsprozesse vorübergehend im Chaos.

Mathematische Systemtheoretiker haben neue Werkzeuge für die Modellierung evolutionärer Veränderungen in komplexen Systemen entwickelt. Sie modellieren reale Systeme mit Hilfe sogenannter "Attraktoren", begrifflichen Einheiten, die das spezifische Entwicklungsmuster des Systems in der Zeit beschreiben. Es gibt verschiedene Attraktoren: punktförmige Attraktoren, die durch einen bestimmten Punkt in dem "Phasendiagramm" tendieren; periodische Attraktoren, die zyklisch wiederkehrende Zustände des Systems definieren, sowie sogenannte "chaotische" Attraktoren, die unvorhersehbare und scheinbar ungeordnete Zustände des Systems modellieren, die sich bei genauerer Betrachtung dennoch als subtil geordnet erweisen.

Wenn sich das System von einer Gruppe Attraktoren zu anderen verlagert, verzweigt sich die Bahn seiner Entwicklung zu einem neuen Muster - daher kommt der Begriff "Bifurkation" (aus dem Lateinischen bi, zwei, und furca, Gabel). In Abhängigkeit davon, ob die Verlagerung reibungslos und kontinuierlich, plötzlich oder völlig abrupt geschieht, sprechen die Modellierer von "subtilen", "katastrophalen" oder "explosiven" Bifurkationen. Heute werden alle drei intensiv untersucht.

Nach der neuen Auffassung entwickeln sich die Systeme in der realen Welt von einem bestimmten Anfangszustand auf einer Bahn von Zuständen, bis ein Muster erscheint, in dem die Bahn vorübergehend oder dauerhaft gefangen bleibt. Wenn das Muster nachweist, daß die Entwicklung des Systems zum Stillstand kommt, wird der Prozeß von statischen Attraktoren beherrscht. Wenn das Muster aus einem Zyklus mit einer festen Periodizität besteht, ist das System unter der Herrschaft periodischer Attraktoren. Und wenn die Sequenz der Zustände des Systems weder zur Ruhe kommt noch eine Periodizität aufweist, sondern instabil wird, dann steht es unter dem Einfluß chaotischer Attraktoren.

Es gibt mehr chaotische Attraktoren, als bisher angenommen wurde: In einer Vielzahl von unterschiedlichen Systemen wurde instabiles Verhalten gefunden. In der mathematischen Systemtheorie widmet sich eine eigene Disziplin ihrer

Untersuchung. Sie umfaßt jenes Forschungsgebiet, das als "Chaostheorie" bekannt geworden ist.

Trotz ihres Namens eliminiert die Theorie das Chaos eher, als daß sie es entdeckt, denn die von ihr untersuchten Prozesse erscheinen nur chaotisch. Wenn man sie näher analysiert, stellt sich heraus, daß sie eine eigene, komplexe Ordnung besitzen. Scheinbar ungeordnete Systeme, die sich mittels der seltsamen, doch geordneten Formen der chaotischen Attraktoren analysieren lassen, sind unter anderem der Lorenz-Schmetterling (Siehe Abbildung 1), der Birkhof- und Shaw-Bagel, das Rössler-Band und der Rössler-Trichter neben vielen anderen (die oben genannten Systeme wurden nach ihren Entdeckern und der geometrischen Form der Attraktoren so benannt).

Die zeitgenössische Chaostheorie reduziert das Chaos in so unterschiedlichen Prozessen wie Turbulenzen in einer Strömung und der Mischung von Substanzen während ihrer Verfestigung auf eine komplexe Ordnung. Turbulenzen in Gasen und Flüssigkeiten waren seit dem 19. Jahrhundert bekannt, aber sie wurden nicht verstanden. Erst im Jahre 1923 wiesen Versuche auf dem Gebiet der Flüssigkeitsdynamik nach, daß ringförmige Taylor-Strudel auftreten, wenn der Rührvorgang über einen kritischen Punkt hinaus fortgesetzt wurde. Jenseits dieses Punktes führte weiteres Rühren zu abrupten Transformationen in der Flüssigkeit und schließlich zu Turbulenzen. Heute werden die Turbulenzen durch chaotische Attraktoren modelliert, und es ist nachgewiesen, daß sie komplexe Ordnungen aufweisen, die für alle chaotischen Systeme typisch sind.

In immer mehr Untersuchungsbereichen wurden bedingt durch komplexe Schleifen und Feedbacks, äußerst empfindliche Formen der Ordnung entdeckt. Das Nervensystem weist zum Beispiel eine solche Ordnung auf: Es enthält vielfältige Bereiche des Chaos. Wenn chaotische Eigenschaften verlorengehen, entstehen Erkrankungen wie Depression und Epilepsie. Chaotische Zustände sind reich an Information, wohingegen regelmäßige, nichtchaotische Zustände monoton und wenig flexibel sind.

Unser Herz schlägt ebenfalls in einem chaotischen Rhythmus, denn es fluktuiert auch unter normalen Bedingungen und im Ruhezustand. So merkwürdige

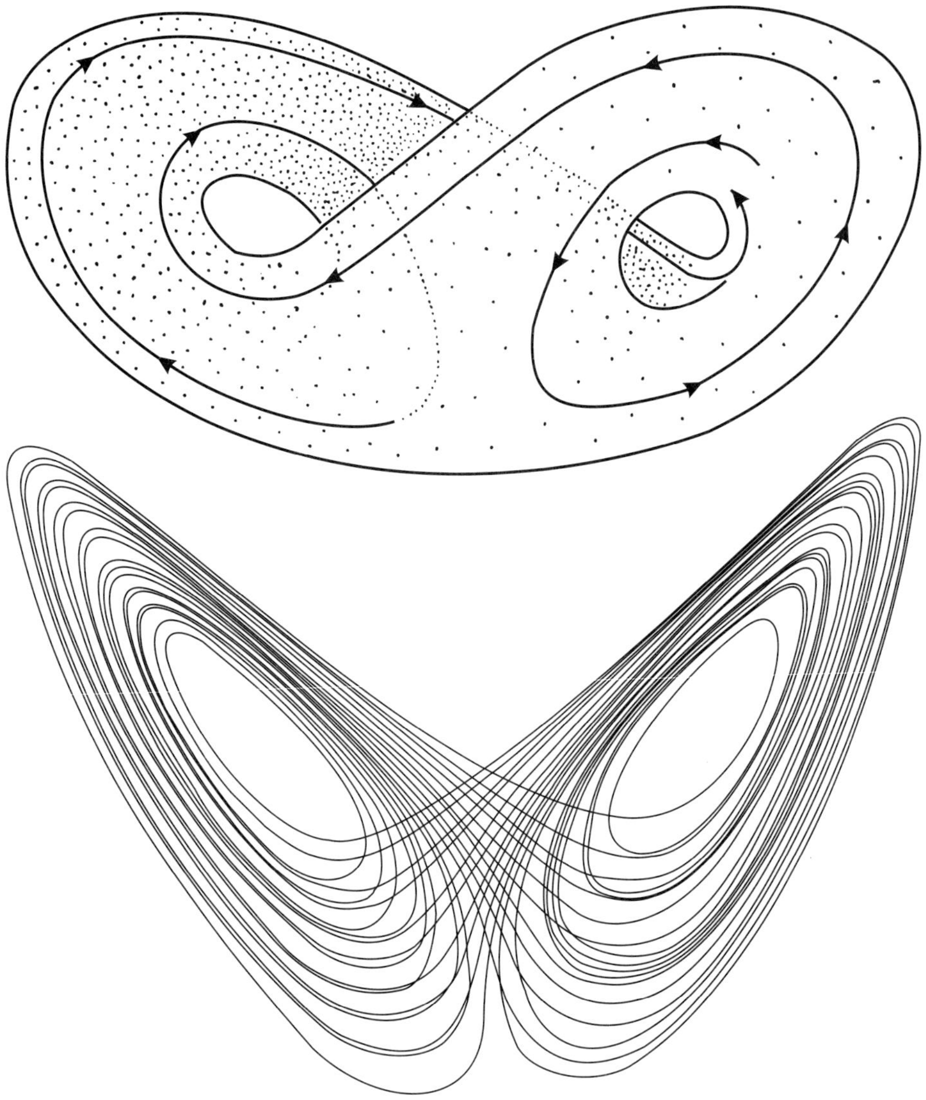

Abbildung 1:
Das von dem Meteorologen Lorenz gezeichnete, annähernd schmetterlingsförmige Computermodell von Luftströmungen in der Atmosphäre, welchen dieser Attraktor seinen Namen verdankt (oben) und ein in jüngerer Zeit von einem Computer gezeichneter schmetterlingsförmiger Attraktor (unten). Der Verlauf der Systemzustände in diesen "Phasenbildern" ist höchst empfindlich: Die geringste Störung kann das System vom einen Flügel des Schmetterlings zum anderen umschlagen lassen.

Muster wie die ventrikuläre Fibrillation erscheinen völlig regelmäßig, wenn sie als Ausdruck eines ihnen zugrundeliegenden chaotischen Zustandes interpretiert werden. Der Verlust der chaotischen Eigenschaften signalisiert nicht Gesundheit, sondern den Beginn einer Erkrankung - und im Extremfall des Sterbens.

Viele natürliche Systeme befinden sich permanent in einem Zustand des Chaos: Das Wetter ist ein gutes Beispiel. Es unterliegt unzähligen winzigen Schwankungen, von denen jede eine Kaskade von Einflüssen in Gang setzen kann, die möglicherweise das globale Wettermuster verändert. (Eine heute legendäre Geschichte vom sogenannten "Schmetterlingseffekt" erzählt, daß ein Schmetterling, der in Südkalifornien mit seinen Flügeln schlägt, jene Luftturbulenz erzeuge, die eine Woche später eine Wetteränderung in der äußeren Mongolei bewirkt. In Wirklichkeit wurde dieser Effekt nach der schmetterlingsähnlichen Form eines chaotischen Attraktors benannt, den der Meteorologe Edward Lorenz in den 60er Jahren als erster entdeckte.)

Besonders relevant sind Modelle mit "katastrophalen" Bifurkationen. Diese Modelle zeigen, wie sich Systeme durch eine Umordnung ihrer Attraktoren von turbulenten zu neu geordneten Zuständen bewegen. Sie bilden die Auflösung der Umwandlungsprozesse in der Realität ab. Die relevanten Modelle sind jene, in denen Systeme auf dem Wege zu neuen, geordneten Zuständen chaotische Phasen durchlaufen. Die chaotische Phase selbst ist nicht völlig willkürlich, auch wenn sie instabil ist: Sie wird von chaotischen Attraktoren beherrscht. Die Evolution aller Spielarten fern vom thermodynamischen Gleichgewicht, vom winzigen Wasserstoffatom bis zum globalen Wirtschaftsunternehmen, unterliegt Bifurkationen mit chaotischen Phasen. Der Sozialpsychologe und Systemtheoretiker David Loye unterstreicht, daß die Chaostheorie ein besseres Verständnis dessen bietet, was in einer Zeit wachsender sozialer, politischer, wirtschaftlicher und ökologischer Krisen geschieht, geschehen kann und veranlaßt werden kann.

Die Hauptelemente des evolutionären Gigatrends - Innovationen, die einen technologischen Ausdruck finden, Systemkonvergenz hin zu höheren Organi–

sationsebenen sowie Bifurkationen und vorübergehendes Chaos, die den Prozeß kennzeichnen - haben die Evolution der menschlichen Gesellschaftsordnungen während der gesamten Geschichte beherrscht. Im modernen Zeitalter hat sich der Evolutionsprozeß beschleunigt, und in der Nachkriegszeit ist er schwindelerregend geworden.

Der Wechsel von Stabilität und Instabilität, Ordnung und Chaos wurde sowohl schnell als auch revolutionär. Die Gesellschaft ist komplexer geworden, Technologien haben in der Ausbeutung der planetarischen Quellen freier Energie eine gewaltige Leistungsfähigkeit erreicht, und obwohl von Spannungen zerrissen, kommen mehr und mehr Nationalstaaten doch in einer Vielzahl von wirtschaftlichen, sozialen und Sicherheitsbündnissen zusammen.

DER EGT UND DIE ZUKUNFT

Was können wir auf der Grundlage unserer Kenntnis des EGT von der Zukunft erwarten? Für die Evolutionsmodelle gelten die Extrapolationen nicht, die uns aus den 60er und 70er Jahren vertraut sind, denn diese waren lineare und deterministische Extrapolationen, die auf einer mechanischen Verlängerung der Trends der Vergangenheit in die Zukunft basierten.

Die Rhythmen der Veränderung in der Welt des Lebenden sind weder deterministisch noch linear. Besonders ausgeprägt sind die Nichtlinearität und die Unbestimmtheit im Bereich der menschlichen Geschichte, in welcher der bewußte Wille einzigartiger Individuen mit dem Evolutionsprozeß in eine Wechselwirkung tritt.

Die Prinzipien der Evolution sind keine ehernen Säulen, sondern flexible Rahmenbedingungen. Sie sind probabilistische (Wahrscheinlichkeiten folgende) und keine deterministischen Gesetze der Entwicklung komplexer Systeme. Die Tatsache, daß die Ereignisse in der Menschenwelt nicht rigoros festgelegt sind, bedeutet nicht, daß sie zufällig sind. Auch wenn die Wirkungen nicht mechanisch und deterministisch aus den Ursachen folgen, so treten doch einige Wirkungen mit höherer Wahrscheinlichkeit ein als andere. Die Kenntnis probabilistischer Vorgänge ist nützlich. Mangel an Gewißheit ist niemals eine Entschuldigung für das Ignorieren von Möglichkeiten.

Obwohl die Welt nicht vorbestimmt ist und ihre Zukunft sich nicht mechanisch aus ihrer Vergangenheit ablesen läßt, manifestiert sie doch einen Gigatrend, der in der Vergangenheit beständig war und in der Zukunft bestehen bleiben wird - falls es eine Zukunft gibt. Dies muß als Bedingung hinzugefügt werden, weil die Unbestimmtheit bedeutet, daß zu Katastrophen führende Abweichungen immer möglich sind. Wenn es allerdings eine Zukunft gibt, dann ist es sehr wahrscheinlich, daß sie mit dem evolutionären Gigatrend konform sein wird. Der EGT ist die "Bezugskurve" des Diagramms, der Kurs, der früher oder später eingeschlagen werden wird, wenn nicht eine Katastrophe eintritt. Dieses Wissen ist wichtig: Es ist der Schlüssel zu einem effektiven Verhalten in einer Zeit, die dauernd von Instabilität, Chaos und Bifurkation erschüttert wird.

Der durch den EGT vorgezeichnete Weg läßt vermerken, daß zukünftige Gesellschaften stärker strukturiert und komplexer sein werden als die heutigen, daß sie die Energieströme ihres Milieus effizienter ausnutzen werden. Staaten und Föderationen von Staaten werden transnational sein, und ihr Netz wird die Welt umspannen. Mit der Konvergenz regionaler Ökonomien auf überregionalen Ebenen wird es neue soziale, wirtschaftliche und politische Systeme auf höheren Ebenen geben. Die Gesellschaftsordnungen werden auf verschiedenen Ebenen Dörfer, regionale Gemeinschaften, städtische Gebiete, Städte, Bezirke, Provinzen, National- und Bundesstaaten sowie kontinentale Vereinigungen und Föderationen in koordinierte wirtschaftliche, soziale und politische Strukturen einbeziehen. Und mit der besseren Nutzung der elektronischen Informations- und Kommunikationstechnologien wird das Informationszeitalter das Industriezeitalter ersetzen.

Abgesehen vom Schreckgespenst einer katastrophalen, weltweiten Bifurkation haben wir guten Grund zu der Annahme, daß eine globale, auf Information aufgebaute Gesellschaft letztendlich die evolutionäre Zukunft der Menschheit ist. Es wäre allerdings eine Selbsttäuschung zu glauben, daß eine globale Informationsgesellschaft eine stabile Struktur haben könnte. Die Hoffnung, es könne nach der gegenwärtigen Krise eine unveränderliche soziale, wirtschaftliche und politische Ordnung geben, entbehrt jeder Grundlage. Die Gesellschaftsordnungen werden instabil und deshalb verwundbar bleiben. Instabilität gilt sowohl im Hinblick auf die schnellen und möglicherweise radikalen Veränderungen der Werte, Weltbilder und Erwartungen der Menschen als auch im Hinblick auf die ebenso schnellen und radikalen Veränderungen, die machtvolle neue Technologien in der physischen, sozialen und ökologischen Umwelt herbeiführen.

Auch wenn die langfristige Zukunft ebenso abenteuerlich sein wird wie die Gegenwart, so kann unser nächstes evolutionäres Stadium doch weit weniger gefährlich sein als heute. Die gegenwärtige Ära der Instabilität kann die Tür zu einer neuen historischen Epoche aufstoßen, in der die Instabilität durch den intelligenten Gebrauch von Informationen abgefangen wird. Durch die Schaffung einer globalen Informationsgesellschaft kann die Menschheit eine neue Dimension der Beherrschung der Instabilität erreichen - sie kann eine Ebene erreichen, auf der der notwendige Systemzustand des Ungleichgewichtes bewußt und effektiv ausgewogen ist. Letztendlich ist dieses die Herausforderung, die in der Bewältigung des gegenwärtigen großen Umschwungs liegt. Diese Herausforderung besteht für die Unternehmenswelt in der bewußten Bewältigung der Evolution durch den systematischen Einsatz evolutionären Managements.

ESSAY I

KURZE EINFÜHRUNG IN DIE CHAOS-DYNAMIK FÜR DEN EVOLUTIONÄREN PLANER

Evolutionäre Planung ist ein kreatives Spielen mit "deterministischen Wahrscheinlichkeiten" in einem beabsichtigten und zweckgerichteten Wechselspiel mit dem Zustand des Unternehmens. Damit sie die Kunst dieses Spieles beherrschen, müssen evolutionäre Planer die Grundlagen der Dynamik des Chaos verstehen. Diese Aufgabe ist nicht so schwierig, wie sie auf den ersten Blick erscheinen mag.

Damit wir die Chaos-Dynamik verstehen, müssen wir ein sogenanntes chaotisches System betrachten, das heißt, ein System, das (zumindest teilweise) von chaotischen Attraktoren beherrscht wird. Das moderne Unternehmen ist ein solches System: Es ist in sich zu komplex, hat zu viele Verbindungen zur Außenwelt und ist insgesamt gesehen zu weit vom inerten Zustand des thermodynamischen Gleichgewichtes entfernt, als daß es ein vollkommen geordnetes, quasimechanisches System sein könnte. Wir können daher den evolutionären Planungsprozeß mit Hilfe der Manipulation eines Systems illustrieren, das von einem bekannten chaotischen Attraktor beherrscht wird, dem Rössler-Band.

In dieser Simulation nehmen wir an, daß wir eine Messung des Systems, in diesem Falle des Unternehmens, am Zeitpunkt t_1 durchführen. Diesen Zustand bezeichnen wir mit X und kennzeichnen daher diesen spezifischen Punkt in der Entwicklung des Systems mit $X_{(t1)}$ (siehe Abbildung 2). (Die fragliche Messung

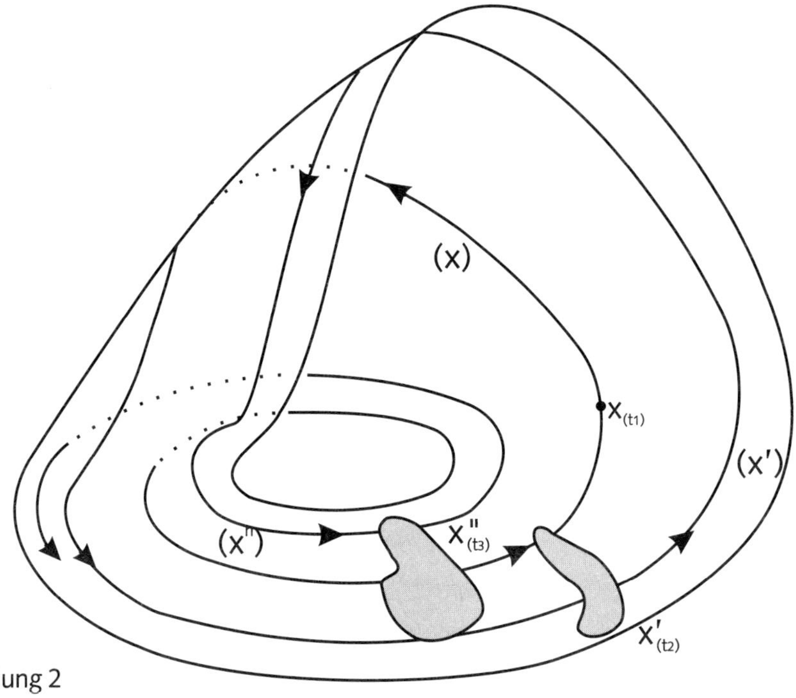

Abbildung 2

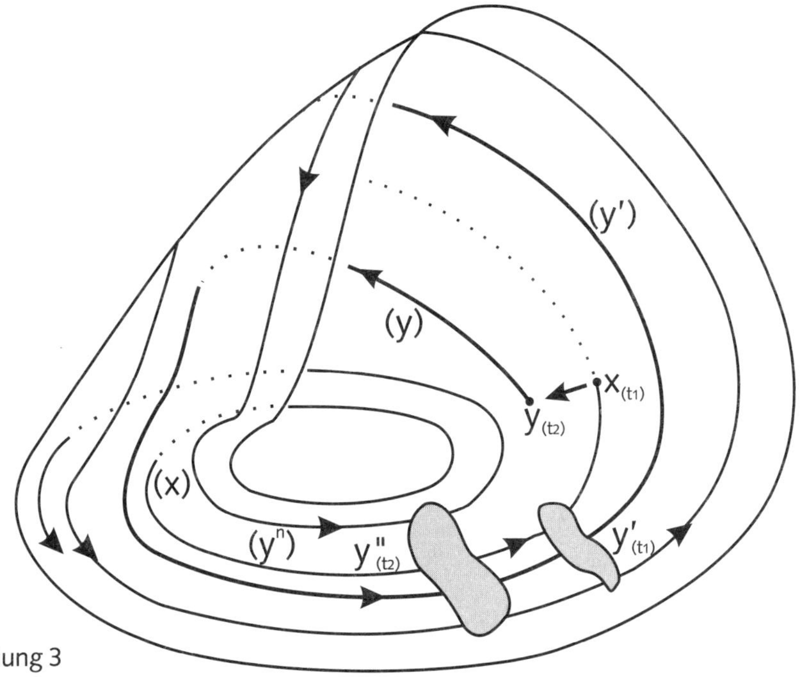

Abbildung 3

kann die Kapital-Verfügbarkeit des Unternehmens, die eingesetzten Technologien, die Versorgungsbasis, die Märkte oder andere wirtschaftliche Faktoren betreffen.) Wir lassen einige Zeit verstreichen und führen dann eine neue Messung des Systems durch, welche auf die gleichen Faktoren bezogen ist. In der Zwischenzeit hat das System (d.h. das Unternehmen) eine Reihe von Zuständen durchlaufen, die seiner normalen "Entwicklungsbahn" folgen und hier durch die Schrittfolge X - X' - X" angegeben wird.

Die nächste Messung findet zum Zeitpunkt t_2 statt, und der gemessene Zustand des Systems wird mit $X'_{(t2)}$ bezeichnet. Wir stellen jedoch fest, daß es unmöglich ist vorherzusagen, wie dieser Zustand aussehen wird, denn die Dynamik des Systems erzeugt keinen Zustand, der einzigartige Parameterwerte besitzt. $X'_{(t2)}$ ist kein einzelner, sondern ein der Wahrscheinlichkeit unterworfener Zustand, der die Streuung der *möglichen* Zustände des Systems definiert. Es ist unmöglich vorherzusagen, welchen der in der gegebenen Streuung möglichen Zustände das System tatsächlich annehmen wird. $X'_{(t2)}$ ist ein dynamisch nicht determinierter Zustand.

Wir lassen wieder einige Zeit verstreichen, so daß das System seine Bahn weiter verfolgt. Wenn wir zum Zeitpunkt t_3 erneut eine Messung durchführen, so finden wir, daß die gleiche der Wahrscheinlichkeit unterworfene Bedingung besteht, jedoch *ist die Streuung diesmal breiter*. $X''_{(t3)}$ kann vom Zustand X aus noch weniger vorhergesagt werden als $X'_{(t2)}$. Allerdings haben wir noch immer die Streuung der Wahrscheinlichkeiten. Daher trifft es nicht zu, daß "alles geschehen kann". Je mehr Zeit wir dem System lassen, desto größer wird die Streuung der Wahrscheinlichkeiten seiner möglichen Zustände. Das heißt, daß *sich die Unvorhersehbarkeit proportional zur Zeit vergrößert.*

Die Wahrscheinlichkeiten sind nicht durch den Mangel an Informationen über die genauen Faktoren bedingt, welche die Entwicklung des Systems bestimmen. Die Chaostheorie sagt aus, daß wir selbst dann nicht genau vorhersagen können, welchen Zustand aus der Streuung der möglichen Zustände ein System annimmt, wenn wir jeden einzelnen Einfluß auf das System kennen. Ein System, das von chaotischen Attraktoren bestimmt wird, ist *in sich* der Wahrscheinlichkeit unterworfen. In diesem Sinne ist das Chaos nicht vorhersehbar.

Nunmehr nehmen wir an, daß der evolutionäre Planer über eine Möglichkeit zur effektiven Interaktion mit dem System verfügt. Planungsentscheidungen können das Unternehmen zum Zeitpunkt t_1 vom Zustand X in den Zustand Y überführen (siehe Abbildung 3). Danach folgt das Unternehmen der Bahn Y (Y - Y' - Y") anstelle von X. (Die fraglichen Entscheidungen müssen relevante Parameter des Unternehmens betreffen, d.h. seinen Zugang zu Kapital, die Art seiner Technologien, seine Lieferungen, seine Marktpartner usw.) Wenn wir die nächste Messung durchführen, finden wir die charakteristische Wahrscheinlichkeitsstreuung vor, diesmal allerdings in Verbindung mit der Bahn Y, nämlich $Y'_{(t2)}$. Wenn wir weitere Zeit verstreichen lassen, wird die Streuung breiter: Zum Zeitpunkt $Y''_{(t3)}$ wird sie breiter sein als zum Zeitpunkt $Y'_{(t2)}$. Obwohl nach einem bestimmten Eingriff die Unvorhersehbarkeit des künftigen Zustandes des Unternehmens noch immer besteht, betrifft sie dann einen anderen Satz Parameterwerte.

Diese Übung in Chaos-Dynamik läßt uns erkennen, daß komplexe Systeme, die teilweise von chaotischen Attraktoren beherrscht werden, eine sogenannte "sensible Abhängigkeit vom Anfangszustand" zeigen. Einerseits sind sie an sich unvorhersehbar. Anderseits werden sie von ihrem jeweiligen Anfangszustand bestimmt. Das Chaos wird zu Recht als "deterministisch" bezeichnet. Obwohl der zukünftige Zustand eines chaotischen Systems nicht aus einem einzigen Satz von Werten bestimmt werden kann, folgt sein zukünftiger Zustand in einer geordneten Weise aus seinem aktuellen Zustand. Wenn man weiß, *wie* es aus diesem folgt, und wenn man in der Lage ist, *den aktuellen Zustand durch Führungsentscheidungen zu beeinflussen*, können evolutionär planende Unternehmen ein beträchtliches Ausmaß an Kontrolle über ihr Schicksal ausüben. Diese Kontrolle ist wesentlich stärker als bei der konventionellen Planung, welche bald vor Überraschungen steht und in zunehmender Verwirrung endet.

Die Manager unserer Zeit sehen sich vor die Notwendigkeit gestellt, die Topographie der wirtschaftlichen Landschaft zu beobachten und Organisationsstrukturen zu schaffen, die rasch und effizient angepaßt werden können.

Gleichgültig, ob ein Unternehmen groß oder klein, seit langem eingeführt oder neu gegründet ist: Evolutionäre Planung ist für Unternehmen lebenswichtig. Bei einer eingeführten Firma besteht, besonders wenn sie groß und komplex ist, die Gefahr, daß sie in eingefahrenen Geleisen steckenbleibt. Dies kann auch dann tödlich sein, wenn sich diese Schiene als höchst erfolgreich erwiesen hat. Das "Vergessen alter Strategien" ist eine wesentliche Voraussetzung für andauernden Erfolg, aber es ist nicht immer einfach, alte Strategien zu vergessen, wenn sie durch große und verknöcherte Organisationsstrukturen verstärkt werden. Eine hierarchisch strukturierte Organisation folgt ihrem "Kopf" möglicherweise bis an den Rand des Abgrundes. Folglich spielt es keine Rolle, wie erfolgreich sie bis zu einem gegebenen Zeitpunkt war: Ein großes und komplexes Unternehmen muß im Interesse der Erhaltung des Erfolges in eine "organisatorische Bifurkation" eintreten. Es muß seine innere Organisation von einer hierarchischen in eine nichthierarchische, crosskatalytische Form umwandeln. Statt vorgegebenen Schablonen seiner Hauptverwaltung zu folgen, müssen die verantwortlichen Geschäftsbereiche, Abteilungen und Teams anfangen, betriebliche Entscheidungen zu treffen. Das Unternehmen muß als Ganzes von "zentraler Programmierung" auf "Parallelverarbeitung" umschalten (siehe Abbildung 4).

Kleine und mittlere Spieler stehen, besonders wenn sie neu in der Szene sind, einem anders gearteten Problem gegenüber. Ihre Größe und ihre organisatorische Basis reichen in der Regel nicht aus, um auf alle Technologien und Informationen zugreifen zu können, die erforderlich sind, damit sie auf Märkten konkurrenzfähig bleiben können, die zunehmend von nach Gewinn und Marktanteilen strebenden globalen Spielern beherrscht werden. Wenn sie nicht von den Großen geschluckt oder aus der Rentabilitätszone gedrückt werden wollen, müssen kleine und mittlere Unternehmen unter sich übergeordnete katalytische Zyklen schaffen. Dies verlangt nach "konvergenten Bifurkationen" ihrer Managementmethoden. Am besten erreicht man das durch Vernetzung, strategische Partnerschaften und die Herstellung innovativer Produktions-, Handels- und Marketing-Verbindungen sowie Vereinigungen untereinander (siehe Abbildung 5).

Unternehmen haben gegenüber biologischen Populationen einen großen Vorteil: Sie müssen nicht mit zufälligen Mutationen experimentieren, sondern sie können organisatorische Verfahrensweisen sowie Produktlinien, Betriebe

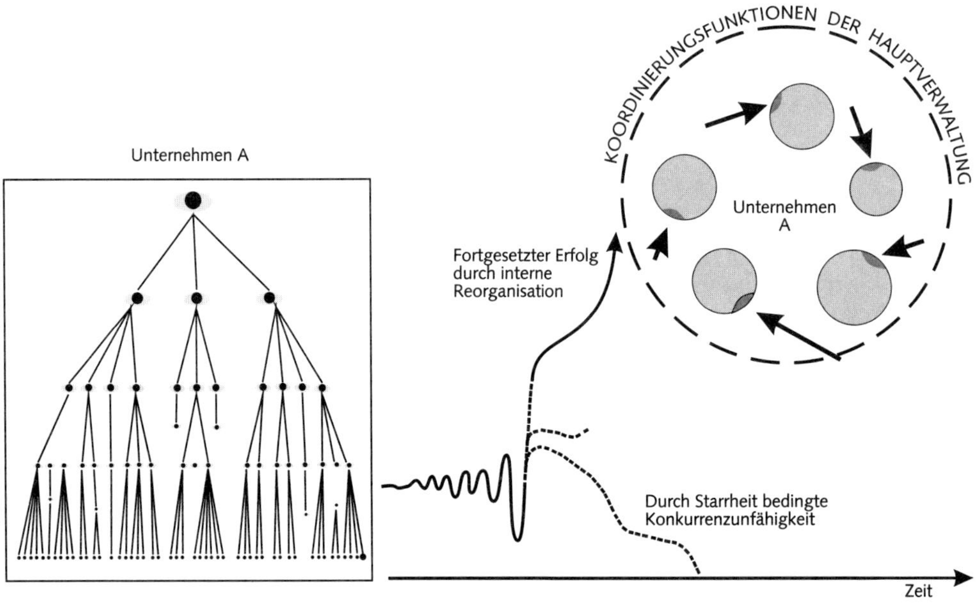

Abbildung 4: Von der "zentralen Programmierung" zur "Parallelverarbeitung"

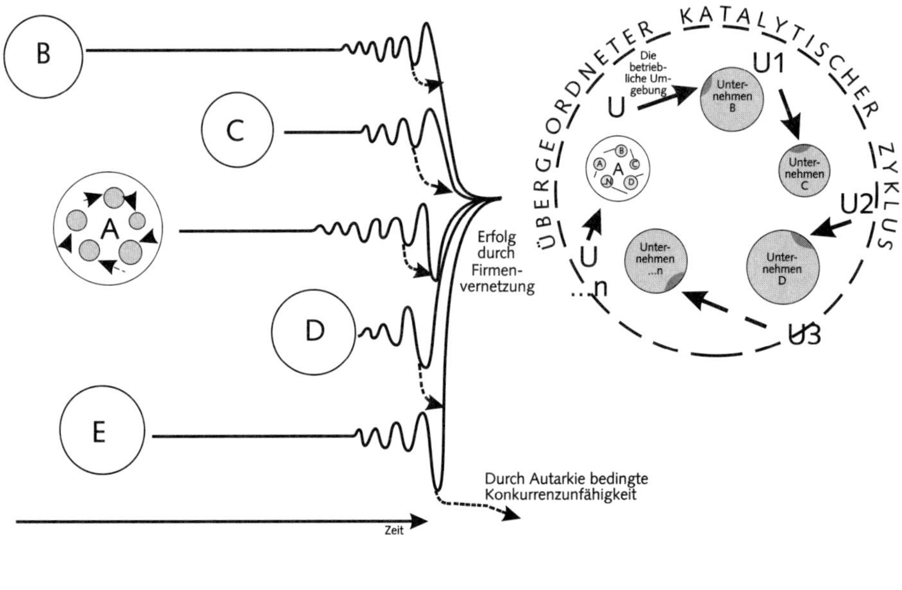

Abbildung 5: Erfolge durch Firmenvernetzung

und Technologien zielgerichtet verlagern. Manager können sich mit den fundamentalen Entwicklungstrends vertraut machen und ihr neu erworbenes Wissen dazu benutzen, sich an die sich verändernde Topographie der globalen Wirtschaftswelt anzupassen.

Zweiter Teil
Globales Handeln

3

EVOLUTIONÄRES MANAGEMENT I

Wenn das evolutionäre Denken aus dem Reich der Konzepte in die Praxis gelangt, bietet es sofort eine visionäre Dimension wie auch Regeln, die es erlauben, wirksame Entscheidungen zu treffen. Die Herstellung von visionärem Denken und praktischem Managementwissen sind die Ziele des evolutionären Managements.

Viele konventionelle Managementansätze verharren in einer Form von experimentellem Zweckdenken, welches sich historisch auf ein hohes stabiles Wachstum auf Kosten der Umwelt stützt. Konventionelle Managementmethoden werden zusehends unwirksamer. Neue Formen des Wettbewerbs, eine weltweite wirtschaftliche Umstrukturierung, Wandel und Unsicherheiten in den Märkten, eine Verkürzung der Produktlebensspannen und der Zeiträume, in denen technologische Innovationen imitiert und nachgebaut werden, zwingen die Unternehmen dazu, schneller und mit größerer strategischer Kohärenz zu handeln, als sie dies in der Vergangenheit taten.

Der Versuch, ein Unternehmen der 90er Jahre mit den überholten und allein auf das Betriebsergebnis ausgerichteten Methoden der normalen Managementkonzepte zu führen, gleicht der völligen Konzentration seiner Fähigkeiten auf das Fliegen eines Flugzeuges ohne Berücksichtigung des Luftraumes, in welchem man sich befindet. Die Kapitäne unserer Zeit können sich nicht mehr

Herkömmliche Sichtweise	Evolutionäre Sichtweise
Das Unternehmen ist die Summe seiner Aktivitäten und strategischen Geschäftsbereiche.	Das Unternehmen ist ein ganzheitliches System mit all seinen Abläufen und Strukturen.
Das Unternehmen entwickelt sich in einer linearen, stabilen und voraussagbaren sowie kontrollier- und steuerbaren Art und Weise.	Das Unternehmen entwickelt sich nicht linear, sondern mit nach Wahrscheinlichkeitsgesetzen entstehenden Entwicklungssprüngen und Umwandlungen, die gesteuert, aber nicht vorausbestimmt werden können.
Die angezeigte Organisationsform ist die Matrix-Hierarchie.	Die angezeigte Organisationsform ist eine übergeordnete, katalytische und vernetzte Heterarchie.
Geschäftsbeziehungen mit Lieferanten, Vertriebsorganisationen und Konkurrenten sind von der Art eines Null-Summen-Spiels des Typs "Ich gewinne, du verlierst".	Alle Geschäftsverbindungen sind tatsächlich oder potentiell von der Art, gemeinsam zu gewinnen: "Win-Win-Gewinnen-Gewinnen".
Es gibt klar definierte Grenzen sowohl innerhalb der Firmenbereiche als auch zwischen der Firma und ihrer weiteren Umwelt.	Die Grenzen sind unscharf (fuzzy), und sie sind durchlässig für Information. Sie sind durch funktionale Verbindungen gekennzeichnet.

ausschließlich mit dem Funktionieren ihres (Flug-)Unternehmens befassen, sie müssen vielmehr einen Kurs steuern, der sich auf die "Klimabedingungen", die gegenwärtige Position, den Bestimmungsort sowie den "Verkehr", der auf dem Netz der den Globus umspannenden Linien herrscht, bezieht. Dieser "Verkehr" ist diversifiziert und komplex. Wenn wir das Bild in die Welt des Managements übertragen, umfaßt der "Verkehr" in seinen Kernbestandteilen Kunden, Konkurrenten, Lieferanten, Händler, Partner in F&E (Forschung und Entwicklung), Subunternehmer und Regierungen.

Es ist an der Zeit, ein zuverlässiges globales Referenzsystem zu benutzen, an dem sich die Unternehmensleiter in dem heute zunehmend überfüllten und turbulenten Luftraum orientieren können. Die Evolutionswissenschaft bietet die Grundlage für ein derartiges System. Das Wissen, das aus den neuen Wissenschaften kommt, ist die Grundlage, die man für die Entwicklung eines effektiven Managementwerkzeuges und dessen praktische Anwendung benötigt. Dieses Werkzeug zu entwickeln, ist das Anliegen, das wir im 3. und 4. Kapitel verfolgen.

DIE GRUNDKONZEPTE

Das Veralten der klassischen Ansätze. Trotz bedeutender Änderungen in den Managementkonzepten, dargestellt in Kapitel 1, ist das Management, wie es derzeit großteils sowohl von Führungskräften als auch von Beratern praktiziert wird, noch immer in der klassischen Ökonomie verwurzelt. Beim angewandten Instrumentarium der Mikroökonomie in einer Firma bestimmen lineare Input-Funktionen den Output in einem stabilen, kontinuierlichen und im Gleichgewicht befindlichen System. Das Unternehmen selbst stellt eine Menge (Q_i) eines Produktes her, die auf einer Produktivitätsfunktion basiert, bis zu dem Punkt, an dem die Grenzkosten gleich den Grenzerträgen sind (GK = GE). Der Preis und die Menge werden durch Angebot und Nachfrage festgelegt, die sich wiederum aus der Grenzkostenfunktion (in Bezug auf dieses Angebot) und dem Konsumverhalten (Nachfrage) zusammensetzt. Die Theorien des Monopols wie die des

Oligopols sind Variationen über einen Ansatz. Mit anderen Worten fußt die Mikroökonomie auf einem statischen Rechenmodell, das die Summe aller Teile erfaßt, um sie auf ein Ergebnis zu orientieren. Es ist kein Modell, das komplexe, dynamische Interaktionen in einer Firma, zwischen Firmen und dem weiteren sozialen, politischen, ökologischen und kulturellen Umfeld, in dem sie agieren, erfassen könnte. Die Mikroökonomie, wiewohl sie eine nutzbare Grundlage zum Verständnis über die Funktionsweise der Marktwirtschaft bietet, erweist sich von geringem Nutzen, um die Entscheidungsträger mit einem Handwerkszeug für das Management moderner Unternehmen auszustatten.

Um den Anforderungen moderner Praktiker gerecht zu werden, wurden neueste managementtheoretischen Studien über jenen Beziehungen erstellt, die über die Strukturen und Funktionen von Kosten und Erträgen hinausreichen. Michael Porters fünf Kräfte zur Bestimmung industrieller Stärken sind wohl das bekannteste Modell. Aber selbst in diesem Falle wurden die Beziehungen zwischen Firmen sowie zwischen Firmen, Lieferanten und Kunden als Ergebnis individueller struktureller Faktoren erklärt. Diese sind zum Beispiel die Lieferantenkonzentration, Produktunterschiede, die Regierungspolitik und Kosten der Kundenumschichtung. Die Erklärung bezog sich auch auf einzelne Einheiten wie zum Beispiel Ersatzprodukte und neue Mitbewerber. Porters Ansatz bleibt statisch und grundlegend vereinfachend.

Viele der gegenwärtigen Methoden des strategischen Managements, die in der Management-Beratung von Firmen wie McKinsey, BCG und den führenden Strategie-Küchen wie Braxton Associates eingesetzt werden, sehen das Unternehmen zusammengesetzt aus sequentiell geordneten Teilen oder Handlungen. In diesem Modell besteht eine typische Firma aus dem Einkauf, der Herstellung oder Dienstleistung, dem Lager, dem Vertrieb, dem Marketing und Verkauf sowie der Kundenbetreuung. Jede dieser Aktivitäten und jeder einzelne Bereich finden Eingang in Kostenrechnung und Bilanz der Firma.

Das strategische Management zielt auf eine Kostensenkung auf das im Wettbewerb vertretbare niedrigste Niveau und auf die Erhöhung des Ertrags ab. Der Weg zur Kostenreduktion und Ertragssteigerung, der dem Management empfohlen wird, besteht in der Nutzung verschiedener Handelsspannen, von Technologie, der gewonnenen Erfahrung und anderen strukturellen Antriebsmomenten jedes Handlungsniveaus. Nehmen wir beispielsweise den Fall, daß die Beschaffungskosten um 10% gesenkt werden könnten, wenn das jährliche Einkaufsvolumen verdoppelt wird. Die Strategie wird darauf hinauslaufen, den Einkauf zu bündeln. Oder aber das Unternehmen beteiligt sich an einem Mitbewerber, um den Einkauf zusammenzuführen und die Einkaufsvorteile auszunutzen. Wenn der Produktpreis um 20% durch jede Verdoppelung des Marketingbudgets zu steigern wäre, ist es sinnvoll, die Strategie darauf auszurichten, einen höheren Anteil der vorhandenen Ressourcen in das Marketing zu lenken. Der erfolgreiche Mitbewerber, der ständig über dem Durchschnitt wirtschaftet, ist so in der Lage, die strukturellen Antriebskräfte auf jedem Niveau seiner Aktivitäten auszubeuten.

Diese Aktivitäten-Kosten-Methode erweist sich als praktikabel und ergebnisorientiert. Sie ist im Amerikanischen mit dem Begriff Leverage – Hebelwirkung – verbunden und im Deutschen unter Engpaß-Strategie (Einleitung der Mittel in den engsten Raum mit der größten Wirkkraft) bekannt. Als Methode ist sie dennoch statisch und linear: Die Gesamtkosten und die Ertragskraft der Firma werden zusammengeführt aus der Summe der Einzelkosten je Aktivität und der Wertschöpfung daraus (siehe Abbildung 6). Im Normalfall werden Interaktionen, Verzögerungen und Wechselwirkungen zwischen den einzelnen Aktivitäten nicht erfaßt. Diese Methode bietet auch keine Möglichkeit, das Unternehmen in einer Art "bewegtem Bild", d.h. in einem dynamischen Entwurf seiner Aktivitäten und Prozesse darzustellen. Zu guter Letzt darf nicht außer acht gelassen werden, daß die Aktivitäten-Kosten-Methode an den Grenzen des Unternehmens stehenbleibt und die Kosten und Werte in Verbindung mit der Geschäftsumwelt vernachlässigt.

Solange die dynamische Komplexität begrenzt blieb, waren "bottom-up" und summative Ansätze der Steuerung ausreichend gut. Gegenwärtig zeigen sich jedoch zunehmend Führungsfehler in Unternehmen. J. Forresters Artikel über dynamische Wechselwirkungen in der Industrie erschien 1958 in der *Harvard Business Review*. Seit dieser Zeit wurden Anstrengungen unternommen, das Unternehmen ganzheitlich, mit den ihm eigenen dynamischen Sy-

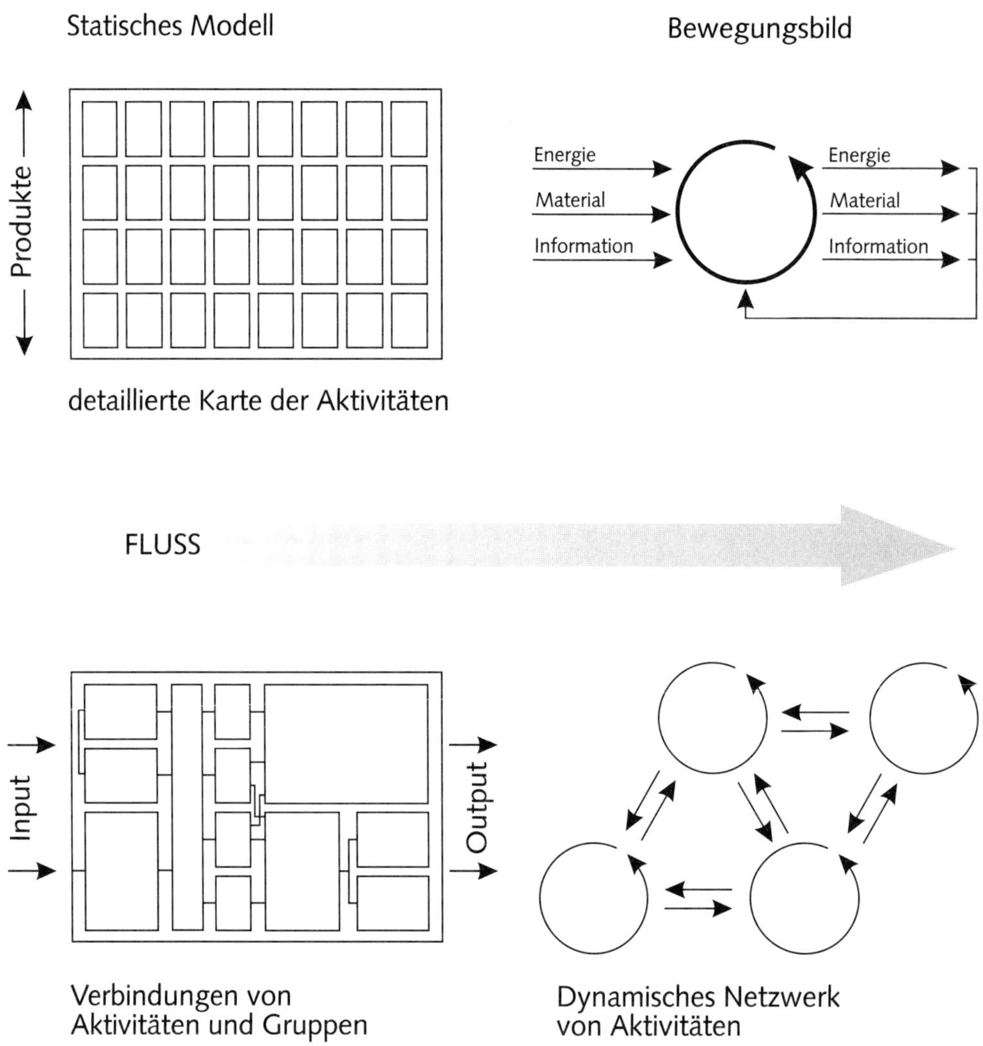

Abbildung 6: Vom statischen Management zum Management im Fluß

stemeigenschaften zu zeigen. Jüngste Veröffentlichungen, wie *Competing Against Time* von George Stalk und John Hout, versuchen, die Wichtigkeit der Prozesse darzustellen, die die einzelnen Teile des Unternehmens untereinander sowie das Unternehmen mit seiner Umwelt verbinden. Aber sie haben eine kurze Reichweite und gleichen dem Epizykel den Ptolemäus in der Antike entwarf, um seinem Modell der Erde als Mittelpunkt des Universums eine Grundlage zu geben: Es erklärte Details hinreichend genau (z.B. die Bewegung der Planeten), ohne dabei jedoch eine richtige Vorstellung des gesamten Systems zu vermitteln. Die zeitgenössische Managementtheorie befindet sich in einem ähnlichen Stadium: Sie erklärt viele der Probleme des schnellen Wandels und der komplexen Industrien, ohne eine dazugehörende Grundlage zu entwickeln. Das zugrundeliegende Modell des Management-Alltags folgt einer statischen, "bottom-up" und summativen Sicht der Unternehmen.

Eine neue konzeptionelle Begründung, ein Paradigmenwechsel wird notwendig: Die Geschäftswelt und die Industrieumwelten haben sich grundlegend geändert. Allein im Laufe dieses Jahrhunderts wurden die Unternehmen ungemein komplex und interaktiv (siehe Abbildung 7). Diese Entwicklung begann mit einer Reihe einfacher Operationen, der im Laufe der Zeit Dimensionen hinzugefügt wurden, die in der Folge lebenswichtig wurden. Diese Dimensionen umfassen Maß- und Kontrollmechanismen, eine größere Nähe zu Lieferanten, Händlern und Mitbewerbern, eine gemeinsame Kultur und Werteskala, Allianzen und Partnerschaften sowie in der jüngsten Zeit eine kostenträchtige Verbindung zum Ökosystem und der Gesellschaft. Mit jeder neuen Dimension wuchsen Wechselwirkung und Komplexität.

Die neuen Dimensionen in der Entwicklung der Unternehmen bedeuten eine höhere Ordnung in der Einheit ihrer Beziehungen und Handlungsketten. Innerhalb der Firmen verschwindet die Erkennbarkeit individueller Handlungen. Folglich trifft auch die Beschreibung eines Unternehmens als Organisation bestehend aus sequentiellen Abteilungen nicht mehr genau zu. Die Durchlässigkeit der internen Schranken und Abteilungsgrenzen wird am besten in der Managementtechnik des "crossfertilizing" (sich gegenseitig befruchtenden Managements) deutlich, das in größeren Unternehmensgruppen immer häufiger zu beobachten ist. Wissenschafter spielen eine Rolle in der Herstellung, Produktionsleiter erwerben Fähigkeiten im Design, die Marketing-Mannschaft lernt die Zwänge der Produktion kennen. Dabei bleiben alle Aktivitäten des Unternehmens eng verbunden mit den Bedürfnissen und Forderungen der Kunden, Lieferanten, Händler und Mitbewerber. Die hierarchischen Strukturen einer Matrix-Organisation werden durch die flexiblen eines mehrschichtigen

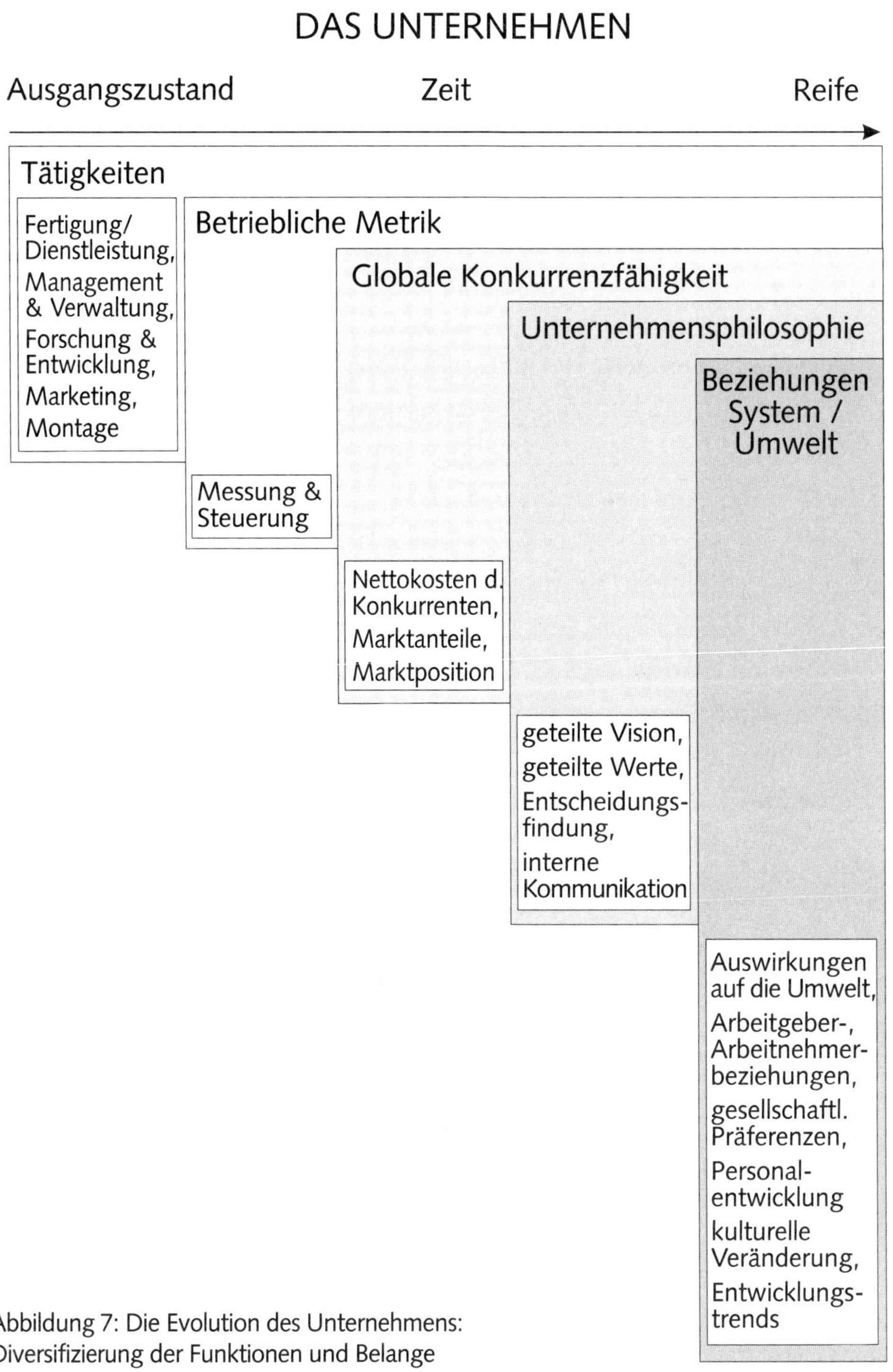

Abbildung 7: Die Evolution des Unternehmens:
Diversifizierung der Funktionen und Belange

Netzwerkes verdrängt: Das moderne Unternehmen erhält eine quasi-organische Qualität.

An der Schnittstelle Unternehmen/Umwelt werden Partnerschaften mit Lieferanten, Händlern, Kunden, ja selbst mit den Mitbewerbern zur allgemeinen Grundlage. Auf Grund von Unterverträgen und Nebenprodukten in nichtverwandten Branchen werden die Eigentümeranteile immer weiter dezentralisiert. Und dank des weiteren Zugangs zu Informationen, einer wachsenden Flexibilität, eines besseren Risikomanagements sowie einer Offenheit für Kundenbedürfnisse gehen Firmen Beziehungen und Kooperationen miteinander ein - mit dem Ergebnis, daß funktionale Beziehungen immer mehr einbezogen werden (siehe Abbildung 8).

Die Interdependenz wächst sowohl zwischen den Firmen durch Joint-ventures, Allianzen, strategische Partnerschaften und verschiedene informelle Geschäftsnetzwerke als auch zwischen den Firmen und ihrer natürlichen Umwelt. Diese Entwicklung gilt für die White-Collar-Produktion (z.B. die Computer-Industrie) genauso wie für die Schwerindustrie oder die Finanzdienstleistungen (wie z.B. Versicherungen).

DIE SYSTEMISCHEN EIGENSCHAFTEN DES UNTERNEHMENS

Wie eine lebende Zelle, ein vielzelliger Organismus, ein vollentwickeltes Ökosystem oder eine moderne Gesellschaft ist auch das moderne Unternehmen ein komplexes System, das Materie, Energie und Informationen verarbeitet. Das Modell, das hier zugrunde liegt, ist das eines Systems in einem thermodynamischen Ungleichgewicht mit seinen sich selbst erschaffenden und erhaltenden inneren Strukturen, die wir als *auto-katalytischen Zyklus* bezeichnen. Diese Strukturen entwickeln mit ihrer weiteren Umwelt immer komplexere Beziehungen und bilden *übergeordnete katalytische Zyklen.*

Wenn wir das Unternehmen als System betrachten, lassen sich die Eigenschaften unterscheiden, die für ein effektives Management wichtig sind und die erforderliche Visionen und Regeln liefern. Diese neuen Eigenschaften umfas–

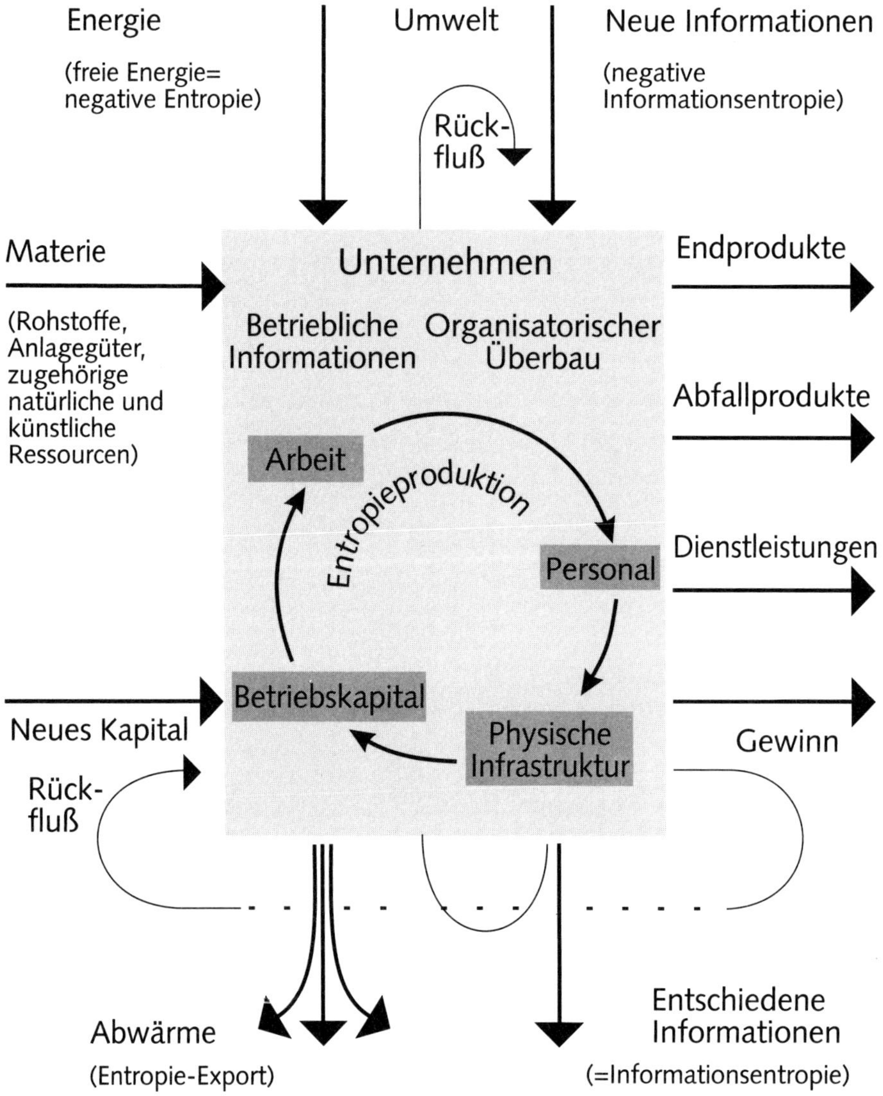

Abbildung 8: Das Unternehmen als System: Die Grundströme

sen: *Selbst-Lernen, die Herrschaft der Ablauforganisation über die Struktur, das Überwiegen nichtlinearer, zufälliger Wechsel, das Zusammenwachsen durch Allianzen und Partnerschaften, Hyperzyklen mit dem Ökosystem und der Gesellschaft sowie Heterarchien und Netzwerkstrukturen (Abbildung 9).*

Selbst-Lernen - Der klassische Begriff vom Lernen ist untrennbar von dem der Lehre. Der Begriff des Selbst-Lernens im evolutionären Denken bezeichnet das Erfassen weiterer Dimensionen der Welt als selbstorganisierten Prozeß. Ob auf der Ebene eines Marketingteams, einer Verkaufsabteilung, einer Firma oder eines ganzen Industriezweiges, jede Aktivität erneuert und organisiert sich in der Weise selbst, daß sie nicht auf ihre konstitutionellen Bestandteile zurückgeführt werden kann. Auf jedem Punkt der Zeitachse arbeitet die Aktivität anders und schafft verschiedene Ebenen der Komplexität. Der EGT lehrt uns, daß die Richtung des Selbst-Lernens generell auf größere Vielfalt und Informationsausnutzung weist. Für das Unternehmen oder die Organisation bedeutet dies, daß die Fähigkeit, den Prozeß des Selbst-Lernens einzuleiten und fortzuführen, unabdingbar von jener Fähigkeit abhängt, wachsende Komplexität und Informationsflüsse in das vorherrschende Werte- und Organisationsstruktur zu integrieren.

Die Herrschaft der Ablauforganisation über die Struktur - Bisher sah man Material- und Informationsflüsse in Unternehmen von ihrer Organisationsstruktur bestimmt. Matrixmodelle zeigten Einkauf, F&E, Marketing usw. als einzelne Einheiten, welche Produkte oder Service-Leistungen immer in einem unfertigen Zustand "erhielten", sie verfeinerten sowie ihnen Wert zufügten und sie dann an die nächste Einheit "weiterreichten".

Diese Strukturaufteilung wurde sogar in sehr kleinen Teilbereichen der Produktion und Dienstleistungen vorgenommen. In dynamischen komplexen Unternehmen jedoch spielen die Abläufe des Empfangens und Weiterreichens eine kritische Rolle in der Kostenminimierung und Kundenzufriedenstellung. Verzögerungen, auf welcher Ebene sie auch auftreten, verringern die Wettbewerbsfähigkeit der Firma bei der Lieferfähigkeit im Produktbereich und der Durchführung von Dienstleistungen; auch verkürzen sie die erforderlichen Planungsperioden. Verkürzte Planungshorizonte wieder bergen die Gefahr zu-

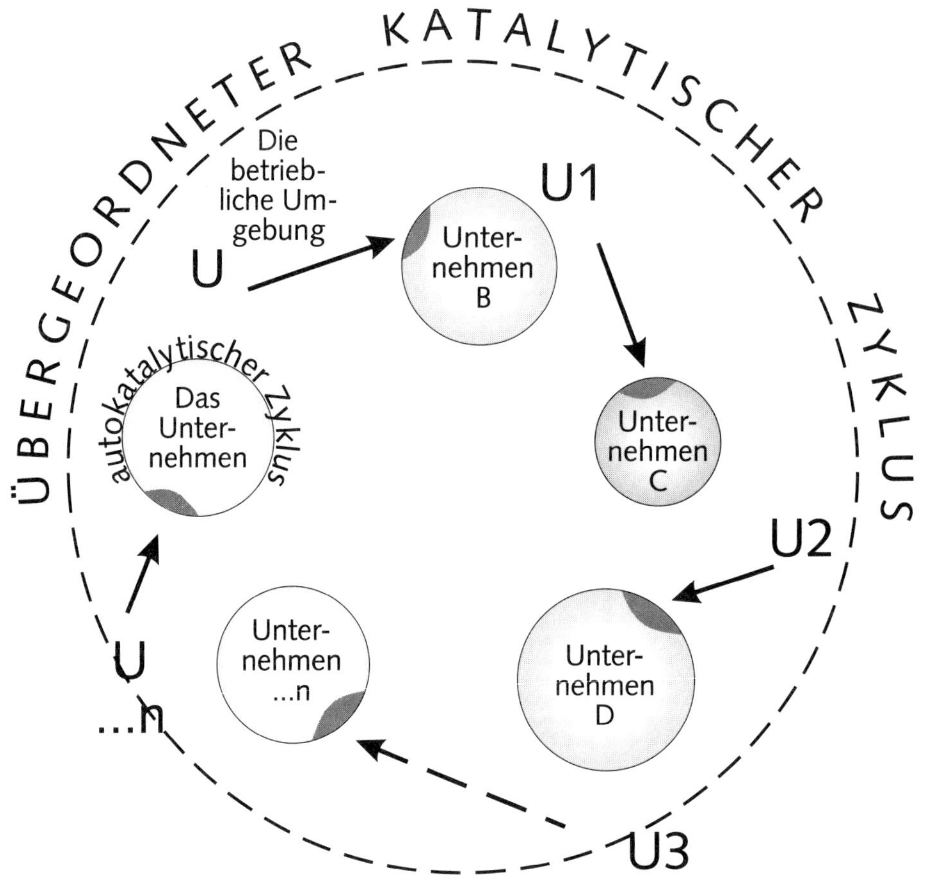

Abbildung 9:
Beide Arten katalytischer Zyklen, die Unternehmen und ihre Umgebung miteinander verbinden. Jedes Unternehmen meistert den autokatalytischen Zyklus, mit dessen Hilfe es seine Ressourcen, seine Infrastruktur und sogar sein Personal erneuert. Allerdings entnimmt jedes Unternehmen die Ressourcen für seine Tätigkeit und seine Selbstreproduktion aus seiner Umwelt, und die Umwelt ist der Empfänger seiner Produkte und Dienstleistungen wie auch seiner Abfälle. Die Aktivität eines Unternehmens beeinflußt daher andere Unternehmen. Die Art und Weise, in welcher Unternehmen sich selbst und ihre jeweilige Umgebung verarbeiten, addiert sich zu einem übergeordneten, katalytischen Zyklus, der alle Unternehmen und alle Umgebungen beeinflußt und letztendlich Rückwirkungen auf alle hat. Folglich arbeitet ein gut geführtes Unternehmen nach dem Prinzip des pragmatischen Altruismus: Es entwickelt seine Umwelt und hilft bei der Entwicklung aller Unternehmen, welche diese teilen; und damit entwickelt es sich selbst.

nehmender Fehlerquellen und höherer Lagerkosten. Ausgefeilte Informationstechnologien (Computer, Telekommunikation, Software, Informationsmanage -ment) ermöglichen Unternehmen Abläufe mit kurzen Übertragungszeiten zwischen den Einzelaktivitäten und die Bündelung dieser Aktivitäten, sodaß die Kosten auf der Systemebene minimiert werden. Dabei gehen diese Aufgaben weit über das hinaus, was als Lösungen in der Just-In-Time-Produktion gefunden wurde.

Der EGT lehrt uns, daß die Schnittstellen und der Informationsfluß nur mit der Zeit anwachsen können und dann auch die Schnittflächen außerhalb des Unternehmens erfassen. Daraus folgt, daß die Managementaufgaben immer komplexer werden. Die Beachtung dieses Aspektes bildet einen wichtigen Wettbewerbsvorteil für ein erfolgreiches Unternehmen.

Das Überwiegen nichtlinearen, zufälligen Wandels - Die Evolution des Unternehmens ist konstant, aber nicht kontinuierlich, sie ist fortschreitend, aber nicht linear. Von Zeit zu Zeit muß das Management schwierige Entscheidungen fällen - zum Beispiel, ob man mit neuen Produkten oder Dienstleistungen auf neue Märkte geht, ob man das Unternehmen insgesamt oder teilweise refinanziert oder ob die Unternehmensstruktur selbst reorganisiert werden soll. Diese Entscheidungen stellen Bifurkationen auf dem Entwicklungsweg des Unternehmens dar: Sie werden durch Instabilität ausgelöst und führen zu chaotischen Phasen.

Wir werden aufzeigen, daß es der Selbst-Lern-Potentiale in der Organisation bedarf, um solche Prozesse zu beherrschen. Mit diesen Potentialen kommt die Entwicklung verschiedener kleiner, paralleler, gezielter Aktionen in Gang, von denen jede die Möglichkeit zum Erfolg in sich trägt. Eine oder mehrere dieser Aktionen bilden den Ausgangspunkt für einen großen und anhaltenden Erfolg. So wenden die vielzitierten japanischen Unternehmen diese Produktinnovationsstrategie häufig an.

Das Zusammenwachsen durch Allianzen und Partnerschaften - Der evolutionäre Ansatz von übernehmenden und erwerbenden Unternehmen, in strategischen Partnerschaften, informellen Netzwerken und bei anderen Arten von Interaktionen zwischen Unternehmen und Partnern konvergiert zu einer höhe–

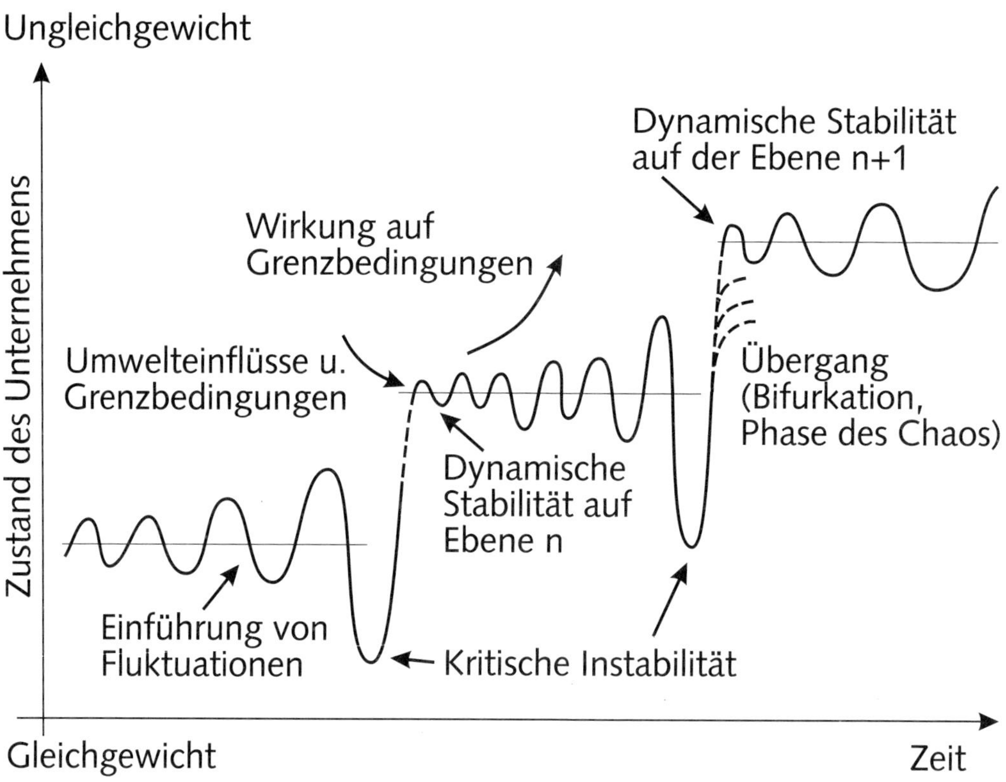

Abbildung 10:
Wie alle komplexen Systeme ist ein Unternehmen niemals völlig stabil, sondern bestenfalls in seinen Interaktionen mit seiner Umwelt dynamisch stabilisiert. Wenn die autokatalytischen und übergeordnet katalytischen Zyklen richtig funktionieren, befindet sich das Unternehmen auf einem bestimmten Niveau der Komplexität und Organisation in einem dynamisch stabilisierten Zustand. Wenn eine Ebene der kritischen Instabilität erreicht wird, verzweigt sich der Entwicklungsweg des Unternehmens; das heißt, es beginnt eine chaotische Phase, welche durch eine grundlegende Umstrukturierung der Organisation aufgehoben wird. Diese ist gekennzeichnet durch die effektivere Nutzung von Informationen bei Herbeiführung einer effizienteren Verarbeitung freier Energie in einer Organisationsstruktur von höherer Komplexität, aber auch größerer Flexibilität und Kreativität.

ren Organisationsebene. Die Koordinationsfunktionen für die übernommenen, erworbenen oder im Netzwerk befindlichen Einheiten sind Hyperzyklen, welche die vielfältigen Operationen des Unternehmens in die regionalen, nationalen oder weltweiten Industriegruppen integrieren. In der Folge sinken üblicherweise die Stückkosten, und die Preisstruktur wird günstiger, ausgelöst durch die Nachlaßstruktur, Vereinfachungen, zusammengeführte Ressourcen und Rationalisierungen.

Hyperzyklen mit dem Ökosystem und der Gesellschaft - Durch die wachsende geographische Ausdehnung, die technologische Kontrolle, den Verbrauch begrenzter natürlicher Ressourcen und die Verschmutzung von Land, Luft und Wasser finden sich die Unternehmen selbst in Interaktion mit dem Ökosystem und der Gesellschaft, und zwar in einer Weise, die Wettbewerbsfähigkeit und fortdauernde Ertragskraft berührt.

Die Nichteinhaltung ökologischer Gesetze und Verordnungen führt zu Bußgeldern, zum Verlust von Produktionsgenehmigungen, zu Klagen und in manchen Fällen für einzelne Manager zur Haft. Auf der anderen Seite können auf die Natur orientierte Produkte, ein ökologisches Marketing und eine entsprechende Verkaufsstrategie zu steigenden Verkaufszahlen, einem erhöhten Lagerwert und auch zu weniger Regierungseingriffen führen.

Der gegenwärtige Kulturwandel ist irreversibel: Der EGT zeigt, daß die Gesellschaft nicht mehr zu einer präökologischen Periode zurückkehren wird. Die Geschäftswelt wird sich schnell in die natürliche Umwelt integrieren müssen. Sie wird aber auch zunehmend mit den Belangen der Erziehung, Kultur und der Lebensqualität konfrontiert werden.

Heterarchien und Netzwerkstrukturen - In der Frühzeit der industriellen Revolution war das Unternehmen üblicherweise in Familienbesitz. Es herrschte ein strenges Machtgefüge mit einem Gründervater, seinen Söhnen, angestellten Managern (Verwaltern) und Arbeitern.

In dem Maße, in dem die Organisationen spezifischer wurden und diversifizierten, erwiesen sich solche Hierarchien - ob nun linear oder in einer Matrixstruktur - als nicht geeignet, der Komplexität der Geschäftswelt so zu begegnen, daß sie Informationen effizient nutzen können. Die künstlich aufgebaute Struktur der Managementorganisation entsprach nicht länger dem höheren Energie- und Informationsfluß in einer dynamischen und komplexen Umwelt.

Unternehmen mit einer hierarchischen Matrix-Organisation fanden beispielsweise in ihrem Organisationsschema die Antwort auf diesen Wandel, indem sie um starre Zielsysteme Netzwerkstrukturen schufen. Das kann bedeuten, daß eine Designerin bei dem Versuch, die formale Struktur der Organisation zu umgehen, um eine kundenorientierte Produktweiterentwicklung zu gestalten, sich arbeitsorganisatorisch bei einem Marketingleiter in einer anderen Abteilung wiederfindet, zu der sie keinerlei hierarchischen Bezug hat.

Eine weitere mögliche Antwort war, Organisationen so zu schwächen, daß sich dann Stabspositionen für operationale Verantwortlichkeiten übernehmen ließen. Der Abbau von Hierarchien senkt Lohnkosten und verbessert die Nutzung von Information. Sowohl die Entwicklung eines Netzwerkes als auch die Schwächung versorgt Unternehmen mit einer Flexibilität und Kompetenz, die in formalen Strukturen fehlen.

Die nächste Organisationsebene ist die Heterarchie mit einer Vielzahl von Ebenen. Arbeit, Maschinen und Netzwerke werden zwar spezialisierter, die Aufgaben werden in einer Weise durchgeführt, daß alle Einzelaktivitäten die Aktivität des Gesamtunternehmens optimieren. Dem Topmanagement kommt immer häufiger eine unterstützende Rolle zu: Es koordiniert und integriert die Funktionen der untergeordneten Ebenen im Rahmen der übergeordneten kohärenten Strategie.

Während des evolutionären Reifens des Unternehmens steigt die Bedeutung der Information. Innerhalb der operativen Strukturen reguliert die Information den Energiefluß und verbindet die zahlreichen Unternehmensbereiche. Erst durch die Information wird das Management in die Lage versetzt, die Operationen des Unternehmens so zu lenken, daß dieses sich selbst in einem dynamischen Zustand halten kann, der vom Gleichgewicht weit entfernt ist. Je tiefer das Unternehmen in den Bereich des Ungleichgewichts vordringt, desto bedeutender wird der Aspekt der Information. Damit das wachsende Unternehmen in seiner Umwelt überlebt, hat die Information, zu der das Management Zugang hat und die es nutzt, genau, zuverlässig und sachdienlich sowie eingefügt in eine konsistente operationale Wissensbasis zu sein.

Die Schlüsselprinzipien, die wir im folgenden Abschnitt darstellen, verkörpern das evolutionäre Konzept eines Unternehmens als offenes interaktives, informationsintensives System. Sie geben Managern das Handwerkszeug, Systemabläufe aufzubauen, welche die Wettbewerbs- und Gewinnsituationen in einer instabilen und globalisierten Umwelt optimieren. Aufbauend auf die wachsenden evolutionären Fähigkeiten des Selbst-Lernens, der Herrschaft der Ablauforganisation über die Struktur, des Überwiegens nichtlinearer, zufälliger Wechsel, des Zusammenwachsens durch Allianzen und Partnerschaften, der Hyperzyklen mit dem Ökosystem und der Gesellschaft sowie der Heterarchien und Netzwerkstrukturen entwickeln diese Prinzipien operative Leitlinien für die Führungsebene in einem komplexen und dynamischen Umfeld: dem essentiellen Kontext des Geschäftes im 21. Jahrhundert.

Schlüsselprinzipien

Strategische Prinzipien

STR/l. Information ist als strategische Ressource zu betrachten

STR/2. Die strategische Positionierung ist kontinuierlich zu überprüfen und anzupassen

STR/3. Ein langfristiger kompetitiver Schwerpunkt sollte verfolgt werden

STR/4. Das Unternehmen ist durch koevolutionäre Partnerschaften zu entwickeln.

STR/5. Instabilität und nichtkontinuierliche Veränderungen sind als Wettbewerbsvorteile zu nutzen.

STR/6. Ökologische Beschränkungen und Möglichkeiten müssen in die Kostenrechnung einbezogen werden.

STR/7. Prognosen müssen auf mehrere Horizonte erweitert werden

STR/8. Die Zukunft, nicht die Vergangenheit ist zu extrapolieren

Organisatorische Prinzipien

ORG/1. Einige Funktionen sind nach ausgewählten Kriterien zu dezentralisieren, andere zu zentralisieren

ORG/2. Vielschichtige Heterarchien müssen in komplexen und instabilen Unternehmungen gebildet werden

ORG/3. Ein kreatives Chaos muß erzeugt werden

ORG/4. Manager und Unternehmenskultur in globalen Unternehmen sind zu internationalisieren

Die operationalen Prinzipien

OP/l. "Vielfalts"- und Verbindungskosten sind in die Betriebsabrechnung miteinzubeziehen

OP/2. Qualität muß vorberechnet werden

OP/3. Synergien und Selbst-Lernen in Abteilungen, Firmen- und Unternehmensbereichen sind zu fördern

4

EVOLUTIONÄRES MANAGEMENT II

DIE SCHLÜSSELPRINZIPIEN

Die Schlüsselprinzipien des evolutionären Managements sind keine einfachen Rezepte, nicht einmal Rezepte für etwas, das als Element des Wettbewerbsvorteils bezeichnet wurde. Strategischer Schwerpunkt, operationale Effizienz und eine wirkungsvoll aufgeteilte Unternehmenskultur bleiben die wichtigen Faktoren in den Gleichungen des Unternehmenserfolges, aber sie sind nicht die einzigen dafür notwendigen Faktoren.

Heutzutage werden diese Faktoren nur von Unternehmen mit einem schwachen Management nicht beachtet - obwohl natürlich nicht jedes Unternehmen die Mittel hat, alle Faktoren zu nützen: Tatsache ist, daß die meisten strukturellen Ursachen eines Wettbewerbsvorteils inzwischen weitgehend verstanden werden. Das gleiche gilt für Prinzipien wie die Nähe zum Kunden und die totale Qualitätskontrolle. Die Entwicklung einer Kultur des Kundenservice, gemessen und kontrolliert durch wichtige Einkaufskriterien, Kostenflexibilität und andere analytische Instrumente, ist Teil der Standardpraxis in vielen erfolgreichen Unternehmen.

Die klassischen Rezepte von Wachstum und Profit müssen jedoch durch Management-Prinzipien für sich rasch entwickelnde Unternehmen in komplexen und instabilen Umgebungen erweitert werden. Die hier beschriebenen Prinzipien sind grundlegend, werden jedoch nicht entsprechend verstanden und angewendet. Obwohl evolutionäre Systemprinzipien nicht so leicht quantifiziert werden können wie traditionelle Instrumente und Ansätze, sind sie die adäquaten Instrumente, um den Weg zu Wachstum und Profit am heutigen krisengeschüttelten globalen Weltmarkt zu ermöglichen.

DIE STRATEGISCHEN PRINZIPIEN

STR/l. Information ist als strategische Ressource zu betrachten

Begründung: Da die Komplexität im kompetitiven Umfeld steigt und die Informationstechnologie (IT) allgegenwärtig wird, muß die Informationsoffenheit und -effizienz als Grundlage eines strategischen Vorteils sichergestellt werden.

Wie Peter Keen in "Die Gestaltung der Zukunft" (Harvard Business School Press, 1991) schreibt, kann die Informationsrealität heutiger Unternehmen in folgender Weise dargestellt werden:

- Der elektronische Datenaustausch ist die Norm
- Image-Technologie ist eine operationale Notwendigkeit geworden
- Unternehmen sind mit den wichtigsten Anbietern und Kunden durch eine Art elektronische Partnerschaften verbunden.

Als Ergebnis davon hat die Rolle und der Wert der Information neue Proportionen angenommen. Um einen erfolgreichen Wissensfluß von Wissenschaft sowie Forschung und Entwicklung zu garantieren, müssen Markt- und Mitbewerberinformationen, Finanzdaten sowie soziale und ökologische Faktoren kostengünstig angeboten werden, indem man effiziente Monitorsysteme und Informationssammelsysteme verwendet. Das gesammelte Wissen muß verarbeitet und neben anderen Dingen auf Kundendienst, Produktion, Marketing-Strategien, Distribution und die Messung von ökologischen und sozialen Einflüssen angewandt werden.

Es ist nicht weiter überraschend, daß die Wahl der Informationstechnologie zunehmend eine schlüsselstrategische Entscheidung wird, die aus den Händen der Direktoren von Informationssystemen dem Topmanagement übertragen wird. Fehler können teuer werden: Federal Express mußte einige hundert Millionen Dollar durch das Zapmail-Projekt abschreiben: Ein Virus in der Yield-Management Software von American Airlines kostete 50 Millionen US-Dollar an entgangenen Umsätzen.

Die strategische Prinzip der Öffnung eines Unternehmens für die Information besteht nicht nur in der Wahl der Technologie: Es hat eine unmittelbare Auswirkung auf Gesamtstrategie, Produktion und Organisation. Durch die Vernetzung der einzelnen Komponenten des Unternehmens in ein integriertes System von Aktivitäten verändert Information deren Rolle und verbindet sie innerhalb des Unternehmens. Einkauf, Prognose, Produktion und Inventar-Kontrolle werden zu integrierten und miteinander verbundenen On-line-Aktivitäten.

In der Praxis können konkurrenzbezogen, technische, rechtliche und Management-Entscheidungen und deren Auswirkungen nicht mehr länger voneinander getrennt werden. Die Verbindung des Unternehmens zum erweiterten Industrie-System – Zulieferer, Mitbewerber, Handelspartner, Kunden, kontrollierende Institutionen, Subunternehmer etc. - muß als ausschlaggebender Faktor für die Profitbestimmung betrachtet werden.

STR/2. Die strategische Positionierung ist kontinuierlich zu überprüfen und anzupassen

Begründung: Technologische Veränderungen, Verhandlungsgeschick, legislative Beschränkung und industrielle Kräfte, die die Zuteilung des Gewinns bestimmen, sollen durch Allianzen, Partnerschaften, Subunternehmertum sowie Ein- oder Ausstieg in andere Wirtschaftsbranchen zur Unternehmensneupositionierung genützt werden.

Unternehmen passen ihre strategische Positionierung kontinuierlich an die sich ändernden Realitäten in ihren Industriesektoren an. So verwenden heute z.B. Versicherungsunternehmen Subunternehmer für ihre Datenverarbeitung und steigen in andere Branchen wie medizinische Dienstleistungen oder Automechanikerservice ein. Computerhersteller haben Subunternehmer für die Mehrheit ihrer Ersatzteilproduktion und engagieren sich in der Telekommunikationssbranche. Zementhersteller wie die Lafarge-Corporation in den USA steigen in die Abfallbeseitigungs-Branche ein, wo sie Treibstoff durch Abfallenergie erzeugen oder Abfallprodukte aus dem Kohlebergbau und der Stahlerzeugung recyclen.

Entscheidungen müssen immer im Zusammenhang mit dem gesamten Industriesystem getroffen werden. Die richtige Wahl hängt direkt von den Kompetenzen anderer, der Anzahl der Mitbewerber in der jeweiligen Aktivitätengruppe, deren Verhandlungsgeschick und dem Aufzeigen des steigenden Stellenwertes für den Endverbraucher ab.

STR/3. Ein langfristiger kompetitiver Schwerpunkt sollte verfolgt werden

Begründung: Eine Corporate Identity (CI) soll für Mitarbeiter, Kunden, Mitbewerber und andere im Industriesystem geschaffen werden und zwar auf Wegen, die erkennbar und profitabel in bezug auf den Preis- oder Mengenvorteil sind.

Obwohl dies auf den ersten Blick dem Prinzip der kontinuierlichen Überprüfung und Anpassung (S/2.) widerspricht, wird der Wert der Erhaltung eines langfristigen Schwerpunkts von erfolgreichen Unternehmen demonstriert, die beides erreicht haben: nämlich eine strategische Neupositionierung und ein langfristiges strategisches Ziel.

Ein Beispiel ist Volvo, das seine Segmentbetonung auf Luxus geändert hat und eine wegbereitende Pkw- und Lkw-Kooperation mit Renault eingegangen ist, während die Firma gleichzeitig ihr seit 25 Jahren bestehendes Prinzip nie aus den Augen verlor: konservative, funktionelle Autos zu bauen und stoisch jeden Modetrend zu ignorieren. Obwohl die Gewinnkurve vor kurzem ein wenig nach unten ging, bleibt die Loyalität der Volvo-Kunden hervorragend: Eine interne Untersuchung hat gezeigt, daß 58 Prozent aller Käufer der 700er-Serie Wiederkäufer waren. Andere Beispiele für die Verpflichtung gegenüber langfristigen Unternehmenszielen sind Matsushita und Toto in der japanischen Haushaltswaren-Branche: Diese Unternehmen hatten ein exponentielles Wachstum in ihren Produktsegmenten, blieben aber gleichzeitig bei ihrer grundlegenden Unternehmensverpflichtung, "die Besten am Haushaltswarenmarkt zu sein".

STR/4. Das Unternehmen ist durch koevolutionäre Partnerschaften zu entwickeln.

Begründung: Die langfristige Rentabilität des Unternehmens und seines Industriesystems soll mit Hilfe von für alle Beteiligten profitablen Partnerschaften mit Zulieferern, Distributoren, Subunternehmen und branchenverwandten Unternehmen abgesichert werden.

Strategische Partnerschaften sind bei vielen Wirtschaftsaktivitäten schon Realität, und ihre Zahl steigt rasch. In den 50er und 60er Jahre wurden Joint-ventures einem Unternehmen durch politische Dringlichkeiten mehr oder weniger aufgezwungen, während in den 70er, 80er und am Beginn der 90er Jahre Joint-ventures und andere Formen von strategischen Bündnissen sowohl populär wie auch weitverbreitet wurden. Nur wenige Unternehmen, egal welcher Größe, können ihre finanzielle Gesundheit, ihre technologischen Grundlagen oder ihre Marketingglaubwürdigkeit jedesmal aufs Spiel setzen, wenn sie eine neue Dienstleistung vorstellen oder eine neue Produktlinie auf den Markt bringen. Der Zweck von koevolutionären Partnerschaften ist nicht nur die übliche Risikoverteilung wie bei strategischen Partnerschaften, sondern die Implementierung von weitblickenden, evolutionären Managementzielen.

Gegenseitig nützliche Partnerschaften sind erforderliche Einführungsmechanismen für ein evolutionäres Management in einer sich ständig verändernden und turbulenten Umgebung, weil zumindest kurz- oder mittelfristig die Erfüllung dieser Prinzipien wahrscheinlich eines gewissen Anpassungsgrades bedarf. Die Kosten dafür sind keineswegs eine vermeidbare Opfergabe, sondern stellen eine notwendige Zukunftsinvestition dar. Dennoch können uninformierte oder skrupellose Mitbewerber diese Situation für kurzfristige Ziele ausnützen, was verhindert werden sollte. Koevolutionäre Partnerschaften sind so zu gestalten, daß sowohl die Belastung der Anpassungsphase als auch das Problem der Mitbewerber und Trittbrettfahrer abgewendet wird.

Tatsache ist, daß kein Unternehmen eine Insel ist und sich ohne gegenseitige Interaktion mit anderen optimal entwickeln kann. Ein wettbewerbsfähiges Industrieunternehmen hilft anderen durch einen gegenseitigen Verstärkungsprozeß. Gegenseitig stärkende Hyperzyklen schaffen die Grundlage für die gegenseitige Intensivierung von Unternehmenswachstum - ein Prozeß, den Michael Porter als den grundlegenden "Diamanten" für einen Unternehmenszusammenschluß bezeichnet und der sich aus Strategie, Struktur und Rivalitäten des Unternehmens einerseits und den Faktorbedingungen, den Nachfragekonditionen sowie branchenähnlichen und Zulieferindustrien andererseits zusammensetzt. Der "Diamant" schafft einen sich selbst verstärkenden Hyperzyklus, der den Industriezusammenschlüssen einen entscheidenden Wettbewerbsvorteil liefert.

Anders als bei Partnerschaften von sich selbst verstärkenden Industriegruppen, verbessern koevolutionäre Partnerschaften die Wettbewerbsfähigkeit, anstatt den Wettbewerb zu verstärken. Zusammenschlüsse dieser Art müssen jetzt als Teil eines funktionierenden Unternehmens wahrgenommen werden. Der japanische Managementberater Kenichi Ohmae macht darauf aufmerksam, daß das Voranschreiten von Komplexität in wirtschaftlicher, technologischer sowie kultureller Hinsicht Unternehmen geradezu zwingt, ihre Ressourcen zusammenzulegen und miteinander zu kooperieren, sodaß diese mit größerer Effizienz in den Wettbewerb gehen. Zusammenarbeit ist doppelt wichtig, wenn eine andauernde Wettbewerbsfähigkeit Anpassungen bedarf, die nicht nur die kurzfristigen Interessen eines Unternehmens, sondern die dauerhaften Interessen des ganzen Sektors erfassen.

Hyperzyklen sind nicht auf Unternehmen beschränkt: Andere Zyklen verbinden Unternehmen mit ihrem sozialen und natürlichen Umfeld. Das

Unternehmen selbst ist ein Subsystem innerhalb erweiterter sozialer, wirtschaftlicher, politischer und natürlicher Systeme; seine Zukunft ist mit diesen umgebenden Systeme direkt verbunden. Ein entwickeltes Gesellschaftssystem bietet höher qualifizierte menschliche Ressourcen, und eine nicht belastete Umwelt bietet höhere Qualität an Rohmaterialien und Naturschätzen - wichtige Faktoren für Wettbewerbsfähigkeit in der ganzen Industrie. Die Koevolution des Unternehmens und des umgebenden Systems ist für beide interessant. Während Änderungen in den weiteren Systemen Störungen und funktionelle Probleme innerhalb des Unternehmens schaffen können, wird ein positiv entwickeltes sozio-ökonomisches System die Auswirkungen von Übergangsschocks innerhalb des Unternehmens mildern. Es ist sinnvoll, wenn Manager ihre Unternehmen gemeinsam mit ihrem Umfeld entwickeln. Die Bedenken, daß die Umgebung, die sich zusammen mit einem Unternehmen entwickelt, sich auch mit seinem Mitbewerber entwickelt, sollte kein Hindernis darstellen. In einer Zeit der Systemveränderung ist Altruismus pragmatisch. Entweder entwickelt sich ein ganzes System, oder jeder innerhalb des Systems geht das Risiko ein, marginalisiert zu werden und vielleicht sein Geschäft ganz zu verlieren.

STR/5. Instabilität und nichtkontinuierliche Veränderungen sind als Wettbewerbsvorteile zu nutzen.

Begründung: Unsicherheiten und Risiken sollen in eine verbesserte probabilistische Entscheidungsfindung umgewandelt werden.

Ebenso wie andere zeitgenössische Systeme machen auch moderne Unternehmen Zeiten der Instabilität durch, die grundlegende Entscheidungen erfordern. In solch turbulenten Zeiten können sogar Einzelentscheidungen darüber bestimmen, ob ein Unternehmen neue Wachstums- und Gewinnwege einschlägt oder ob es noch mehr Instabilität, weniger Wettbewerbsvorteile und einen allgemeinen Rückgang erleben wird. Normalerweise erkennen Manager die Zeichen drohender Instabilität und radikaler Änderungen. Viel schwieriger ist es, den richtigen Kurs der Aktivitäten zu finden, der in ruhigere Gewässer

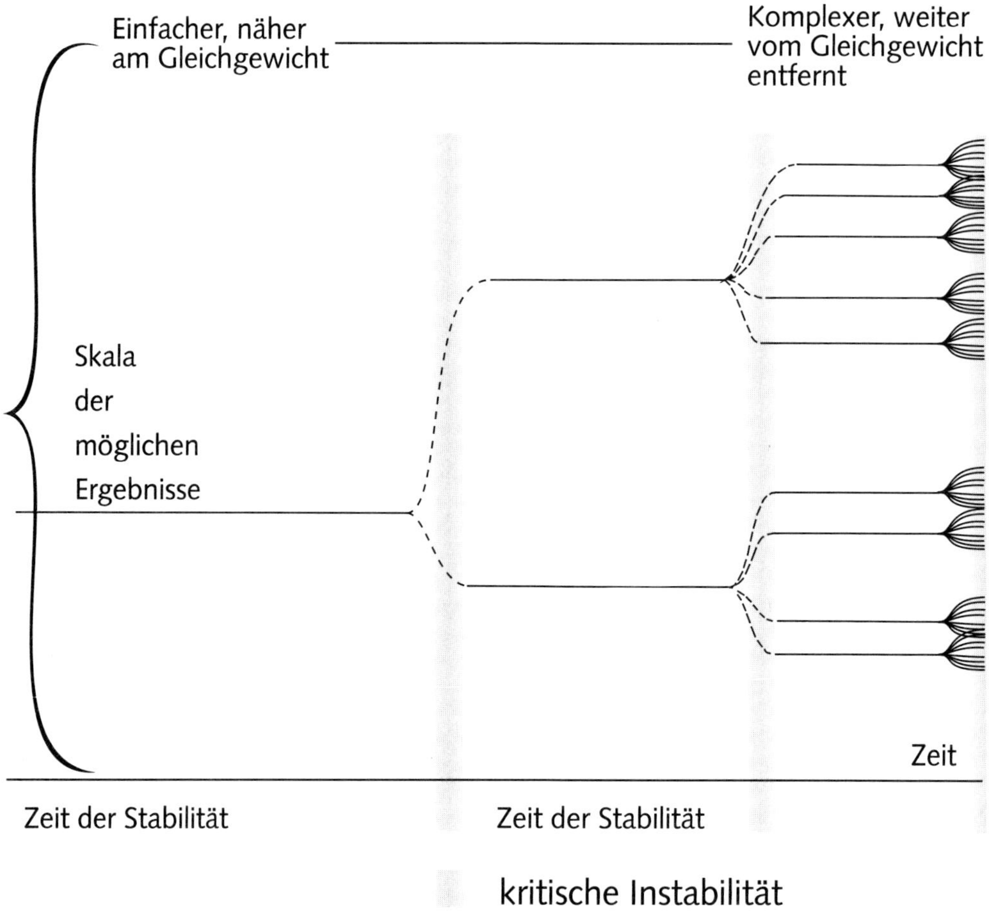

Abbildung 11:
Je weiter der Zustand eines Systems in die Zeit projiziert wird und je weiter sich das System vom Gleichgewicht entfernt, desto größer wird die Palette der Alternativen, die sich nach einer kritischen Instabilität eröffnen. Welche Alternative realisiert wird, ist nicht im voraus bestimmt und kann nicht vorhergesagt werden. Aber die Kenntnis des Zusammenhanges, in dem das System arbeitet, kann Managern bei der Ermittlung des Wahrscheinlichkeitsgrades der Ergebnisse helfen, die in den Alternativen liegen.

jenseits der Turbulenzen führen könnte. Wissen, Einsicht und Kreativität sind wichtige Bestandteile der Entscheidungsfindung, die probabilistische Prozesse miteinbezieht. Eine Schätzung der Wahrscheinlichkeiten innerhalb nichtlinearer Veränderungen wird notwendig, um das kreative Spiel anzuwenden, das bei unbestimmten Prozessen immer erlaubt ist.

Die Chaostheorie sagt Managern, daß unbestimmte Bedingungen genug Raum für Aktivitäten bieten. Diese Einsicht ist als "Schmetterlingseffekt" bekannt (vgl. Seite 60). Das gleiche gilt für die Welt der Wirtschaft: Änderungen im Unternehmensverhalten tendieren dazu, im ganzen Industriesektor bekannt zu werden. Die Feedbacks, Feedforwards und Informationsverbindungen im internationalen Wirtschaftssystem sind komplex bis hin zum Chaos geworden. Folglich können sogar einige unbedeutende Aktivitäten zusammengenommen, weitreichende Auswirkungen haben, wie z.B. die Entscheidung Weyerhaeusers, Weihrauchkiefern, eine Baumart, die schnell wächst und wenig Wasser braucht, zu entwickeln. Eine Entscheidung, die ein wichtiger Beitrag sein könnte zum Versuch, die Regenwälder der Welt zu retten. Auch die Entscheidung von Ben and Jerry, einem kleinen Eiserzeuger in den USA, eine Geschmackssorte mit dem Namen "Rain forest crunch" auf den Markt zu bringen, die mit einer Nuß aus dem Amazonasgebiet hergestellt wird, könnte eine nicht unwesentliche Auswirkung auf das ökologische Bewußtsein der Amerikaner haben und den Boden bereiten, daß sie sich an internationalen Aktionen beteiligen.

Die Fähigkeit diese und ähnliche Möglichkeiten in ein "kreatives Spiel mit Chancen" umzuwandeln, ist eine grundlegende Voraussetzung für den Erfolg, wenn sich Mitbewerber nichtlinearen Bifurkationen in der Entwicklung ihrer Sektoren gegenübersehen. Nichtlineare Entwicklungen können spezifische Strategien und Technologien rasch veralten lassen. Folglich treffen Vorhersagen, die auf gegenwärtigen Unternehmenskonfigurationen basieren, über die zukünftige Höhe des Gewinns oft nicht ein und bewahrheiten sich auf den internationalen Kapitalmärkten meist nicht. Dies kann auf ökologische Gründe zurückgeführt werden, wenn Kosten für Beseitigung oder Behebung eines Schadens Gewinne zunichte machen, auf ein verlangsamtes Wachstum, einen härteres Wettbewerb oder auf die Neudefinition verschiedener Produkte und

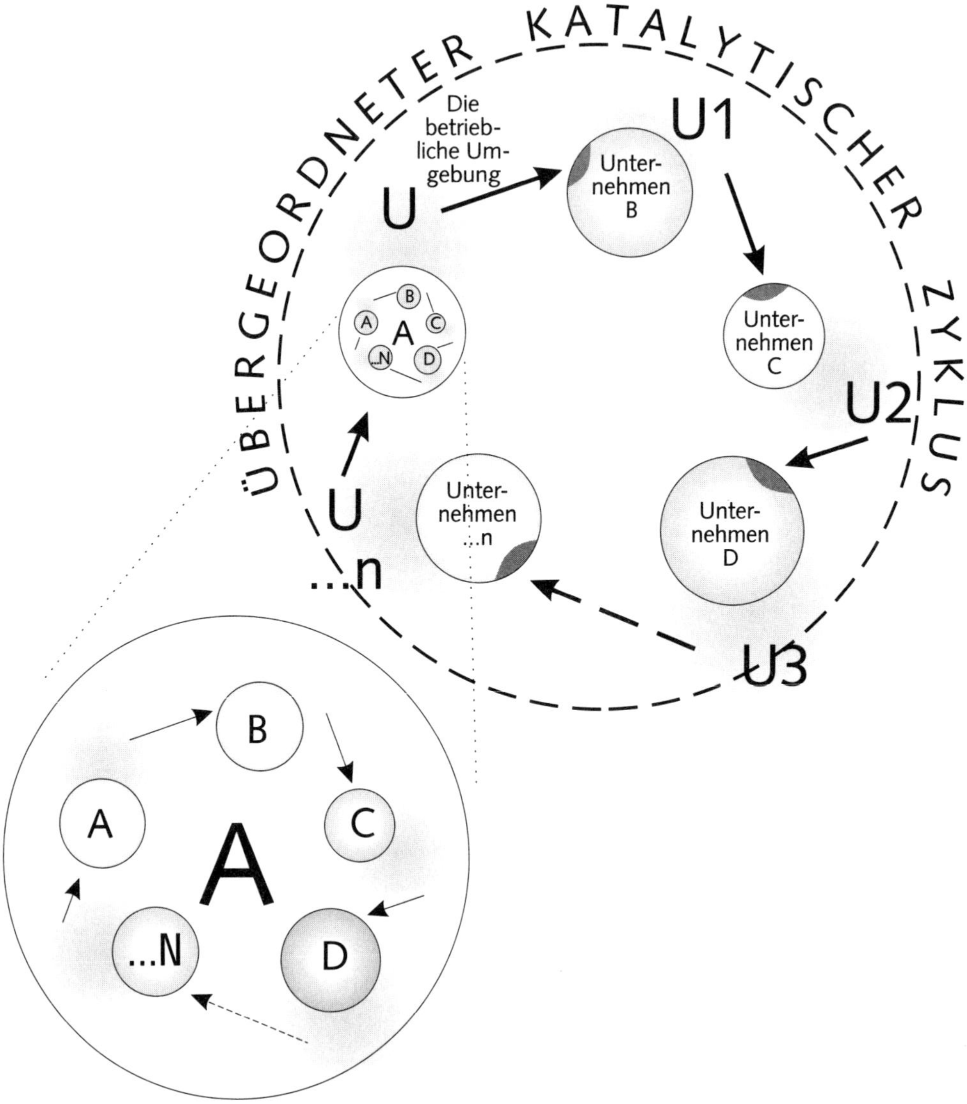

Abbildung 12:
Das Unternehmen an der Schnittstelle Organisation/Umwelt.
Die katalytischen Zyklen, welche das Unternehmen in seine Umwelt integrieren, integrieren auch seine funktionalen Einheiten in die Struktur des Gesamtunternehmens.

Dienstleistungen durch die Technologie. In all diesen Fällen werden führende Spieler entweder in neue Branchen eindringen und neue Operationsformen anwenden müssen, oder sie nehmen den Zusammenbruch des bestehenden Schemas hin.

STR/6. Ökologische Beschränkungen und Möglichkeiten müssen in die Kostenrechnung einbezogen werden.

Begründung: Das Wachstum soll durch gleichzeitig Internalisierung der Umweltkosten und ökologischen Beschränkungen aufrechterhalten werden, bevor der Staat die Industrie reglementiert oder dies von der Öffentlichkeit gefordert wird.

Die operationalen Prinzipien des evolutionären Managements fangen zu Hause an und sehen eine systemumfassende Unternehmensgewinnkalkulation vor. Wie in S/4. erwähnt erfaßt das relevante Unternehmensumfeld, das physische und ökologische Umfeld. Die daraus erwachsenden Kosten müssen als interne, nicht als externe Kosten verstanden werden. Die Nutzung von nicht erneuerbaren Ressourcen, die Wiederverwertung von erneuerbaren Ressourcen, Abfallmanagement und Luft-, Boden- und Wasserverschmutzung sind Kostenfaktoren, die ihren Platz in der strategischen Gewinngleichung des Unternehmens haben.

Sowohl die Vor- als auch die Nachteile, die sich für ein Unternehmen daraus ergeben, sprechen für die Einführung eines sozio-ökologischen Systems der Kostenrechnung Unternehmen müssen staatliche Reglementierungen vermeiden, die automatisch früher oder später kommen werden, wenn die Selbstreglementierung nicht funktioniert. Gleichzeitig muß ein schlechtes Image auf dem Markt vermieden werden, da ein neues Nettovermögensrisiko die Unternehmen erfaßt, die als ein Teil des "Smokestack"-Komplexes angesehen werden. So ist auch die Gefahr damit verbunden, daß der Mitbewerber in der Öffentlichkeit als "Saubermann" dasteht und seine Vorteile daraus zieht. Auch das Phänomen der "Grünen Aktien" wird den Aktienmarkt auf der ganzen Welt beeinflussen.

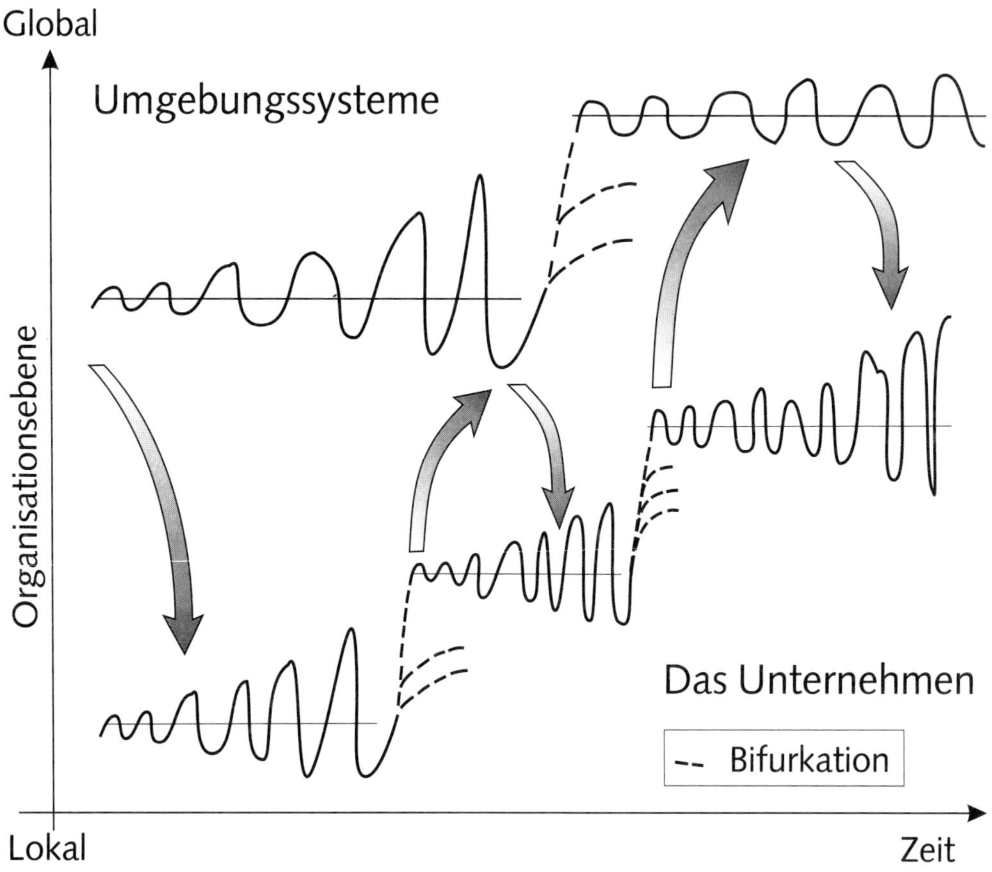

Abbildung 13:
Das Unternehmen befindet sich in ständiger Wechselwirkung mit den sozialen, natürlichen und wirtschaftlichen Systemen seiner Umgebung, welche die jeweiligen Instabilitäten zu gewissen Zeiten abfangen und zu anderen Zeiten verstärken. Stabilität in einem System führt zur Stabilität in anderen Systemen, umgekehrt löst eine kritische Instabilität entsprechende Instabilitäten aus und führt zu Bifurkationen. In der Folge entwickeln sich das Unternehmen und seine Umwelt gemeinsam zu immer komplexeren, umfassenderen und höheren Ordnungsebenen.

Die Erfassung der Kosten des ökologischen und sozialen Umfeldes hat auch einen subtileren Vorteil: Es ist der Wert des guten Willens. Gute Nachbarn sind gute lokale Partner, eine wichtige Erwägung in der heutigen turbulenten Geschäftswelt.

STR/7. Prognosen müssen auf mehrere Horizonte erweitert werden

Begründung: Die Flexibilität soll erhöht werden. Die Verzögerungszeit, die man bei nichtkontinuierlichen Veränderungen zum Reagieren braucht, soll durch die Visualisierung einer alternativen Zukunft basierend auf probabilistisch zugrundeliegenden Trends reduziert werden.

Wie George Stalk und Thomas Hout in "Competing Against Time" (The Free Press, 1990) gezeigt haben, ist die Zeitverdichtung ein Schlüssel zu erfolgreichen Unternehmensaktivitäten geworden. Wettbewerber, bei denen die Zeit einen entscheidenden Faktor darstellt - wie Honda mit seinen speziellen Verbrennungsmotoren oder Citicorp mit seinen ursprünglich ins Leben gerufenen Spezial-Hypotheken - haben im Vergleich zu ihren langsameren Mitbewerbern sowohl ihre Gewinne als auch ihre Anteile erhöht. Je komplexer und rascher ein Industrieunternehmen sich zu ändern imstande ist, desto wichtiger ist die Rolle der Zeitverdichtung. Dies trifft besonders auf Unternehmensreaktionen zu, die sich plötzlichen und unvorhergesehenen Veränderungen in ihrem operationalen Umfeld gegenübersehen.

Prognosen auf mehreren Horizonten können Reaktionszeitverzögerungen reduzieren, indem die mentale Qualität von Managern auf plötzliche und radikale Veränderungen eingestellt wird. Dies wird dargestellt in "The Art of Long View" (Doubelday, 1991), in dem Peter Schwartz das Planungsszenario beschreibt, in dem sich Pierre Wack und Mitarbeiter bei Royal-Dutch/Shell nach 1968 befanden. Sie verfaßten zwei Zukunftsszenarien für die Mineralölindustrie, jedes mit eigenen Tabellen von prognostizierten Preisentwicklungen. Ein Szenario baute auf die konventionelle Weisheit von stabilen, niedrigen Preisen auf, während das andere auf eine vorausgesehene Ölpreiskrise abzielte, die durch bereits vor 1971 bekannte grundlegende

Faktoren hervorgerufen wurde (das konstante Verbrauchen der US-Ölreserven, die steigende Nachfrage des Westens nach Mineralöl, der steigende Einfluß der antiwestlich eingestellten Fraktion innerhalb der OPEC, eine Einstellung, die auf die Unterstützung des Westens während des Sechs-Tage-Krieges 1967 zurückzuführen ist).

Wack und sein Team haben den vorhergesagten Ölpreisschock und die damit verbundenen Probleme für die Firma Shell durchleuchtet. Das Resultat war, daß "von allen großen Mineralölfirmen nur Shell emotionell auf die Veränderung vorbereitet war. Die Manager des Unternehmens haben rasch reagiert. Während der folgenden Jahre hat sich das Vermögen von Shell erhöht. ... Von einer der schwächeren sieben Schwestern entwickelte sich Shell zu einer der zwei größten und wohl zu einer mit dem höchsten Gewinn".

Dieses Beispiel soll nicht das Prognostizieren rühmen, sondern die Wichtigkeit veranschaulichen, Managerdenken auf alternative Zukunftsentwicklungen einzustellen. Bei der Erwägung von Wahrscheinlichkeiten, die mit alternativen Zukunftsszenarien assoziiert werden, sowie im Fall einer Konfrontation mit plötzlichen und radikalen Veränderungen in einem wirtschaftlichen Umfeld, können die betreffenden Manager die Flexibilität erhöhen und Verzögerungen in der Reaktionszeit ihres Unternehmens reduzieren.

STR/8. Die Zukunft, nicht die Vergangenheit ist zu extrapolieren

Begründung: Der Weg soll durch "selektives Vergessen" früherer Strategien freigemacht werden, auch wenn - oder gerade weil - sie in der Vergangenheit erfolgreich waren.

Immer öfter schaffen Industrieführer ihre eigene Zukunft in ausgesuchten lokalen regionalen sowie globalen Märkten durch die Festlegung von Spezifikationsmaßstäben, die Mitbewerberabsichten signalisieren, über die Anliegen der lokalen Gemeinschaften informieren und die Gestaltung von Kundenerwartungen ermöglichen. Diese entscheidenden Strategien müssen ganz genau auf die Marktbeschaffenheit, mit ihren Trends und Moden sowie den Erwartungen, die dabei geweckt werden, abgestellt sein. Quantifikation,

Striktheit und die Begründung von Sachlagen durch Fakten bleiben wichtig, aber man kann sich auf die faktorischen Indikatoren gegenwärtiger und vergangener Zustände bei der Formulierung von Zukunftsstrategien nicht verlassen. Weil sich Situationen öfter rasch und unvorhergesehen ändern, ist der Wert von vergangenen Strategien sehr begrenzt, wenn man versucht, Zukunftsaktivitäten zu erstellen.

In manchen Fällen, kann das Festhalten an vergangenen Strategien Ursache für Benachteiligung sein. So hat z.B. William C. Durants Firmenstruktur des damals führenden Automobilherstellers General Motors (Buick, Cadillac, Oldsmobile und Oakland) 50 Jahre später diese Unternehmen behindert, als unter der Last von 19 verschiedenen Firmeneinheiten und einer sehr großen Bürokratie GM immer mehr Anteile und Gewinn an die sich formierenden japanischen Mitbewerber abgeben mußte. Im Jahr 1992 hat es auch Ford geschafft, seine bis dahin rückläufigen Gewinne und Anteile durch eine außerordentliche Veränderung seiner Strategien umzukehren, die die Wichtigkeit des Vergessens deutlich aufzeigt. Der schwere Weg bis zur Annahme dieser Strategie, zeigt ebenfalls, wie schwierig es ist, vergangene Erfolge auf selektive Weise zu vergessen.

DIE ORGANISATORISCHEN PRINZIPIEN

ORG/1. Einige Funktionen sind nach ausgewählten Kriterien zu dezentralisieren, andere zu zentralisieren

Begründung: Ein organisatorischer Prozeß mit der notwendigen Stärke und Kompetenz, jedoch ohne die Restriktionen und die Eingrenzungen, die von einer völligen Zentralisierung oder Dezentralisierung ausgehen, soll geschaffen werden.

Komplexe, vielschichtige System funktionieren sehr selten auf einer zentralisierten Grundlage. Die speziellen Eigenschaften einer jeden lokalen Aktivität erfordern eine dazu ermächtigte lokale Organisation, die fähig ist, in globalen

Zusammenhängen zu denken. Andererseits gibt es bestimmte Aktivitäten wie Einkauf oder Forschung und Entwicklung, die signifikante Kostensenkungen ermöglichen und zentralistisch organisiert sein müssen. Auch ohne diese Kostensenkung ist es in einigen Geschäftsbereichen wie Preis- und Kreditpolitik am besten, diese auf zentralistischer Basis zu führen.

Allerdings ist die Zentralisation von Arbeitsabläufen in gewissen Bereichen innerhalb einer Organisation mit einer funktionalen Dezentralisation in anderen Bereichen abzustimmen. Das anzuwendende Modell ist nicht der menschliche Organismus, eine zentralisierte Einheit, die von einem selbständigen und hochentwickelten Nervensystem befehligt wird (das intelligenteste Managementsystem könnte nicht annähernd die Macht eines Systems erreichen, das sich mit 10 Milliarden Nervenzellen als untereinander verbundenes dynamisches Netzwerk darstellt). Sondern der Problemlöser ist der Roboter, der in funktionalem dezentralisierten Einsatz zu integrieren ist.

Forscher im Bereich der Künstlichen Intelligenz waren der Meinung, daß der effizienteste Roboter, um mit allen Eventualitäten fertig zu werden, jener mit einer einzelnen, zentralisierten, lern- und entscheidungsfähigen Einheit sein würde. Diese Erwartung war eine Illusion: Es konnte kein Roboter gebaut werden, der den Anforderungen einer einigermaßen komplexen Umwelt gerecht werden konnte. Die kombinatorischen Möglichkeiten überstiegen sehr bald die kombinatorischen Fähigkeiten selbst eines höchst entwickelten Zentralprozessors. Um jedoch erfolgreich funktionieren zu können, mußten nur einige unterschiedliche Informationsverarbeitungszentren im Roboter miteinander verbunden und einem einfachen Algorithmus unterworfen werden (So lautet z.B. die Regel bei einem Roboter mit zwölf Beinen, von denen jedes mit einem Informationsverarbeitungssystem ausgestattet ist, daß mindestens drei Beine gleichzeitig am Boden stehen müssen). Ein dezentralisiert lernender Roboter bewegte sich besser über eine unwegsame Oberfläche als ein zentralisiert entscheidender Roboter.

Wenn sich ein Unternehmen auf unwegsamen Terrain bewegen muß, dann gilt als generelle Regel, daß es am besten ist, mit parallel verarbeitenden, lernfähigen und selbstentscheidenden Fähigkeiten ausgestattet zu sein. In diesem Fall ist eine koordinierte, partizipatorische Netzwerkstruktur, wie unter ORG/2. beschrieben wird, notwendig.

ORG/2. Vielschichtige Heterarchien müssen in komplexen und instabilen Unternehmungen gebildet werden

Begründung: Die Betriebsorganisation soll so strukturiert werden, daß es dem Unternehmen ermöglicht wird, Informationen zu erhalten, zu ver- und bearbeiten und in Übereinstimmung mit lokalen Bedürfnissen auf diese Informationen zu reagieren.

Wenn Unternehmen eine bestimmte Größe und Komplexität erreichen, funktionieren frühere Strukturen, die sich hauptsächlich auf persönliche Kraft und Kompetenz stützen, nicht mehr. An diesem Punkt greifen lebensfähige Unternehmen zu einer stärker organisierten Matrixstruktur. Aber wenn verschiedene Schnittstellen innerhalb des Unternehmens und auch zwischen dem Unternehmen und seiner Umwelt größer werden, erweisen sich die Matrixstrukturen als ungeeignet. Die Mehrzahl der multinationalen Unternehmen wurde sich dieser Situation ebenfalls bewußt: Wie Asea Brown Boveri (ABB) vor einigen Jahren und General Motors in jüngster Zeit änderten sie ihre auf das Topmanagement ausgerichtete Matrixorganisation in flexibel koordinierte, netzwerkähnliche Strukturen.

Ein Hinweis auf die Konzepte, die in den Systemwissenschaften entwickelt wurden, erleichtert das Finden der richtigen Organisationsform im Hinblick auf die Unternehmenserfordernisse. Systemwissenschafter unterscheiden zwischen einschichtigen und mehrschichtigen sowie einzelzielgerichteten und multizielgerichteten Systemen. Die einfachsten Systeme sind einschichtig und einzelzielgerichtet: Im Geschäftsleben sind solche Systeme kleine Unternehmen, die ein bestimmtes Produkt herstellen oder eine bestimmte Dienstleistung durch partnerschaftliche Kooperation weniger Leute - meistens Familienmitglieder - anbieten. Einschichtige und multizielgerichtete Systeme sind schwerer zu finden: Sobald mehrere Ziele und Aufgabenstellungen in einem Unternehmen verfolgt werden, entwickelt sich mehr als eine Organisationsschicht. Normalerweise weisen moderne Wirtschaftsunternehmen entweder mehrschichtige und einzelzielgerichtete Systeme (so wie der spezialisierte Nischenanbieter) oder mehrschichtige und multizielgerichtete Systeme auf.

Mehrschichtigkeit bringt mehrere Vorteile. Katalytische Zyklen können verschiedene Schichten zusammen bringen, indem sie die Funktionen der einzelnen Einheiten, Abteilungen und Geschäftsbereiche koordinieren, um sicherzustellen, daß jeder optimal zu den Zielen des Unternehmens beiträgt. Durch diese Zyklen, die multiple Schichten koordinieren, kann die Verwendung von begrenzten Ressourcen optimiert werden, indem die Allokation in Hinblick auf systemweite Effizient integriert wird. Darüber hinaus schaffen multiple Schichten Flexibilität, indem sie Änderungen auf bestimmten Schichten ermöglichen ohne die Störungen, die durch Änderungen auf anderen Schichten verursacht werden.

Funktionell dezentralisierte mehrschichtige Organisationen sind nicht hierarchisch, sondern heterarchisch. Ein heterarchisches System ist durch ein flaches Organigramm beschreibbar Es hat eine horizontal verteilte Entscheidungsstruktur. Aufgaben sind innerhalb der Einheiten auf den verschiedenen Schichten aufgeteilt, sodaß jede Einheit ein "Subproblem" auf der jeweiligen Schicht löst. Mit der richtigen Koordination zwischen den Schichten können die Teillösungen für die gesamte Organisation zu einer optimalen Lösung summiert werden.

Um ein heterarchischen System zu leiten, ist keine strikte Kontrolle auf höheren Schichten notwendig: Für die Integration und Koordination der Einheit-Funktion kann die jeweils nächsthöhere Instanz herangezogen werden. Durch die Sicherstellung einer effizienten Kontrolle und funktionellen Integration der Problemlösungen, schaffen die Lösungen einer jeden Organisationsschicht Problemlösungen für das gesamte System.

Mehrschichtige Heterarchien sind in einer besseren Position, die Anforderungen eines sich ändernden Wirtschaftsumfeldes effektiv und kreativ zu erfüllen als die beste Strategie, die in den Zentralen erdacht wurde und durch vertikal verlängerte Hierarchien geltend gemacht wird. In Heterarchien ist das Topmanagement nicht angehalten, die Unternehmensziele zu spezifizieren und dann eindimensional zu erfüllen. Die Aufgabe dieser Ebene ist ausschließlich die Geschäftseinheiten auf verschiedenen Schichten innerhalb der Rahmens der geltenden Unternehmensstrategie zu koordinieren und zu integrieren.

ORG/3. Ein kreatives Chaos muß erzeugt werden

Begründung: Überlebte Strukturen und Arbeitsabläufe sollen durch kurzzeitige Turbulenzen und durch die dadurch initiierte Innovationsoffenheit wiederbelebt werden.

Durch Auswechseln von Schlüsselpositionen in einer Organisation und die Einbringung von neuen Perspektiven - nicht unbedingt von außerhalb, sondern von anderen Abteilungen oder aus anderen Regionen - kann das gesamte Unternehmen durch neues Denken und größere Effizienz bereichert werden. Turbulenz kann auch institutionalisiert werden, vorausgesetzt die strategischen und operationalen Prinzipien sind solide definiert.

In einem Unternehmen, wie auch in der Gesellschaft, ist gelegentliches Chaos ein "normales" Ereignis, das keine Verwirrung und Überraschung verursachen sollte. Immer wenn ein komplexes System eine kritische Schwelle erreicht, trifft es auf vorübergehendes Chaos. Obwohl es sich hier um einen irreversiblen Prozeß handelt, der es dem Unternehmen nicht erlaubt, zu dem prächaotischen Zustand zurückzukehren, kann dennoch durch absichtliches Herbeiführen eine geordnete und funktionelle postchaotische Situation geschaffen werden.

Kreative Turbulenz innerhalb eines Unternehmens kann ein Maximum an Flexibilität erlauben, um eine rasche Anpassung an auftretende Gefahren oder Gelegenheiten vorzunehmen. Da Turbulenz möglicherweise eine nicht reversible Bifurkation hervorruft, können Manager, die kreative Turbulenzen erzeugen, sicher sein, daß ihr Unternehmen allen Möglichkeiten in bezug auf ineffektive Operationen gegenübertreten kann.

Unter chaotischen Bedingungen, ob absichtlich oder unabsichtlich erzeugt, würden Manager umsonst versuchen, auf langjährige Strategien eingeführter Strukturen und die Verstärkung gängiger Abläufe zu bestehen. Die Aktivitäten werden früheren Kontrollmechanismen nicht gehorchen und nicht in den alten

Kontrollparametern erfaßbar sein. Andererseits können bestimmte Handlungen über die Chaos-Situation hinausgeführt werden, indem die chaosbringenden, destabilisierenden Faktoren verstärkt werden, bis eine neue Version der Ordnung erzeugt wird. Wie beim Wildwasser-Rafting ist es wichtig, daß in turbulenten Gewässern Aktivitäten vorwärts getrieben werden, allerdings um dabei mit der notwendigen Sorgfalt an steinigen Ufern vorbeizufahren. Die durch die Manager ausgelösten Interventionen bestehen aus zwei Elementen:

1. Die Schaffung der notwendigen Turbulenz zur Erzeugung von Offenheit gegenüber Innovationen .
2. Die Einrichtung einer Situation, in die funktionelle Innovationen übernommen werden können.

Manager können sich bei ihrer Suche nach effizienten Innovationen am EGT als Kompaß orientieren, das bedeutet die Suche nach Innovationen wie Zugang zu neuen Energiequellen, die effizientere Nutzung bestehender Energiequellen, die Entschärfung von Hierarchien und die Schaffung einer parallel verarbeitenden Netzwerk-Flexibiliät, die Nutzung von Information und Kommunikation zur Kontrolle von "Runaway"-Prozessen und die Koordination von unvereinbaren oder sich widersprechenden Einheiten oder Abteilungen.

ORG/4. Manager und Unternehmenskultur in globalen Unternehmen sind zu internationalisieren

Begründung: Werte und Prinzipien, die Bindungen und Solidarität im Unternehmen jenseits aller Unterschiede wie Nationalität, Kultur und Sprache erzeugen, sollen festgelegt werden.

Die Fähigkeit, ein wirklich weltumfassendes Unternehmen zu errichten - die bis jetzt nur auf einige wenige äußerst erfolgreiche weltweite Unternehmen beschränkt ist -, ist einer der Schlüssel für effiziente Operationen in einer globalisierten Welt der 90er Jahre. Voraussetzung dafür ist die Entwicklung einer Reihe von "Aktionsprinzipien im ganzen Unternehmen bei gleichzeitiger Beibehaltung eines lokalen Wirkungsgrades. Die Internationalisierung von Managern und der gesamten Unternehmenskultur setzt eine Kerngruppe von multinational gebildeten Managern voraus, die Hand in Hand mit einem erweiterten Management-Team arbeiten können, das fähig ist, effizient über nationale und kontinentale Grenzen hinaus zu funktionieren.

ABB zum Beispiel hat beim Versuch, das Unternehmensmotto "Die Kunst lokal zu handeln - weltweit" zu erfüllen, eine Gruppe von internationalen Managern herangebildet, die Unternehmensaktivitäten lösen können, als wären sie ein lokales Unternehmen. Lafarge-Coppée, der Welt größter Baumaterialien-hersteller, hat seine franko-amerikanische Identität beibehalten, sogar als das Managementteam internationalisiert wurde und das Unternehmen eine rasche Globalisierung -zehn Länder allein 1989 - erfuhr.

DIE OPERATIONALEN PRINZIPIEN

OP/1. "Vielfalts-" und Verbindungskosten sind in die Betriebsabrechnung miteinzubeziehen

Begründung: Die Kosten der operationalen Komplexität, inklusive Rückmeldungssystemen, Engpässen, Aufbau von Geräten und andere "Vielfalts"-Kosten, die oft in stark diversifizierten Unternehmen anfallen, sollen detailliert aufgelistet und miteingerechnet werden.

Falls diese Kosten der operationalen Komplexität nicht genau aufgezeichnet und verbucht werden, können sie den Gewinn signifikant verringern. Bei Allia/Keramag, einer früheren Badezimmer/Keramik-Untergruppe von Lafarge, haben Modetrends und eine internationale Marktanteilserhöhung zu einem Ansteigen der Produktformen und -designs geführt. Der Herstellungsbetrieb, der versuchte, eine große Anzahl von Produkten mit verschiedenem Aussehen und unterschiedlicher Stilrichtung zu erzeugen, sah sich einer unerklärlichen Erhöhung der Stückpreise gegenüber - bis zu dem Zeitpunkt, als die "Vielfalts"-Kosten explizit identifiziert wurden. Dies ermöglichte Allia/Keramag, Stilrichtungen und Formen in homogene Produktgruppen zu ordnen und jede Serie einer bestimmten Produktionsstätte zuzuordnen. Außerdem wurde der

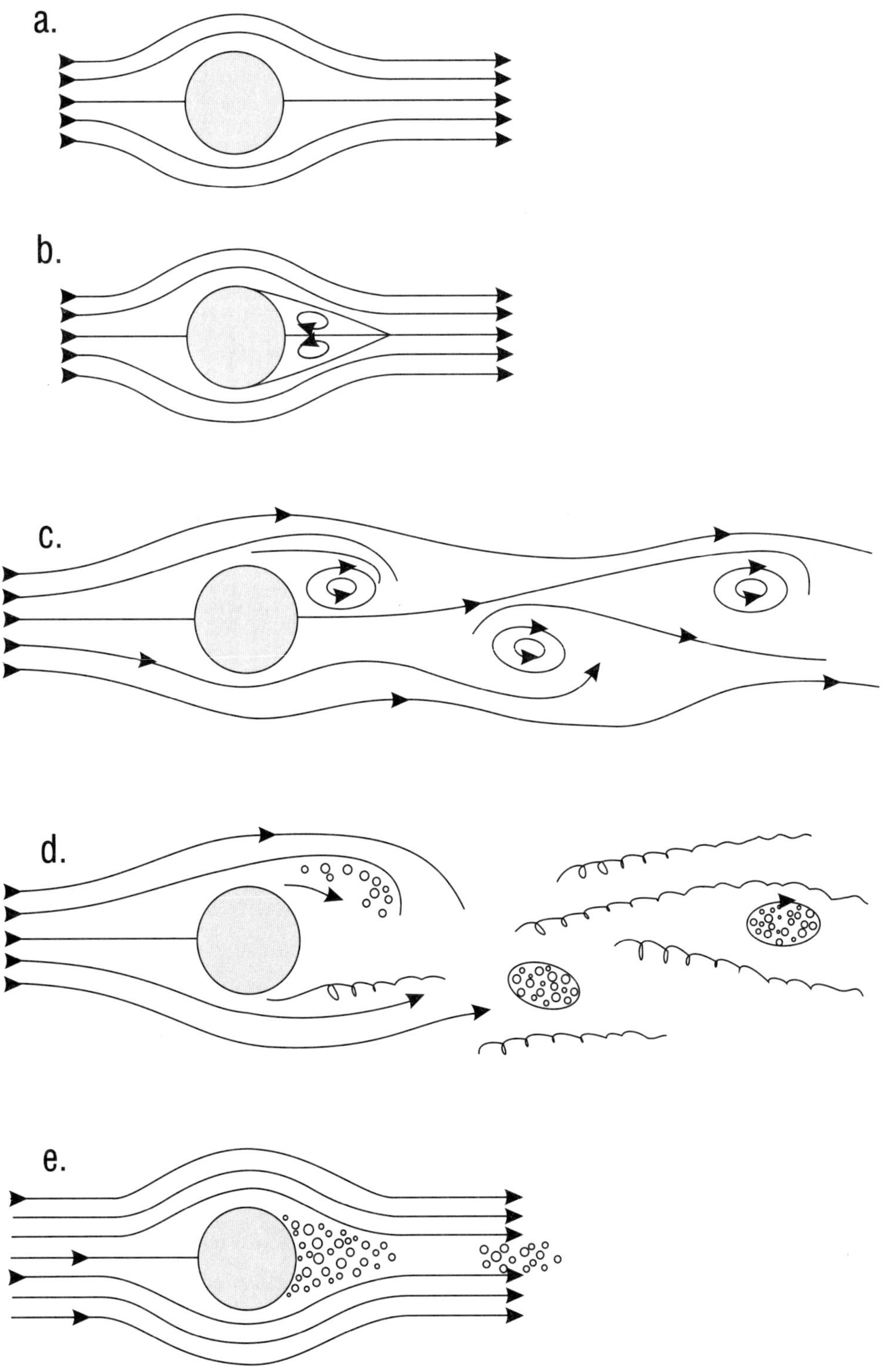
a.
b.
c.
d.
e.

Aufbau von notwendigen Geräten und die Kosten von Serienveränderungen detailliert aufgezeichnet und kontrolliert - von der Beschichtung bis zum Brennen und zu Qualitätselektion.

OP/2. Qualität muß vorberechnet werden

Begründung: Genau spezifizierte Qualität und die Erhöhung von Spezifikationen auf wettbewerbsfähige Ebenen sollen im Einklang mit gegenwärtigen und voraussehbaren zukünftigen Kundenerwartungen anvisiert werden.

Das Konzept des Qualitätskreislaufes des japanischen Managements, an sich eine wichtige Innovation, muß in der heutigen instabilen Geschäftswelt mit evolutionären Prinzipien angereichert werden. In Industriezweigen, in denen sich Erwartungen und Anforderungen rasch ändern, müssen konkurrenzfähige Unternehmen nicht nur die Nachfrage befriedigen, sondern sie auch vorausahnen und mitformen. Um dem zu entsprechen, müssen Manager auf der Basis eines detaillierten Wissens über die grundlegenden Trends handeln, die Voraussetzung für sich verändernde Nachfrage und Erwartungen sind: den EGT.

Eine hohe Qualität ist immer relativ im Hinblick auf Zeit und Ort zu betrachten - Qualitätsstandards werden heutzutage schnell modifiziert. Echte Qualität kann nur sein, was dem zeit- und ortsspezifischen Interesse des Kunden am besten entspricht. Um diese Art von Qualität zu liefern, ist es notwendig, dem informierten Kunden zuzuhören, was er heute sagt, um vorauszuplanen, was die Kunden in Zukunft erwarten werden.

Abbildung 14: Lektionen aus der Hydrodynamik:
Durch verstärkten Druck verursachte Turbulenz (eine Form des Chaos) macht einer neuen Ordnung Platz, wenn der Druck über einen kritischen Punkt steigt.
Die relative Bewegung einer Flüssigkeit und eines festen Objektes schafft und überwindet in einer kontinuierlichen Pfeilform die Turbulenz.
a. Das Strömungsmuster ist glatt und geordnet. - b. Die ersten Turbulenzen erscheinen. - c. Die Turbulenzen breiten sich aus. - d.Die Strömung wird völlig turbulent. - e. Die Strömung stabilisiert sich in einem neuen Muster.
Die sogenannte Reynolds-Zahl - angegeben als Strömungsgeschwindigkeit mal Durchmesser des festen Objektes durch Viskosität der Flüssigkeit - steigt monoton von a. bis e., während die Laminarströmung turbulent und (teilweise) wieder laminar wird. Das feste Objekt kann wie ein Pfahl in einer Strömung stationär oder wie ein Floß im ruhigen Wasser beweglich sein.

Deshalb ist das Prinzip der Vorausberechnung der Qualität, ähnlich dem Harvard-Business-Review-Prinzip des "Expansionsmarketing", eine wichtige Forderung an Unternehmen, an der Definition von Zukunftsqualitätsstandards aktiv teilzunehmen und nicht nur auf diese zu reagieren.

OP/3. Synergien und Selbst-Lernen in Abteilungen, Firmen- und Unternehmensbereichen sind zu fördern

Begründung: Selbst- und crosskatalytischen Zyklen sollen geschaffen werden, durch die auf Wahrscheinlichkeit beruhende Information verarbeitet und interaktive Operationen innerhalb eines Unternehmens wie auch zwischen dem Unternehmen und seinem Umfeld koordiniert werden können.

Ein Unternehmen funktioniert wie eine Fußballmannschaft am besten als vielköpfiger Organismus. Jedes Mitglied denkt und fühlt, was die anderen denken und fühlen - und daher am ehesten tun werden. Diese Art der Übereinstimmung ermöglicht größte synergetische Effekte: Die dahintersteckenden Prinzipien können nunmehr gut verstanden werden (vgl. z.B. Peter Corning "The Synergism Hypothesis: A Theory of Progressive Evolution", MacGraw-Hill 1983) Der Erfolg eines typischen japanischen Unternehmens ist eine beeindruckende Vorführung von Synergie während der Arbeit. Durch Übereinstimmung bei Entscheidungsfindungen und Motivation bei der Ausführung, erreichen japanische Unternehmen einen großen Zuwachs an operationaler Effizienz: Eine gesamte Organisation vermag zu denken und zu agieren wie eine Einzelperson.

Während die Individualität der einzelnen eine Art von "Lärm" in das System einbringt, kann diese Individualität zur Stimulierung von Kreativität in den Lernprozeß eingeführt werden, anstatt daß man diesen Zusammenhang dazu verwendet, Einführung von Aktionsplänen zu stören. Selbst-Lernen durch Individualität kann und muß in allen Schichten der Unternehmensstruktur stattfinden, nämlich von der Produktionsstätte bis zum Topmanagement. Die Resultate des mehrschichtigen Lernens können und müssen im gesamten Unternehmen zirkulieren und dabei die lebenswichtige Übereinstimmungsebene bei der Entscheidungsfindung und geteilte Motivation bei der Einführung fördern.

Die sich verändernden Realitäten des weltweiten Geschäftslebens benötigen Manager, die die klassische Erreiche-Stück-für-Stück-Managementschule um den systematischen Management-Ansatz erweitern. Die angestrebte Amortisation ist nicht anders als beim klassischen Ansatz: Es bedeutet niedrigere Kosten oder Erhöhung der Qualitätsbewertung, um die Rentabilität von Aktienbesitz zu erhöhen.

Der evolutionäre Ansatz ist wichtig, weil in einem komplexen und turbulenten Umfeld die Kostenreduktion und die Wertsteigerung nicht in individuellen Aktivitäten bewerkstelligt werden kann. Das Hauptaugenmerk muß auf der Verbindung zwischen Aktivitäten und Funktionen, auf Informationsflüssen und auf der persönlichen Positionierung in einem größeren Umfeld liegen. In diesen Management-Funktionsbereichen ermöglicht evolutionäres Denken einzigartige Vorteile, wie die weitere Vertiefung in die relevanten Konzepte in der Folge zeigen wird.

ÜBERSICHT
Merksätze für den Umbau eines Unternehmens

Grundsatz:
Aus einem wettbewerbsfähigen Unternehmen heraus eine Abteilung oder ein Team bilden, die den Grundsätzen des Öko-N offen und Öko-L geschlossen folgt (a sustainable sector).

Im Führungsverhalten:
Herstellung von Visionen und die Unterstützung von Führungsverhalten, das die Mitarbeiterbeteiligung in den Mittelpunkt stellt.

Im Wettbewerb:
Den Schwerpunkt weniger auf Strukturen setzen, sondern mehr auf Abläufe und Prozesse als Quelle von Wettbewerbsvorteilen. Im einzelnen sind die Hilfsmittel: Zeitmanagement, Ressourcengewinn durch Synergien und exaktes Kostencontrolling in allen Feldern (auch im Bildungs- und Informationsmanagement).

In der Unternehmenskultur:
Identität ist eine sensible Angelegenheit. Sie öffnet das Umfeld in einer Weise, daß es nur noch kleiner und zeitgenau eingesetzter Impulse bedarf, um größere Folgen zu erzeugen, die langsam in das Umfeld diffundieren.

Im Informations- und Bildungsmanagement:
Investitionen in Informationsgewinnung, -behandlung oder -verbrei-tung sind als notwendige, weniger als zusätzliche oder verlorene Mittel zu betrachten.

Im strategischen Management:
Strategien als einzelne, kleine, parallele und gutgezielte Aktionen entwickeln, die auf der Arbeit operationaler Teams und Abteilungen aufbauen.

5

DIE DYNAMIK DER INSTABILITÄT

DIE GLOBALE DYNAMIK

Die Entwicklung der heutigen globalisierten Welt ist nicht in jeder Einzelheit erkennbar, denn nicht einmal der größte Supercomputer wäre fähig, ihre unzähligen Reaktionen und Wechselwirkungen zu berechnen. Allerdings kann man die Konturen des Prozesses auf eine Weise betrachten, die die ihm zugrundeliegende Dynamik hervorhebt. Diese Betrachtungsweise erfordert eine gewisse Vereinfachung, die jedoch nicht zu Lasten der Substanz geht.

Die klassische Methode der Vereinfachung bestand in der Vernachlässigung des Ganzen und in der Konzentration auf das Teil. Weil die essentielle Dynamik jedoch oft nur auf der Ebene des Ganzen zum Vorschein kam, schüttete diese Methode das Kind mit dem Bade aus. Die neue Methode betrachtet das Gesamtsystem in den Begriffen ihrer Grunddynamik und erfaßt so die wesentlichen Faktoren, wobei ein Schwund an Details keinen Substanzverlust bedeutet. Im Gegenteil: Das Erfassen der Dynamik bringt weitere Details in eine Ordnung ein, denn zusätzliche Daten erhalten den ihnen angemessenen Platz - sie erläutern den essentiellen Prozeß und helfen, ihn sinnvoll zu bewältigen.

Die Dynamik des globalen Systems ist eine evolutionäre Dynamik. In dieser wechseln sich Stabilität und Instabilität ab. Gegenwärtig befinden wir uns in

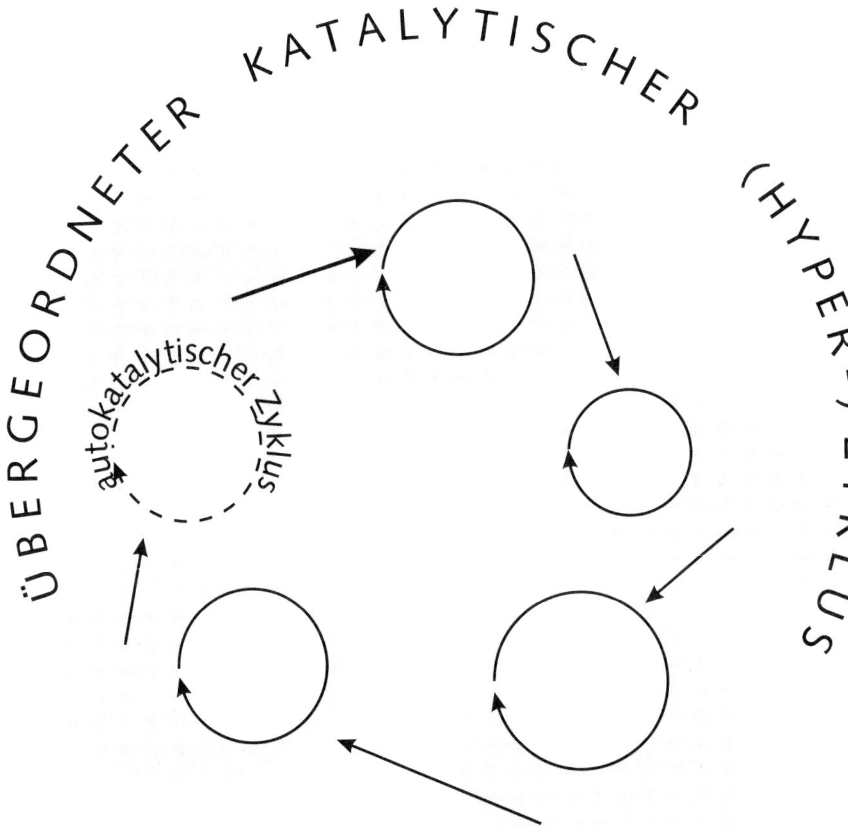

Abbildung 15: Ein übergeordneter katalytischer (Hyper-) Zyklus

einer Phase weltweiter Instabilität. Wenn wir also den Kontext verstehen und bewältigen wollen, in dem Unternehmen tätig sind, müssen wir Kenntnisse über die Dynamik der Instabilität besitzen. Mit anderen Worten, wir müssen die Dynamik instabiler (evolutionärer) Systeme kennen. Deshalb betrachten wir jetzt ein Schema, das uns aus dem letzten Kapitel bereits bekannt ist: das Schema eines übergeordneten katalytischen Zyklus (siehe Abbildung 15).

In die Kreise können wir Nukleinsäuren eintragen - damit erhalten wir jene Hyperzyklen, die die Grundlage der lebenden Zelle sind. Wir können die Zellen selbst dort einsetzen und bekommen einen funktionell integrierten, mehrzelligen Organismus. Wenn wir einzelne Organismen eintragen, erhalten wir eine Gruppe, eine Population oder ein Ökosystem als Ergebnis.

Wenn die einzelnen Organismen Menschen sind, ergeben sich weitere Möglichkeiten. Menschen können auf bestimmte Ziele gerichtete Kreise bilden, die technologische Komponenten beinhalten, wobei die Schleife insgesamt einer Form der Produktion oder Dienstleistung dient. Diese wäre dann ein Unternehmen. Wir können die Unternehmen selbst in den Kreisen plazieren und bekommen sich selbst erhaltende Industriegruppen. Da diese aus einzelnen Unternehmen bestehen, und weil das einzelne Unternehmen menschliche und technologische Komponenten besitzt und Menschen ihrerseits aus Zellen bestehen, die wiederum aus Nukleinsäuren aufgebaut sind, erhalten wir eine Reihe von Kreisen, die sich in anderen Kreisen befinden. Die Logik dieser Reihe ist die Logik der Fraktale, nämlich die selbstähnliche Wiederholung eines bestimmten Musters in kleineren (oder größeren) Dimensionen.

Während die Logik dieser Sequenz jene von Fraktalen ist, ist die Dynamik die der Evolution: Jeder Kreis nährt sich aus sich selbst, entwickelt sich selbst und konvergiert mit anderen Kreisen auf der nächsthöheren Ebene. Die Reihenfolge der Kreise bildet eine Spirale oder Helix, die von der physikalischen Grundlage des Lebens in die planetaren Regionen der Biosphäre reicht.

Die Biosphäre selbst ist der umfassendste dieser Kreise und gleichzeitig der Kontext sowie die Umwelt aller lokalen Kreise. In dem sich selbst stabilisierenden Zyklus der Biosphäre verläuft der wichtigste Energiefluß: der von der Sonne zur Erde. Die Sonnenenergie setzt sich mit der extrem hohen Temperatur von

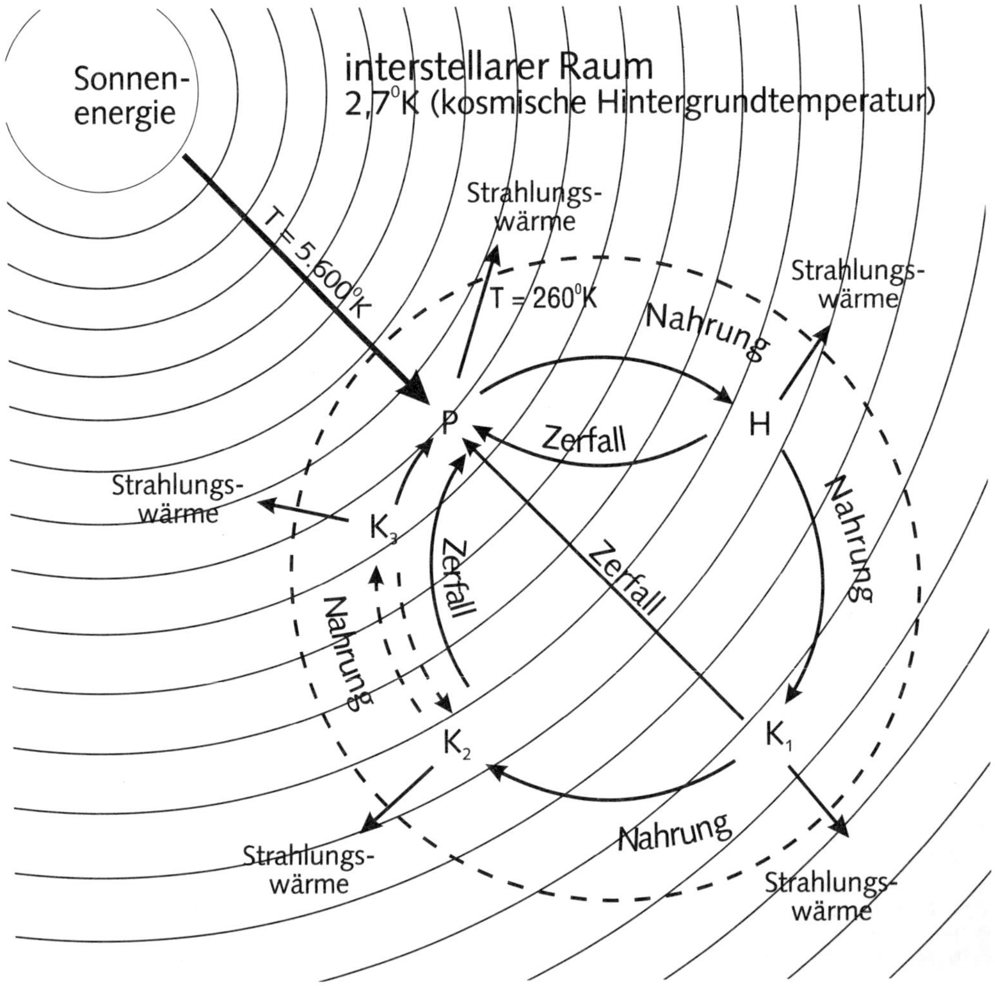

T = Temperatur in Kelvin | P = Pflanzen
H = Herbivoren (Pflanzenfresser) | K_1 = Karnivoren (Fleischfresser) (Beute)
K_2 - K_n = Karnivoren (Fleischfresser) (Beute / Jäger)

Abbildung 16:
Die Biosphäre ist geschlossen für Materie und offen für die Energie, welche ihr von der Sonne zugeführt und in den sie umgebenden Weltraum abgestrahlt wird. Das Wärmegefälle zwischen der freien Energie, welche die Erde von der Sonne erreicht, und der in den Weltraum abgestrahlten Abwärme treibt alle unumkehrbaren Prozesse auf der Oberfläche dieses Planeten an. Diese Prozesse konfigurieren und rekonfigurieren Materie in zunehmend komplexen Systemen. Sie gehen von der Umwandlung der Sonnenenergie in Biomasse durch die Grünpflanzen aus und kulminieren in den komplexen, von freier Energie angetriebenen Zyklen kontinentaler Ökosysteme.

5.600^0 Kelvin in Bewegung und erreicht die Erdatmosphäre mit 260^0 K. Hier kühlt sie sich ab, während sie durch die Vegetation teilweise in grüne Blätter umgewandelt wird (Photosynthese).

In dem riesigen Netz der Nahrungskette werden pflanzliche Stoffe in verschiedene Arten von Biomasse umgewandelt. An jedem Punkt der Umwandlung entsteht Wärme, und die Abwärme wird an die Umgebung abgestrahlt. Die Gesamtsumme der Strahlungswärme einschließlich der Sonnenwärme, die von nackten Landflächen und den Ozeanen reflektiert wird, verläßt die Erde und tritt in den interplanetaren Raum ein.

Der Weltraum ist in unserem Sonnensystem wie überall 2,7^0 K kalt. Diese Temperatur ist die sogenannte kosmische Hintergrundstrahlung, der Überrest des ursprünglich superheißen Großen Knalls, der das uns bekannte Universum hervorgebracht hat. Die Differenz zwischen der Energiequelle von 260^0 K und der 2,7^0 K kalten Energiesenke treibt die lebenswichtigen Prozesse der Biosphäre an (siehe Abbildung 16).

Das menschliche Leben ist in dieses "Biosphären-Werk" integriert. Ursprünglich war das menschliche Leben vollständig darin integriert. Unter den Bedingungen der Anpassung für alle Arten in die vorhandenen Überlebensnischen und dem Konkurrenzkampf mit anderen Spezies hätte sich die Menschheit nicht anders entwickeln können. Im Laufe der Zeit ist aber das Verhältnis zwischen dem Menschen und der Natur gespannter geworden. Diese Entwicklung beschleunigte sich seit der Erfindung der Landwirtschaft vor etwa zehntausend Jahren. Im Gegensatz zu den nomadischen Stämmen passen menschliche Siedlungen eher die Umgebung ihren Bedürfnissen an, als daß sie sich ihrer Umwelt anpassen. Diese Entwicklung führte zu Störungen der katalytischen Zyklen, die im Laufe von Jahrtausenden der Mutationen und der natürlichen Selektion entstanden sind.

Je weiter sich die menschlichen Gemeinschaften entwickelten und ausbreiteten, desto größer wurden die Konflikte mit ihrer Umwelt. In der Vergangenheit hat das - hauptsächlich in Form von Erosion und dem Auslaugen fruchtbarer Böden - zu lokalen Ökokatastrophen geführt. Diese haben wiederum Wanderungsbewegungen ausgelöst und sowohl zum Aufstieg als auch Fall von

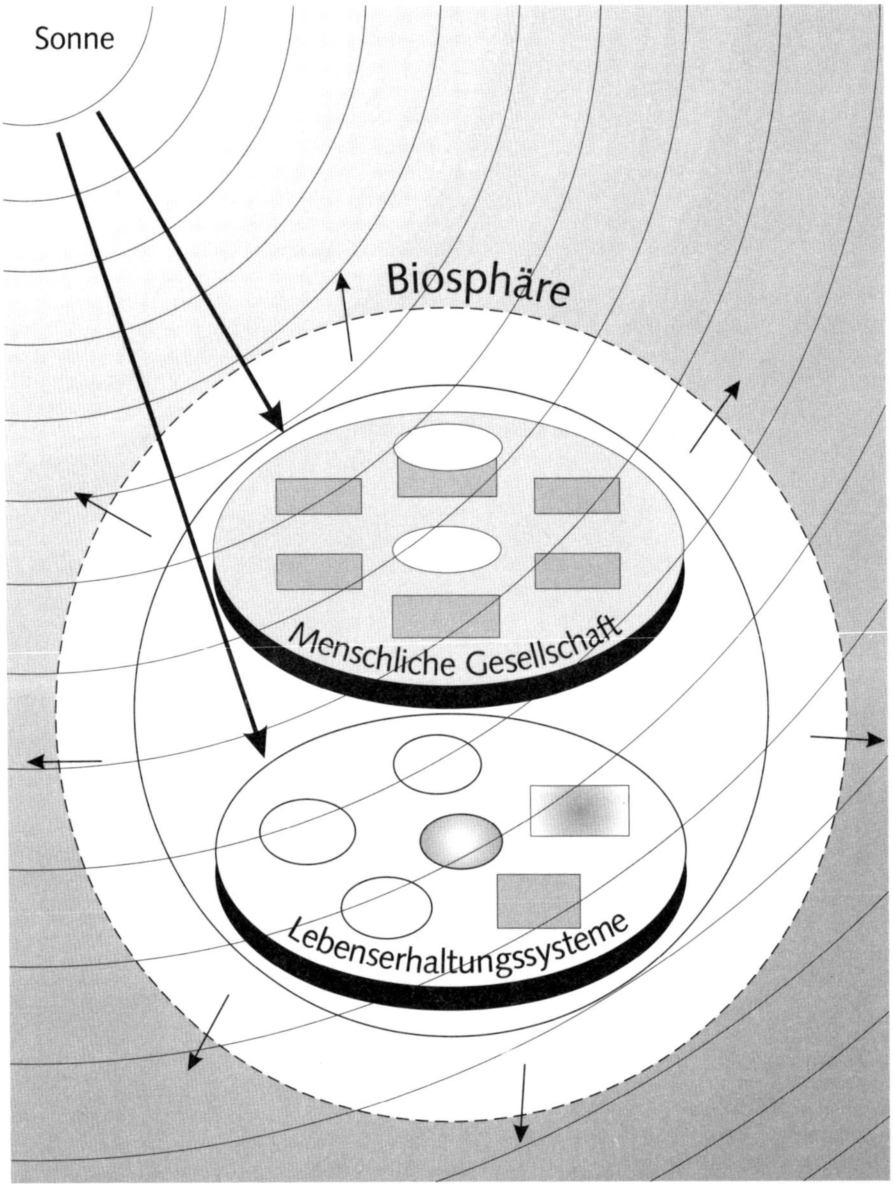

Abbildung 17:
Menschliche Gesellschaftsordnungen sind bezüglich der Energie- und Materialflüsse ein Teil der Biosphäre. Als Antrieb ihrer menschlichen, sozialen und technologischen Prozesse entnehmen die Gesellschaften Energien aus den physikalischen Lebenserhaltungssystemen, welche ihrerseits freie Energien von der Sonne beziehen. In jüngster Zeit ...

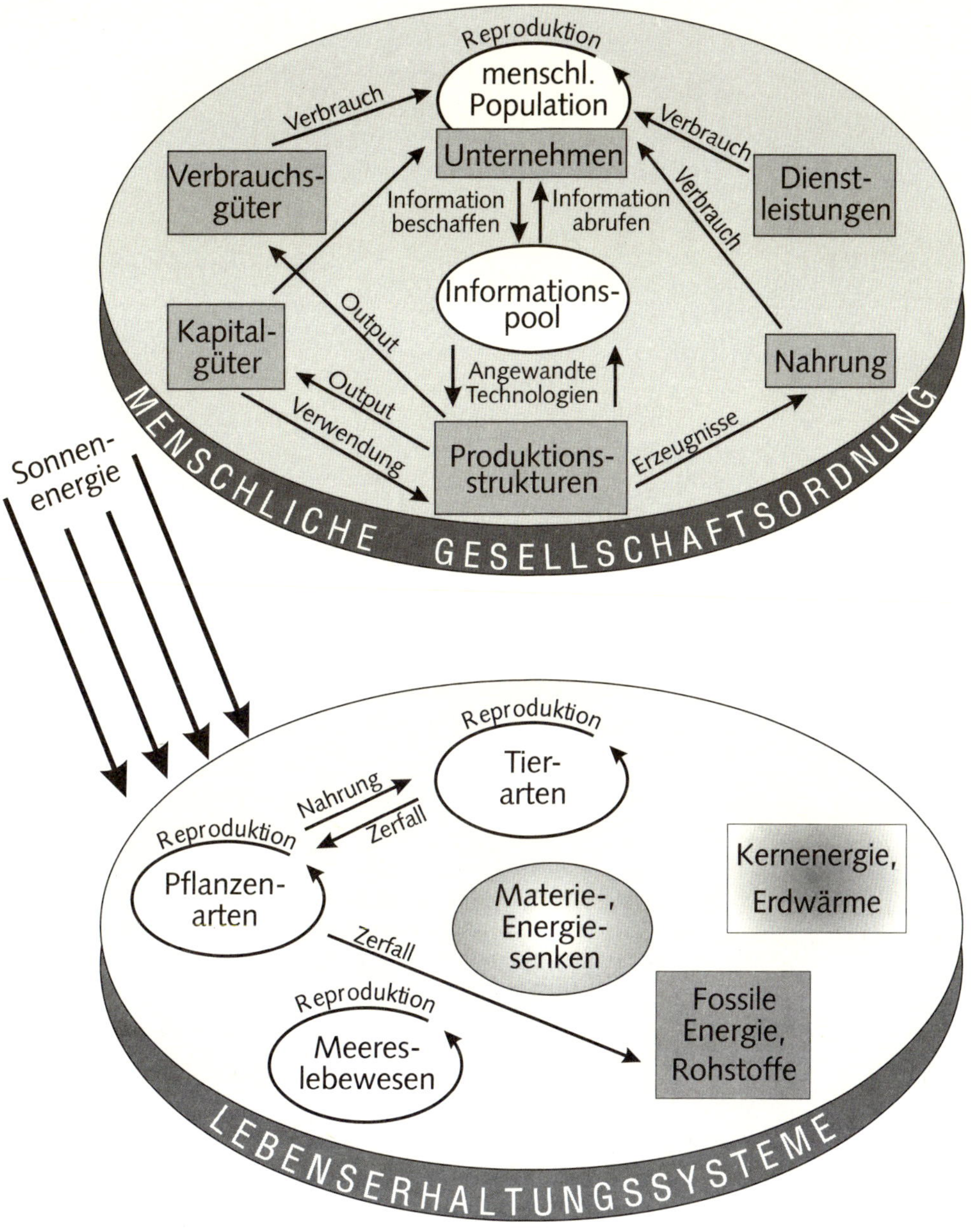

... wurden auch andere Quellen freier Energie in der natürlichen Umwelt angezapft, einschließlich der Kernenergie und Erdwärme. Allerdings bleibt die physische Umgebung sowohl die Senke als auch die Quelle der für den Menschen relevanten Energien, und ihr thermodynamisches Gleichgewicht bezüglich des Eintritts ...

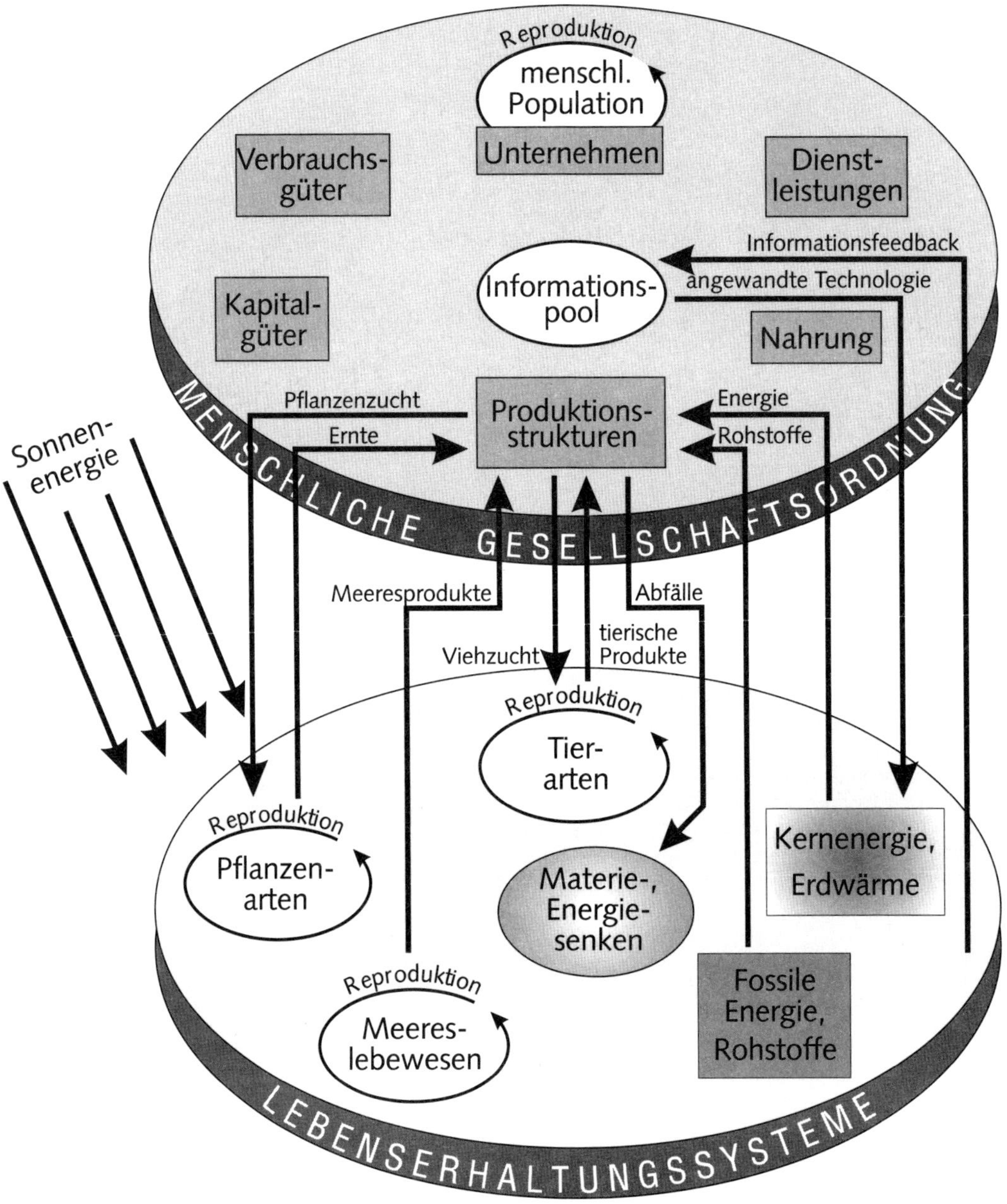

... der Sonnenstrahlung und des Austritts der Abwärme muß beachtet werden. Würden diese Schwellen überschritten, so würde das Lebenserhaltungssystem in einen neuen Zustand des dynamischen Gleichgewichtes getrieben, der schreckliche Folgen für die menschlichen Gesellschaft hätte.

Zivilisationen beigetragen. In der Gegenwart haben menschliche Aktivitäten globale Auswirkungen, die die Biosphäre als Gesamtsystem beeinflussen. Die katalytischen Zyklen, die das Lebenserhaltungssystem der Menschheit in Gang halten, stehen auf dem Spiel (siehe Abbildung 17).

Wenn diese Zyklen neuen dynamischen Spielregeln unterworfen werden, müßten die menschlichen Gemeinschaften und Lebensweisen sich an die veränderten Bedingungen anpassen. Das wäre eine Katastrophe. Bei einer Bevölkerung von fast sechs Milliarden Menschen, die zum größten Teil am Existenzminimum leben, hat das System nur einen geringen Spielraum. Der Kurs, den die Menschheit eingeschlagen hat, löst in ihrer Umwelt Instabilitäten aus, deren Dynamik in starkem Maße nichtlinear ist.

Wie wir gesehen haben, tritt ein destabilisiertes System in eine chaotische Phase, aus der es niemals in seinen Ursprungszustand zurückkehren kann. Mit einer beachtenswerten statistischen Wahrscheinlichkeit findet die neue Stabilisierung des Systems auf einer höheren Organisationsstufe statt. Dabei koordinieren weitere katalytische Zyklen die Subsysteme dieses Systems und integrieren so das Gesamtsystem in seine Umgebung. Es ergibt sich ein Ratscheneffekt: Die gesellschaftlichen Systeme werden auf zunehmend höhere Organisationsebenen gezogen.

In der Geschichte finden wir Zeugnisse für den evolutionären Ratscheneffekt. Steinzeitliche Jäger und Sammler, die ihre Lebensgemeinschaft auf der Verwandtschaft ihrer Mitglieder aufbauten, entwickelten sich zu auf Arbeitsteilung basierenden Siedlungen. Im Laufe der Jahrtausende entfalteten sich diese zu komplexen und ausgedehnten Gesellschaftsordnungen, deren Grundlagen Landwirtschaft und Viehzucht waren - wie z.B. in den Jahrtausende überdauernden Reichen Ägyptens, Persiens, Indiens und Chinas. In Europa führte der Niedergang des Römischen Reiches zu der Übergangsphase der feudalen Gesellschaftsordnung, die ihrerseits den modernen, industriellen Nationalstaaten Platz machte.

Jeder Phasensprung wurde durch die Destabilisierung der vorherigen Phase und den technologisch bedingten Sprung auf eine höhere Organisationsstufe angetrieben. In unserer Zeit ist das System der Nationalstaaten auf dem Wege

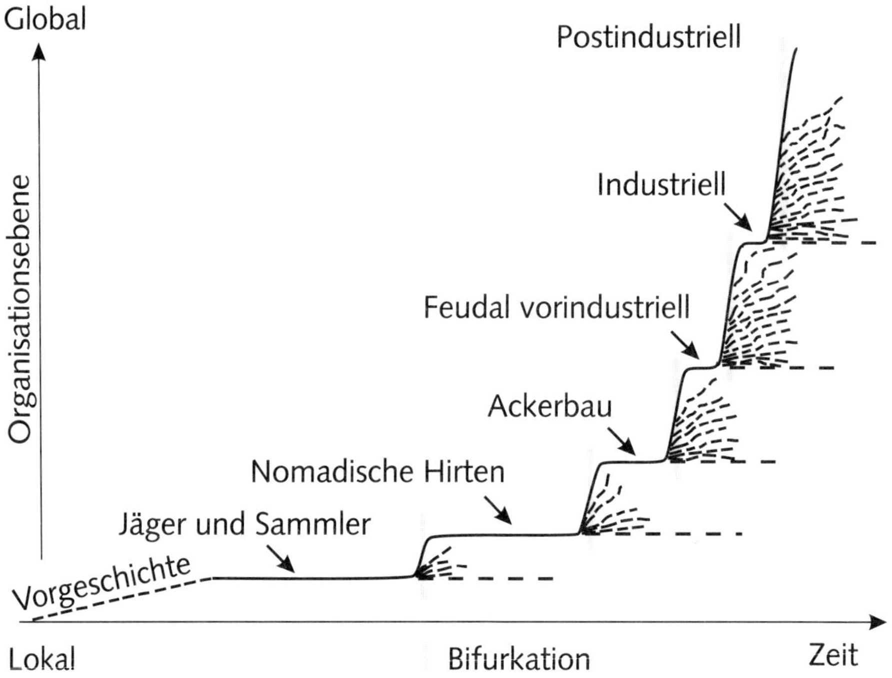

Abbildung 18:
Im Laufe der gesamten bekannten Geschichte haben sich die menschlichen Gesellschaftsordnungen auf immer höheren organisatorischen Ebenen konvertiert. Dieser Prozeß begann mit den steinzeitlichen Stämmen der Jäger und Sammler und kulminiert gegenwärtig im Entstehen postindustrieller Gesellschaftsordnungen. Jede Bifurkation, die in der Hauptsache durch die verbreitete Übernahme fundamentaler Technologien angetrieben wurde, hat die Gesellschaftsordnung auf komplexere Organisationsebenen getrieben. Heute hebt die verbreitete Übernahme der neuen Informations- und Kommunikationstechnologien den Prozeß auf die globale Ebene.

zur kritischen Instabilität, und die neuen Technologien der Information und Kommunikation ermöglichen den Sprung auf die kontinentale und globale Organisationsebene (siehe Abb. 18).

Dieser Prozeß kann, wie alle kritischen Phasensprünge, kaum reibungslos und kontinuierlich verlaufen. Die typische Dynamik der Systementwicklung bleibt wirksam, wobei verstärkte Fluktuationen zu vorübergehendem Chaos und schnell aufeinanderfolgenden Bifurkationen führen. *Die Instabilität unserer Zeit kann als eine Instabilität von Kaskaden lokaler Bifurkationen betrachtet werden, die die menschliche und natürliche Welt im Verlaufe eines epochalen Überganges von in Nationen verwurzelten Industriegesellschaften zu einer global vernetzten, postindustriellen Gemeinschaft überfluten.*

LEHREN FÜR DAS MANAGEMENT

Die Kaskade der Bifurkationen bedeutet für Unternehmen mitten im globalen Übergang unserer Zeit eine Veränderung der wirtschaftlichen Umgebung. Neue Technologien werden verfügbar, und alte Technologien werden durch sie ersetzt. Neue Märkte öffnen sich, während andere verschwinden. Neue Gebiete werden für Wachstum und Rentabilität erschlossen, und etablierte Gebiete verlieren ihre Bedeutung. Ein bisher vorhandener Wettbewerbsvorteil verlagert sich entsprechend. In Begriffen der Topographie kann man sagen, daß sich in der Landschaft der Weltwirtschaft einige "Berge" der Rentabilität im Schrumpfen befinden, während sich andere erheben. Die führenden Manager stehen vor der Herausforderung, von einem ehemals hohen, aber schrumpfenden Berg auf einen vielleicht früher unbedeutenden Hügel zu springen, der sich gegenwärtig im Wachstum befindet.

Dieser Zusammenhang ist nicht einzigartig: In der Natur sind ganze Arten vor ähnliche Herausforderungen gestellt. Wenn sich das Klima und das Ökosystem verändern, wandeln sich auch die ökologischen Nischen und können für vorhandene Populationen unwirtlich werden. Die Höhen und Tiefen der Angepaßtheit einer Spezies und ihrer Umgebungen stellen die Umwelt dar, die Biologen als “Anpassungslandschaft” bezeichnen (siehe Abbildung 19). Tendenziell haben biologische Arten beim Bewegen und bei der Orientierung in dieser Landschaft Schwierigkeiten, denn sie können nicht über die Täler hinweg auf benachbarte Gipfel sehen, um ihre Anpassungsstrategie zu revidieren, sondern sie müssen auf zufällige Mutationen und die natürliche Auswahl vertrauen, damit sie Veränderungen überleben. Darin liegt die Schwierigkeit: Wenn

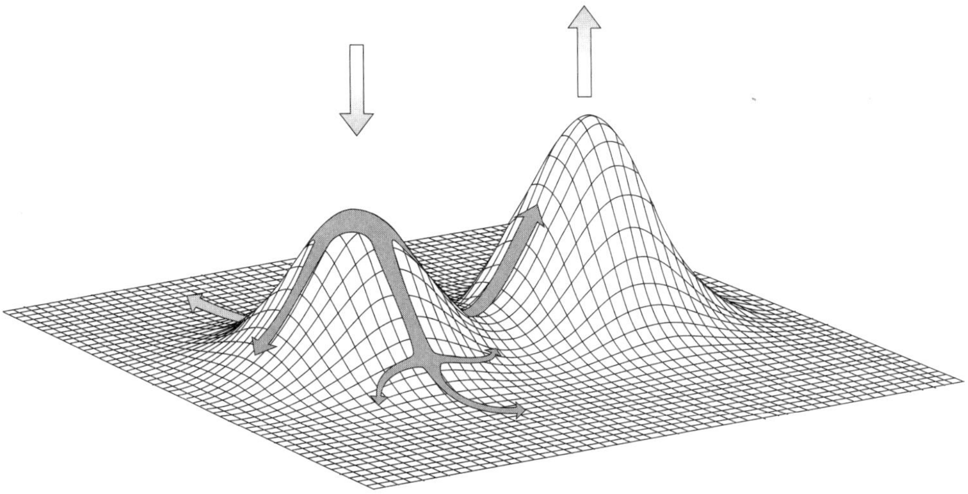

Abbildung 19:
Eine "Anpassungslandschaft" mit einem steigenden und einem abfallenden Gipfel.
Der abfallende Gipfel wird von einer Spezies oder einem Unternehmen besetzt. Sie oder es steht vor der Aufgabe, das Tal zu durchqueren und den sich erhebenden Hügel zu erreichen.

eine Spezies sich auf dem Gipfel ihres Anpassungshügels befindet, vermindert jede Mutation ihre Angepaßtheit an ihre Umwelt.

Vom Gipfel führt zunächst jeder Weg abwärts, der an einen anderen Ort führt. Schlecht angepaßte Mutanten erhalten selten die Chance, ihre Art fortzupflanzen und ein Tal zu einem anderen Hügel hin zu durchschreiten - sie werden durch natürliche Selektion ausgesucht. Dies hat zur Folge, daß eine ehemals dominante Spezies, die sich von ihrem Gipfel der Angepaßtheit weiterentwickelt, durch diese Herausforderung ausgerottet wird - so ist eine Vielzahl von Arten, die einmal die Erde bevölkert haben, verschwunden. Wenn sich in der Umwelt eine Spezies in einer verschwindenden Nische befindet, wird sie normalerweise durch eine vormals unbedeutende Spezies ersetzt, die zufällig gut an die neu auftauchende Nische angepaßt ist. Die vorher unbedeutende Spezies rückt mitten auf die Bühne und wird zur dominanten Art. Hochspezialisierte Arten, die sich nur unter bestimmten Umweltbedingungen fortpflanzen und überleben, sind in diesem Prozeß für die Ausrottung anfällig: Sie werden auf ihrem Gipfel gefangen und verschwinden mit ihm. "Generalisten" können besser überleben, weil sie in der Lage sind, ihre Nische zu wechseln (zu anderen Beutetieren oder Pflanzen überzugehen und eine bessere Widerstandsfähigkeit gegen veränderte Umweltbedingungen zu entwickeln) (siehe Abbildung 20).

Wenn ein Unternehmen nicht verschwinden will, muß es lernen, von einem schrumpfenden Berg der Marktanteile und der Rentabilität herabzusteigen und neue, aufsteigende Höhen zu erklimmen. Manager dürfen sich nicht an verschwindende Hügel binden - das heißt, sie dürfen nicht versuchen, schwindende Märkte mit überholten Strategien und Technologien sowie unveränderten Organisationsstrukturen zu verteidigen. Dieses würde nur zu schwindenden Gewinnen und negativem Wachstum führen, und letztendlich würde das Unternehmen durch Firmen ersetzt, die für die Ausbeutung der neuen wirtschaftlichen Umwelt besser geeignet sind.

Das Management muß jene Flexibilität entwickeln, die zur Verlagerung von Strategien, Technologien und Märkten erforderlich ist. Flexibilität ist besonders für "Nischenspieler" erforderlich, deren Abhängigkeit von einem Produkt, einem Markt und einer Technologie ihre Verwundbarkeit durch eine veränderte Umwelt verdoppelt.

Aber auch diversifizierte globale Unternehmen, die auf einer Vielzahl von Märkten präsent sind und schnellen Zugang zu neuen Technologien und zusätzlichem Kapital haben, müssen ihre Anpassungsfähigkeit an sich rasch verändernde Hügel und Täler des Wachstums und der Rentabilität pflegen (siehe Abbildung 19). Alle Manager unserer Zeit sehen sich vor die Notwendigkeit gestellt, die Topographie ihrer wirtschaftlichen Welt zu beobachten und Organisationsstrukturen zu schaffen, die zu schnellen und effizienten Anpassungen fähig sind.

Anders als für biologische Spezies ist es für Unternehmen unmöglich, mit zufälligen Mutationen erfolgreich zu experimentieren; sie müssen Produktlinien, Strategien, Betriebe und Technologien zweckgerichtet ändern. Würden diese Konzepte und Strategien im Kontext kurzfristiger Trends eingesetzt, so würde eine Spielart des Wall-Street-Syndroms entstehen: Man würde für kurz-

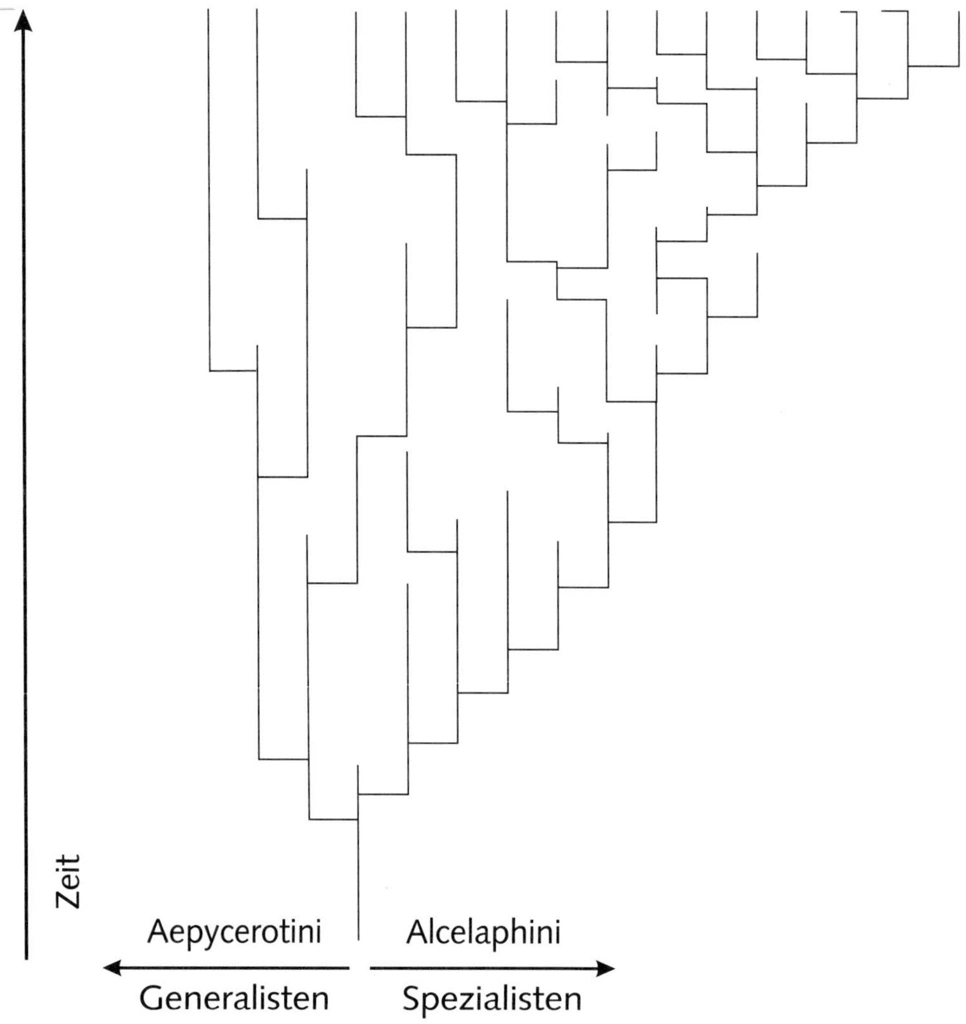

Abbildung 20:
In einem Milieu, das sich verändert, überleben die Generalisten länger.
Die Ahnen des Impala, einer Spezies mit der Bezeichnung AEPYCEROTINI, waren Generalisten. Die Linie von Hirschen scheint die letzten sechs Millionen Jahre mit nur einer oder zwei "Speziationen" überlebt zu haben. Während des gleichen Zeitraumes sind aber die stärker spezialisierten ALCELAPHINI, die Vorfahren der modernen Kuhantilopen und des Weißschwanzgnus, durch bis zu 27 Speziationen gegangen, weil die veränderten Bedingungen auf den Ebenen Afrikas ganze Populationen aus ihren engen ökologischen Nischen drängten und sie durch Arten ersetzten, die besser an die neuen Nischen angepaßt waren. Ihre Geschichte sollte jedem zu denken geben, der in einer sich verändernden Umwelt überleben will.

fristige Erfolge investieren und die Interessen verlagern, sobald die Gewinne realisiert wurden. Abgesehen von der fragwürdigen Ethik bringt diese Art des Opportunismus in einer sich rasch verändernden Umwelt ein erhöhtes Risiko mit sich. Im Zusammenhang der fundamentalen Entwicklungstrends versetzen relevante Informationen gekoppelt mit der organisatorischen Flexibilität das Management in die Lage, das Unternehmen ständig an das veränderte Wirtschaftsmilieu anzupassen. Sie ermöglichen die Voraussicht und das bewußte Spiel mit den Wahrscheinlichkeiten, die zu den gewünschten Veränderungen im Geschäftsklima führen können.

In der Vergangenheit waren Fortschritt und Entwicklung das Ergebnis von Versuch und Irrtum. Im späten 20. Jahrhundert jedoch wurde die Zufallsmutationen durch die bewußte Wahl als Handlungsträger der Evolution ersetzt. Manager, die der Evolution ihrer globalen Umwelt folgen und ihre globale Handlungsweise auf globales Denken stützen, können für ihr Unternehmen einen positiven Kurs steuern - gleichzeitig leisten sie einen Beitrag zur Evolution ihres Unternehmens und ihrer Gesellschaft.

ESSAY II

WARUM JAPAN ERFOLGREICH WAR
EINE KURZE DARSTELLUNG
DES KULTURELLEN HINTERGRUNDES

Eine plötzliche Öffnung für globale Strömungen setzt die katalytischen Zyklen, die das Leben und die Ordnung in einer Gesellschaft erhalten, zwangsläufig unter Druck. Allerdings brechen nicht alle Zyklen zusammen, denn einige sind flexibler als andere und widerstehen dem Druck leichter. Japan ist zweifellos der bemerkenswerteste Fall einer schnellen Anpassung an internationale Strömungen in Finanzwesen, Technologie und Handel. Warum die Japaner den Be- lastungen einer schnellen Öffnung für globale Strömungen "made in Europe" und "made in USA" widerstehen konnten, ist einer näheren Betrachtung wert.

Obwohl das Denken der Japaner eine ganz andere Rationalität als das des Westens hat, ist es nicht abstrakt, sondern sehr konkret und auf greifbare Dinge ausgerichtet. Dieses Denken ist ein nationales Wesensmerkmal mit langen, geschichtlich begründeten Wurzeln.

Die Japaner wurden vor Jahrhunderten sowohl mit dem indischen Buddhismus, der Japan über China erreichte, als auch mit dem chinesischen Konfuzianismus konfrontiert. Dank ihrer Fähigkeit zur Anpassung haben sie diese Fremdkulturen nicht unbesehen übernommen, sondern nur jene Merkmale, die ihre eigene soziale und politische Ordnung stärkten. Der japanische Buddhismus hat sich, wie auch der japanische Konfuzianismus, zu einer praktischen

Religion entwickelt. Die Vielfalt der Religionen hat Japans eigene Kultur nicht zerschlagen. In Japan gibt es noch immer drei bedeutende Religionen, daneben eine Unzahl kleiner Sekten und Glaubensbekenntnisse.

Die Shinto-Religion hat ihren Ursprung in Japan und entwickelte sich parallel zur japanischen Gesellschaftsordnung. Der Buddhismus hat um die Mitte des sechsten Jahrhunderts Wurzeln geschlagen, während die ersten Kontakte mit dem christlichen Glauben im 16. Jahrhundert stattfanden und kurz danach unterdrückt wurden. Vor etwa hundert Jahren trat er dann umso stärker in Erscheinung. Die Japaner haben allen diesen Religionen das entnommen, was ihrer Orientierung und ihren Interessen am besten entsprach. Sie haben sogar eine Art der Kompetenzverteilung unter den Weltreligionen erreicht: Der Konfuzianismus dient der Ethik, Shinto und Buddhismus dienen der traditionellen Religion, und das Christentum ist der moderne Glaube für den Kontakt mit der westlichen Welt.

Seit der Meiji-Restauration, in der Meiji-Tenno Mutsuhito 1868/69 den Einfluß der Shogune beseitigte und Japan für Europa öffnete, hat die japanische Gesellschaft eine Vielzahl europäischer Werte aufgenommen. Dies bedeutet aber nicht, daß Japan und die Japaner westlich geworden wären. Die Werte der westlichen Kultur wurden aufgenommen, im Absorptionsprozeß umgewandelt und zu einem Teil der japanischen Kultur transformiert. Die Folge war die Modernisierung Japans ohne tiefe "Verwestlichung". Das Erlernen der englischen Sprache war zum Beispiel ein Teil dieser Verwestlichung, aber es war ein untergeordnetes und eher oberflächliches Ergebnis der kulturellen Absorption.

Das Erlernen des Umgangs mit der Technologie war dagegen ein Element der Modernisierung und wurde zu einem Hauptmerkmal der japanischen Gesellschaft. Natürlich war die Neigung zur Technologie immer vorhanden, sie hatte in der Vergangenheit nur einen traditionelleren Ausdruck gefunden. Die Samurai beispielsweise waren bereits sehr an Waffen interessiert, der Spitzentechnologie ihrer Zeit, und sie waren auf diesem Gebiet Experten. Sie verweigerten aber zwischen dem 17. und dem Beginn des 20. Jahrhunderts den Einsatz von Schußwaffen.

Im Absorptionsprozeß wurde die westliche Technologie umgewandelt, und sie wurde leistungsfähiger als im Westen. Ein Grund dafür liegt in der sozialen Ausrichtung der japanischen Kultur. In der japanischen Gesellschaft ist nicht der einzelne, sondern die Gruppe die entscheidende soziale Einheit. Der Japaner ist vom engen Kreis der Familie bis zur umfassenderen Familie der Nation in soziale Einheiten eingebettet; und es ist diese Einbettung, die seine persönliche Würde im traditionellen Sinne des Schutzes und der Sicherheit garantiert. Er erhält durch die Mitgliedschaft in einer Gruppe ein sicheres Einkommen, ein Heim und vor allem Seelenfrieden.

Die Geschichte Japans ist insgesamt durch den Vorrang der Gruppe charakterisiert. Individualismus und Liberalismus nach westlichem Muster waren praktisch unbekannt. Den Menschen wurden von frühester Kindheit an der Gehorsam gegenüber ihren Vorgesetzten, ihren Eltern und den Ältesten gelehrt. Die japanische Spielart des Konfuzianismus stärkte die Loyalität zur Gruppe. Die Religion der kaiserlichen Familie war der Shintoismus, aber die Ethik der Bürokratie war konfuzianisch.

Während China jedoch ein Land des zivilen Konfuzianismus war, wurde Japan eine Nation des militanten - und später militaristischen - Konfuzianismus. Der einfache Krieger ehrte seinen Daimyo, seinen unmittelbaren Herrn, der Daimyo ehrte seinen Shogun, und der Shogun bot dem Kaiser seine Gefolgschaft an, obwohl er ein autonomer Herrscher war. Noch in den 80er Jahren war der Kaiser das Symbol des Staates Japan und der Einigkeit seiner Menschen, wenn er auch nicht mehr als Gott verehrt wurde.

Die Vorstellungen der Japaner von ihrer Regierung und Wirtschaft sind nationalistisch, paternalistisch und anti-individualistisch. Es kann nicht überraschen, daß Japan in der Nachkriegszeit während des wirtschaftlichen Wiederaufbaus eine nationalistische und kapitalintensive Wirtschaft auf der Grundlage der Seniorität und der lebenslangen Beschäftigung aufgebaut hat. Seit der Meiji-Restauration hatte der Staat die Rolle des Zahlmeisters, und die konfuzianische Arbeitsmoral war seit dieser Zeit vorherrschend - die ersten Industriearbeiter kamen sogar zum größten Teil aus der Kriegerkaste. Dann erfuhren die *Zaibatsu*, die Finanz-Cliquen, einen Aufstieg. Sie waren regierungstreu und wuchsen rasch unter dem Schutz des Staates. Der konfuzianische Geist der Gruppenloyalität wurde auf die Produktions- und Finanzunternehmen im gleichen Maße übertragen, wie er früher auf den Kaiser und den Staat übertragen worden war.

Heute widmen die Angestellten der großen Industriekonzerne ihr Leben in der gleichen Weise dem Unternehmen, wie ihre Väter und Großväter sich ihrem Daimyo gewidmet haben. Die Loyalität zum Staat ist stark und die Gewerkschaftsbewegung entsprechend schwach. Die japanische Wirtschaft hat sich auf einer Grundlage entwickelt, die sich völlig vom individualistischen Liberalismus Englands und Nordamerikas unterscheidet.

Der kulturelle Hintergrund Japans verhalf japanischen Firmen sowohl bei der Entscheidungsfindung als auch bei der Durchführung zu einer einzigartigen Effizienz. Im Gegensatz zu fast allen anderen Ländern werden Managemententscheidungen in Japan so getroffen, daß sie auf Übereinkunft und Schnelligkeit beruhen. Wie die Japaner den Konsens bei kritischen Themen mit der dabei erforderlichen Geschwindigkeit kombinieren können, erläutert Yoshio Maruta, Vorsitzender der gigantischen Kao Corporation, in einem Gespräch bei der "Olympiad of Thought and Civilization", die im Juli 1992 in Chania auf Kreta stattfand.

Maruta scheint, wie die meisten anderen japanischen Manager, ein energischer Verfechter traditioneller ethischer Prinzipien zu sein. Marutas Inspiration kommt aus der "Verfassung", die Prinz Shotoku, eine der einflußreichsten Gestalten der japanischen Geschichte, im 7. Jahrhundert nach Christus niedergeschrieben hat. Im letzten der 17 Artikel dieses Dokuments, das der Prinz als eine Art Verhaltenscode für alle Japaner vorgesehen hatte, steht eindeutig, daß Entscheidungen zu wichtigen Themen nicht von einer Einzelperson getroffen, sondern mit vielen diskutiert werden sollen. Grund dafür ist - wie im ersten Artikel festgehalten ist -, daß "Übereinstimmung in Ehre gehalten und Uneinigkeit vermieden werden soll... Wenn zwischen jenen, die unten und jenen, die oben sind, Einigkeit, Harmonie und Eintracht in der Diskussion der Sache herrscht, wird sich die rechte Einsicht der Dinge von alleine einstellen. Was könnte da nicht vollbracht werden?"

Maruta ruft, wenn Schlüsselentscheidungen getroffen werden müssen, die Manager seiner wichtigsten Abteilungen zusammen. Jene, die im Hauptquartier sind, kommen in einem einfachen Zimmer zusammen, das mit drei großen Tischen, einigen Sesseln aber sonst kaum etwas eingerichtet ist. Jene Manager, die sich außerhalb befinden, sitzen am anderen Ende von Telefon- oder Faxleitungen, die von ihren Sekretärinnen bedient werden. Es gibt weder Papier noch eine Tagesordnung oder irgendeine andere Formalität. Die Themen werden vom Vorsitzenden präsentiert, und eine Diskussion folgt. Die durchschnittliche Zeit bis zum Erzielen eines Konsens beträgt, so Maruta, fünf bis zehn Minuten. Wenn die Diskussion eine Stunde oder länger dauert, wird das Thema fallengelassen: Irgendeine grundlegende Sache muß falsch sein.

Dieser Ablauf kann auf Unternehmen außerhalb Japans kaum übertragen werden. Der Grund, daß es in Japan funktioniert, liegt in der Haltung gegenüber dem Vorgesetzten, die durch das kulturelle Erbe Japans geprägt wird. So schrieb z.B. jener Prinz, der die einstimmige Entscheidung so heftig befürwortet, ebenfalls, daß "die Befehle des Regenten mit Respekt vernommen werden. Das Oberhaupt ist wie der Himmel und der Vasall wie die Erde... Sollte die Erde versuchen, sich über den Himmel zu erheben, würde alles zusammenstürzen. Deshalb hören Vasallen zu, wenn der Herr spricht. Wenn die Oberen befehlen, sollten die Unteren dem nachkommen..., wenn nur einer dabei versagt, ist der Zusammenbruch die logische Konsequenz.

Japanische Manager können es sich leisten, egalitär und bescheiden zu sein: Ihre Autorität steht auf festen Füßen. Japanische Angestellte respektieren ihre Manager und zeigen ihren Firmen gegenüber äußerste Loyalität. Ohne sich als Opfer zu fühlen, machen sie Überstunden und arbeiten Jahrzehnte oder ein ganzes Leben lang für ein Unternehmen. Diese Hingabe und die starke Praxisbezogenheit sind die wichtigsten Faktoren, die japanische Unternehmen einen kulturell bedingten Vorteil im wachsenden Wettbewerb um Gewinn und globale Marktanteile sichern.

Diese Loyalität zum Unternehmen kombiniert mit der Orientierung auf die Nutzung von Ideen und Erfindungen zu praktischen Zwecken haben in Japan zu der einzigartigen Fähigkeit geführt, westliche Technologien und wirtschaftliche Verhaltensweisen nicht nur zu absorbieren, sondern sie noch zu verbessern. Ein Japaner kann in seinem Leben viele Jahre mehr und an jedem Arbeitstag viele Stunden länger für eine Firma arbeiten als sein westlicher Kollege. Sogar seine Freizeitaktivitäten finden im Umkreis der Firma statt. Zusammen mit der stark praktischen Orientierung verschafft dieses der japanischen Wirtschaft einen bedeutenden Wettbewerbsvorteil.

Dritter Teil
Globale Evolution

6

INSTABILITÄTEN DES GLOBALEN SYSTEMS

Der Weg zur Globalisierung der heutigen Wirtschaft und Gesellschaft ist reich an Windungen und Kehren. Es ist ein evolutionärer Weg behaftet mit Instabilität und Chaos. In den Worten der Chaostheorie: Dieser Weg unterliegt Bifurkationen. Neben politischen und geopolitischen Krisen, die einerseits durch nationale Machtkämpfe und andererseits durch internationale Aggression ausgelöst werden, wird die Welt des ausgehenden 20. Jahrhunderts von zwei Spielarten der Instabilität dominiert: der "Öko-N"- und der "Öko-L"-Instabilität. Die erstgenannte würde als unbeabsichtigte und nicht vorhergesehene Nebenwirkung politischer Entscheidungen beschleunigt, die letztere durch die ebenso unbeabsichtigten wie über lange Zeit ignorierten Einwirkungen der Wirtschaftssysteme und Technologien auf die Umwelt.

Die in den politischen Systemen wirkenden krisenhaften Entwicklungen lösten nationale und regionale Instabilitäten aus, was bis zu den jüngsten Ereignissen zu verfolgen ist. Ökologische Auswirkungen, die bisher lokal waren, breiten sich in jüngster Zeit aus und sind im Begriffe, sich global zu entfalten.

ÖKONOMISCHE INSTABILITÄTEN

Eine große Welle wirtschaftlicher Instabilität in unserer Zeit war die Folge einer egalitären Entscheidung der Großmächte nach dem Ende des Zweiten Weltkrieges. Die Entscheidung bestand in der Auflösung der verbliebenen Kolonien und der Verleihung des Status souveräner Nationalstaaten an alle organisierten Gesellschaftssysteme. Dieser noble Zug hatte eine ganze Reihe unvorhergesehener Folgen. Es entstand nicht etwa ein System gleichberechtigter Staaten, in dem die Rechte und Pflichten in Einklang waren, sondern es bildete sich die Dritte Welt heraus und damit erneut die Trennung der internationalen Gemeinschaft: Der entwickelte "Norden" und der unterentwickelte "Süden" erhielten ihre Gestalt.

Die Entkolonialisierung brachte die ehemals kolonialisierten und die noch abgeschieden lebenden Völker näher zur modernen Welt. Die Völker der Kolonien waren durch asymmetrische Bindungen mit ihren Kolonialherren verbunden, sie waren sorgfältig vom Rest der Welt getrennt. Die "Mutterländer" wollten nicht, daß ihre Kolonien Zugang zu den Technologien und Informationen erhielten, die den Weg zur Autarkie bahnen und Forderungen nach Unabhängigkeit nähren würden. Die staatliche Unabhängigkeit öffnete die Schleusentore, aber die Einbeziehung dieser Länder in die Weltwirtschaft erwies sich für die meisten der jungen Staaten als traumatisch. Die Verbreitung besserer Praktiken in der Gesundheitsvorsorge führte zur Bevölkerungsexplosion, während die globalen Ströme der Information, der Energie, des Handels und der Technologie die eben befreiten Völker in einem desorientierenden und brisanten Strudel gefangen hielten. Die entkolonialisierten Staaten wurden, wie die ebenfalls unvorbereiteten Länder Lateinamerikas und der Karibik, zersplittert und polarisiert.

Mit nur wenigen Ausnahmen waren die Regierungen der neuen und juristisch souveränen Staaten unfähig, dauerhafte soziale und wirtschaftliche Fortschritte herbeizuführen. Teure staatliche Fluggesellschaften, luxuriöse Limousinen und Einrichtungen für den Tourismus sowie einige wenige Krankenhäuser für die Elite standen in einem schmerzhaften Gegensatz zu den in

Armut gefangenen Dörfern und dem Elend der Vorstädte. Ausländische Mächte und multinationale Konzerne beuteten die Situation zu ihrem alleinigen Nutzen aus, sie konzentrierten sich auf eine kleine Gruppe von Privilegierten, die Verbindungen hatten und auf die Märkte vordrangen. Statt sich den entwikkelten Ländern in einer Welt der Demokratie und Gleichheit anzuschließen, verharrten die gerade entkolonialisierten Staaten in ihrer eigenen Welt der Unterentwicklung.

Mit dem Zusammenbruch der Entwicklung wurde die Armut und die Verschuldung chronisch. Es entstand ein Teufelskreis, in dem die Armut das Bevölkerungswachstum förderte und das Bevölkerungswachstum den sozialen und wirtschaftlichen Fortschritt hemmte und damit die Armut verstärkte. Heute ist dieser Kreislauf im größten Teil Afrikas südlich der Sahara, Mittel- und Südamerikas, der Karibik sowie West- und Südasiens in vollem Gang.

Eine zweite Welle der "Öko-N"-Instabilität begann im Jahre 1985 mit Michail Gorbatschows Politik der Glasnost. Sie öffnete die Zweite Welt der sozialistischen Staaten gegenüber dem Rest der Welt. Diese Entwicklung ist der Öffnung der Dritten Welt vergleichbar, die der Entkolonialisierung folgte. Das Ergebnis in der zweiten Welt trat ebenso unerwartet und weitaus schneller ein. Sobald die Völker Osteuropas von der autokratischen Einparteienherrschaft befreit waren, organisierten sie sich, demonstrierten und rebellierten dann. Polen und Ungarn bereiteten den Weg, Ostdeutschland, die Tschechoslowakei, Rumänien, Bulgarien und die baltischen Staaten folgten kurz danach.

Glasnost sollte zu Perestroika führen: Die "Offenheit" sollte den "Umbau" hervorbringen. Aber die Perestroika stagnierte, bevor sie recht begonnen hatte: Als geplanter Prozeß vergrößerte sie den Spielraum für private und unternehmerische Initiativen nur wenig, und sie baute die schlimmsten Auswüchse der Staatsbürokratie ab. Die Frustration, die durch die Perestroika auslöst wurde, führte zum Sturz der Führer, die die Veränderungen in Gang gebracht hatten. Gorbatschow sah sich einem nahezu vollständigen Zusammenbruch der Wirtschaft gegenüber, dem Zerfall der Autorität der Partei und des Staates in den Republiken, Spannungen zwischen Moskau und den nichtrussischen Republiken sowie Unabhängigkeitsbewegungen in den baltischen und islamischen

Republiken. In den Industriegebieten entstanden Arbeiterbewegungen nach dem Muster der polnischen "Solidarnosc", und durch die chronische Knappheit an Lebensmitteln und die Inflation entstanden Unruhen. Gorbatschow war auch wachsendem Widerstand von seiten der Reformer ausgesetzt, die der Meinung sind, er sei nicht weit genug gegangen, und von seiten der Hardliner, die glauben, er sei zu weit gegangen. Es bedurfte des ständigen Streites mit ersteren und eines beinahe fatalen Putsches der letzteren, damit die Perestroika wirklich in Gang kam.

Und als die Perestroika endlich wirklich in Schwung kam, war sie keine "Perestroika" mehr - damit ist der schrittweise und von oben gelenkte "Umbau" der Gesellschaft und der Wirtschaft gemeint -, sondern eine vollständige und außer Kontrolle geratene Umwandlung. Die Überholung des sowjetischen Systems erforderte nicht die ursprünglich von Gorbatschow geplante Perestroika, sondern die von Jelzin vertretene radikale soziale und wirtschaftliche Umwandlung. Das etablierte System der Produktion und das Einparteiensystem, das es verwaltete, waren nicht zu reformieren. Sie mußten letztendlich aufgegeben werden.

Eine Bifurkation dieser Art ist unumkehrbar. Sie ist aber nicht sicher. Sie schreitet wie alle evolutionären Bifurkationen im allgemeinen vorwärts, kann aber zeitweise stehenbleiben. Und wenn sie stehenbleibt, dann ist es höchst wahrscheinlich, daß sie früher oder später im Chaos zusammenbricht. Stagnation kann nur durch die brutale Gewalt einer Diktatur ausgelöst werden: Pinochets Chile und Dengs China sind eindeutige Beispiele hierfür. Sobald sich die Macht des diktatorischen Regimes abschwächt, kommt der Prozeß wieder in Gang, und er setzt sich solange fort, bis er entweder eine grundsätzlich neue Gesellschaftsordnung schafft oder auf einen weiteren vorläufig nicht zu überwindenden Widerstand stößt.

Der durch Instabilität ausgelöste evolutionäre Prozeß der Bifurkation ist in ganz Osteuropa in vollem Gang. Er findet sogar in Bulgarien, Rumänien, Albanien und im ehemaligen Jugoslawien statt, wo er sich schmerzhafter, aber ebenso unumkehrbar entfaltet. Ungarn, Polen und die Tschechoslowakei sind allerdings nicht den gleichen wirtschaftlichen und politischen Schwankungen ausgesetzt, die die ehemaligen Mitgliedsstaaten der Sowjetunion erschüttern. Ihre Probleme sind etwas weniger ernst, und ihre langfristigen Interessen liegen eindeutig in der Integration mit Westeuropa. Und doch unterliegen alle Staaten im Prozeß der Bifurkation Schwankungen. Auch die östlichen Bundesländer des wiedervereinigten Deutschland erleben periodische Krisen. Die Arbeitslosigkeit steigt, die industrielle Produktion sinkt, und das Vertrauen in die dort hergestellten Güter ist verschwindend gering. Schätzungen besagten, daß es drei bis fünf Jahre dauern werde, bis die fünf neuen Bundesländer den Lebensstandard der elf alten erreicht haben werden. Nur sechs Monate später sprach man von zehn bis 15 Jahren. Die Schätzung der Kosten des Umbaus für die Bundesrepublik (Bund, Länder und Gemeinden) sind um das Zehnfache auf ein bis zwei Billionen Mark gestiegen.

Die Staaten Osteuropas sind mitten in einem evolutionären Vorgang: Sie müssen den größten Teil ihrer bisherigen Praktiken ändern. Ein funktionierender, wenn auch vergleichsweise ineffizienter öffentlicher Sektor läßt sich nicht leicht abbauen. Sogar in Ungarn, dem am weitesten entwickelten Wirtschaftssystem der Region, besaß der Staat Ende 1990 noch 80 Prozent der Produktionsanlagen. Die Umwandlung des öffentlichen Sektors in Osteuropa verlangt Verwaltungseinrichtungen, die in den vergangenen 40 Jahren zerfallen sind und von Grund auf neu geschaffen werden müssen.

Die Wellen der Instabilität, die durch Entkolonialisierung und Glasnost erzeugt wurden, treten in eine Wechselwirkung. Die Kapitalströme nach Osteuropa haben eine negative Auswirkung auf das Kapital, das für die Entwicklungsländer verfügbar ist. Der Anteil der direkten Investitionen des Auslands in die Dritte Welt fiel von weltweit über 30 Prozent in den 70er Jahren auf weniger als 20 Prozent Mitte der 80er Jahre. Der verstärkte Kapitalstrom nach Osteuropa leitet die Ströme um, die in die ärmeren Länder Lateinamerikas, Afrikas, des Nahen Ostens und Südasiens geflossen sind.

Diese politisch bedingten "Öko-N"-Instabilitäten zeigen die Dynamik der Instabilität, die immer von der Störung etablierter katalytischer Zyklen in der Gesellschaft herrührt. Als die Entkolonialisierung und Glasnost eingeschlossene und unterentwickelte Wirtschaftssysteme gegenüber den globalen Informations- und Kapitalströmen öffneten, setzten sie traditionelle Lebensstile und geschlossene Gesellschaften den plötzlichen Auswirkungen der entstehenden globalen Informationsgesellschaft aus. Die in der Ersten Welt hervorgebrachten Technologien zerbrachen die etablierten, funktionierenden Strukturen in der Zweiten und Dritten Welt.

Mehr als 90 Prozent aller seit dem Ausbruch des Zweiten Weltkrieges durchgeführten wissenschaftlichen und technischen Forschungen und Entwicklungen sowie mehr als 90 Prozent der Neuentwicklungen fanden in den industrialisierten Ländern statt. Diese Tatsache war für die USA und Westeuropa von Vorteil, wo die Entwicklungen aus etablierten sozialen und wirtschaftlichen Ordnungen entstanden. Für den Rest der Welt - außer Japan - bedeutete die Konfrontation einen Kulturschock. Die neuen Technologien sind keine einfachen Erweiterungen klassischer industrieller Technologien mit qualitativen und quantitativen Verbesserungen, mit verbesserter Geschwindigkeit und Zuverlässigkeit, sondern sie sind grundlegend anders. Damit sie effektiv eingesetzt werden können, erfordern sie neue Arbeitsgewohnheiten, neue Verhaltensmuster der Konsumenten und neue Formen der sozialen sowie wirtschaftlichen Organisation.

Die neuen Technologien nutzen den neuen globalen Spielern, aber sie versetzen die nationalen Wirtschaftssysteme in eine schwierige Lage. Großunternehmen sind fähig, überall dort selbständige Einrichtungen zu betreiben, wo sich eine Chance dazu bietet. Gesellschaftsordnungen können dieses Kunststück nicht immer nachmachen.

Die Herstellung eines gesunden Fundamentes für betriebliche Effizienz und Know-how braucht Zeit; die notwendigen menschlichen und organisatorischen Ressourcen können nicht durch das Ausgeben von ein paar Millionen Mark geschaffen werden. Die unvermittelte Einführung neuer Technologien in einem nicht angepaßten sozialen System führt zum schroffen Bruch jahrhundertealter kultureller Bindungen. Sitten und Gebräuche, Organisationsformen und Glaubenssysteme, die zwischen der Gesellschaft und der Umwelt vermitteln, werden plötzlich irrelevant oder sogar zerstörerisch.

Die traditionellen Fähigkeiten des Arbeitsmarktes, stark durch Sitten und Traditionen beeinflußt, werden nahezu nutzlos. Fertigkeiten, die in einer Gesellschaft lebenswichtig waren, werden unwichtig oder überflüssig, wenn diese Gesellschaft in die globale Wirtschaft einbezogen wird.

Die Zeit, der es bedarf, um die Strukturen und Geisteshaltungen zu entwikkeln, mit denen man in der neuen globalen Welt tätig sein kann, ist von der Entwicklung einer Gesellschaft und der Kultur ihrer Menschen abhängig. Die großen Erfolgsgeschichten spielten sich in Kulturen ab, die über ein angepaßtes kulturelles Erbe verfügten. Wie wir zuvor dargestellt haben, bauen Japan und die "kleinen Drachen Asiens" auf einem konfuzianischen Erbe mit einer großen Arbeitsdisziplin und einer hohen Wertschätzung der sozialen Ordnung. Sie haben auch eine starke Betonung der Bildung und eine Geschichte der Assimilation fremder Kulturen gemeinsam.

Diese Faktoren fehlen zum größten Teil in den Kulturen Südasiens, Afrikas, Arabiens und Lateinamerikas. Ihre Werte und Gewohnheiten, die an sich den gleichen Wert haben, sind nicht so leicht an den Lebensstil, die Arbeitsgewohnheiten und Organisationsmuster anzupassen, die von einer industriellen und postindustriellen Gesellschaft verlangt werden. Es muß eine neue Klasse von Managern, kaufmännischen Angestellten und Technikern neben neuen organisatorischen und physischen Infrastrukturen entstehen. In vielen Teilen der Dritten Welt läßt der Teufelskreis aus Armut, die die Fruchtbarkeit erhöht, und der Fruchtbarkeit, die die Armut vergrößert, diese Umwandlung nicht in Gang kommen. Das kulturelle Erbe Rußlands und Osteuropas ist hierfür günstiger. Die Menschen verfügen über ein bestimmtes Bildungsniveau und sind besser in der Lage, ihre Arbeitsgewohnheiten an die Forderungen einer international konkurrenzfähigen Wirtschaft anzupassen. Wenn genügend Zeit und Kapital zur Verfügung gestellt wird, gibt es die Möglichkeit, daß sich die östliche Hälfte des Kontinents der westlichen Hälfte als organischer Teil der postindustriellen Wirtschaftsordnung anschließt.

Die Entkolonialisierung und Glasnost waren gutgemeinte, aber schlecht vorbereitete Entscheidungen. Sie ignorierten folgende wichtige Tatsache: Wenn eine isolierte und geschützte Gesellschaft plötzlich gegenüber der Welt geöffnet wird, tritt zwangsläufig eine bedeutende Umwandlung ein (siehe Abbildung 21). Wenn dieser Prozeß nicht rechtzeitig vorbereitet und seine Entfaltung nicht

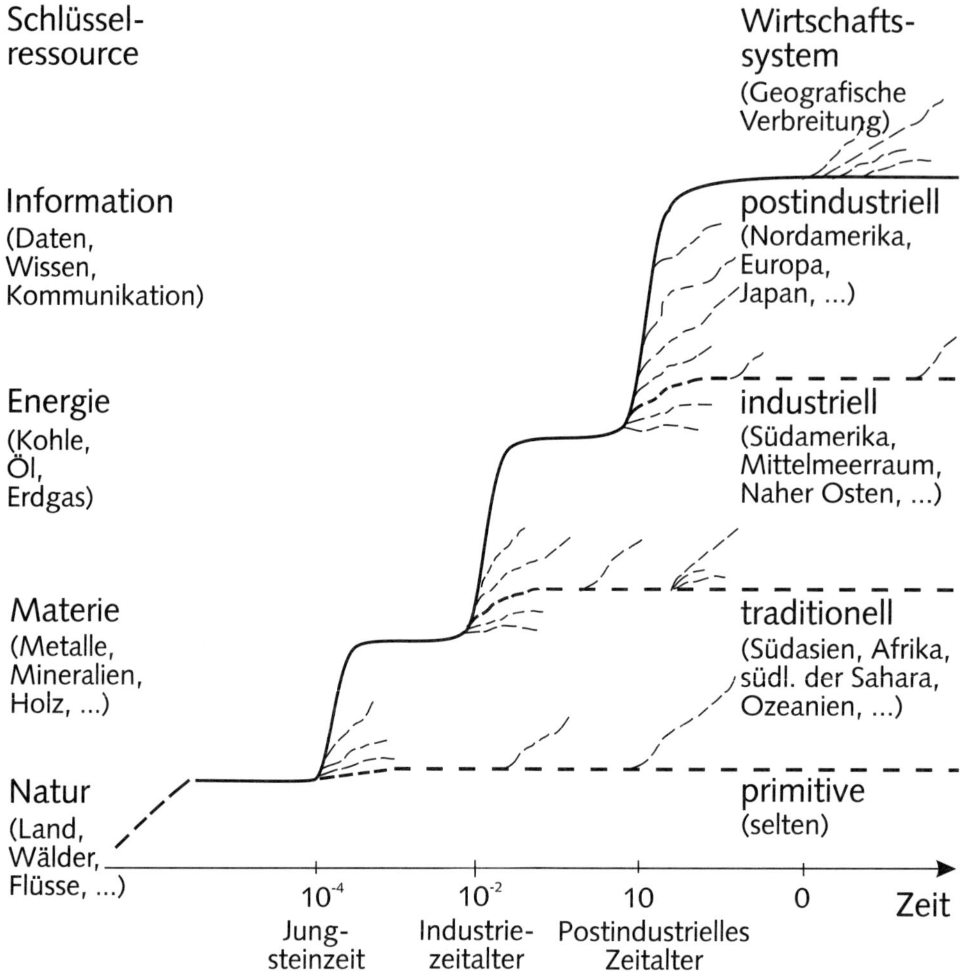

Abbildung 21:
Die großen technologischen Revolutionen der Geschichte haben primitive Gesellschaftsordnungen in die traditionellen landwirtschaftlichen umgewandelt. Diese wurden ihrerseits in die industriellen und in jüngster Zeit in die postindustriellen Wirtschaftssysteme transformiert. Sie verlagerten die Schlüsselressource von der "Natur" zur "Materie", zur "Energie" und in der Gegenwart zur "Information". Diese Revolutionen haben aber nicht alle Gesellschaftsordnungen gewandelt, denn einige blieben auf ihrem bisherigen Entwicklungsstand stehen. Daher existiert in unserer Zeit eine breite Vielfalt von Wirtschaftssystemen, die von den überlebenden, sogenannten primitiven Gesellschaften über zahlreiche traditionelle reichen, und von einer Hauptströmung aus sich entwickelnden, industriellen Wirtschaftssystemen bis hin zur Avantgarde der "entwickelten", postindustriellen Wirtschaftssysteme führen. Keine dieser Gesellschaftsordnungen ist aber stabil, denn alle unterliegen weiteren Transformationen und damit der Alternative des Zusammenbruchs oder Durchbruchs.

bewußt geleitet wird, dann führen Verschuldung, Inflation und Arbeitslosigkeit zu einem Zusammenbruch der Gesellschaftsordnung.

Es gilt, die Lektionen aus diesen Tatsachen zu lernen. Ein besseres Verständnis der Dynamik der Instabilität sagt uns: Wenn jene katalytischen Zyklen plötzlich gestört werden, die die Menschen in einer sozialen und wirtschaftlichen Ordnung erhalten, dann bricht die sozioökonomische Ordnung zusammen. Falls genügend Zeit vorhanden und die lokale Kultur hinreichend flexibel ist, dann kann an die Stelle des Zusammenbruchs der Durchbruch treten. Aber selbst in dem positiven Szenario ist es wahrscheinlich, daß das Chaos der Übergangszeit einen hohen Preis fordert. Wäre man besser mit der Dynamik der Instabilität vertraut, so würden die politischen Aktivitäten, die in etablierte katalytische Zyklen eingreifen, besser vorbereitet. Es gibt keine Anzeichen dafür, daß die Handlungen der Väter der Entkolonialisierung und von Glasnost durch diese Kenntnis beeinflußt worden wären.

ÖKOLOGISCHE INSTABILITÄTEN

Der Übergang auf die globale Ebene fordert sowohl in Form der Anpassung und Umwandlung der Volkswirtschaft als auch in Form der Belastung der Natur durch die Wirtschaft einen hohen Preis. Der Einfluß der Wirtschaft auf die Natur ist nur in ihrem Umfang und ihrer Intensität neu. Die Ansiedlungen der Menschen haben seit der Jungsteinzeit zu Umweltbelastungen geführt. In unserer Zeit haben aber das Ausmaß und die Intensität der Belastung durch moderne Wirtschaftssysteme ein beispielloses Ausmaß erreicht.

Die Umweltbelastung löst eine Folge ökologischer Instabilitäten aus, die sich zu einer deutlich werdenden Instabilität von globalen Dimensionen summiert. Es werden katalytische Zyklen in Mitleidenschaft gezogen, die nicht erst seit Jahrhunderten oder Jahrtausenden, sondern seit Hunderttausenden, wenn nicht Millionen von Jahren in der Natur bestehen. Wenn diese Zyklen aufgebrochen werden, entsteht eine Übergangsphase der Anpassung, die normalerweise zur Bildung neuer und andersartiger Zyklen führt. Falls sie nicht durch die Einwirkung des Menschen vergiftet, radioaktiv verstrahlt oder völlig zerstört wird, würde die Biosphäre die heutige Belastung überleben. Aber würde die *Menschheit* überleben? Diese Frage ist immer noch offen. Die vorhandenen Zyklen legen die Belastbarkeit der Biosphäre durch den Menschen fest. Sie ermöglichen einen sicheren Lebensraum, die Erzeugung einer angemessenen Menge an Nahrung sowie nichtfossiler und nichtnuklearer Energie, Reisen auf Land- und Wasserwegen sowie die Entsorgung der Abfälle. Andere Zyklen werden mit hoher Wahrscheinlichkeit die augenblicklich vorhandene Belastbarkeit verringern. Es ist zweifelhaft, ob eine Bevölkerung von fast sechs Milliarden Menschen die Verlagerung von einem Typ Zyklen zu einem anderen überleben kann. Das Sterben von Millionen von Menschen, ganz zu schweigen von Milliarden, wäre eine unbegreifliche Katastrophe. Auch die Überlebenden würden diese Erfahrung keineswegs unbeschadet überstehen. Gewalt, Krankheiten und massive Völkerbewegungen würden die Soziosphäre erschüttern und Gesellschaftsordnungen in der ganzen Welt in Gefahr bringen.

Die in der Entwicklung begriffene, globale Instabilität muß offengelegt, erkannt und ihre Auswirkungen müssen gelindert werden, bevor es zu spät ist.

Die wichtigsten Faktoren der globalen Instabilität sind das Wachstum der menschlichen Bevölkerung - voraussichtlich auf 12 bis 14 Milliarden - und die Einwirkungen der modernen Technologien auf die Umwelt. Wenn weniger Menschen und weniger schädliche Technologien vorhanden wären, gäbe es mehr Spielraum für die Anpassung. Unter den gegebenen Umständen aber lebt die Menschheit an der Grenze der Belastbarkeit der Biosphäre, und Fehler - wie auch Untätigkeit - werden für Menschen und Natur immer gefährlicher.

Ein wachsender Anteil der Weltbevölkerung lebt am oder in der Nähe des Existenzminimums. Schätzungsweise 100 Millionen Afrikaner leiden unter akuter Unterernährung, und mehr als 60 Millionen sind vom Hungertod bedroht. In Südasien leben etwa 200 Millionen Menschen ständig im Schatten der Hungersnot. In 21 der 35 ärmsten Entwicklungsländer standen im Jahre 1985 weniger Kalorien pro Person zur Verfügung als 1965. Während der letzten zehn Jahre fiel der Verbrauch von Grundnahrungsmitteln pro Kopf in fast der Hälfte der 115 Länder der Dritten Welt. Vor zwei Jahrzehnten gab es nur ein Land

(Tschad), in dem das Bruttosozialprodukt pro Kopf fiel. 1980 waren es 35, und im Jahre 1990 waren es mehr als 90 Länder. Die Zahl der ärmsten Länder wächst. Für 1964 führte die UNO 24 Staaten auf der Liste der "am wenigsten entwickelten Länder" auf, 1980 waren es 31, und im Jahre 1990 waren es 42 Länder - ein Anstieg um 75 Prozent in zwanzig Jahren. Die Regierungen der Dritten Welt melden fast überall eine sinkende Lebenserwartung, eine steigende Säuglingssterblichkeit und wiederkehrende Hungersnöte. Drei Viertel der Menschheit verlieren den Wettlauf zwischen dem Bevölkerungswachstum und der Entwicklung.

Der Einfluß auf die Weltbevölkerung ist heute auch unvergleichlich höher als zu irgendeiner anderen Zeit in der Geschichte. Er wächst noch immer, trotz der Schutzmaßnahmen, die in einigen Teilen der Welt durchgesetzt werden.

Zum Beispiel wird die Gesamtmenge von schädlichen und toxischen Gasen und Staub auf 1,5 bis 2 Milliarden Tonnen pro Jahr geschätzt. Jedes Jahr werden etwa 7 Milliarden Tonnen Kohlendioxid in die Atmosphäre gejagt (45 Prozent davon von den Industriestaaten), und schätzungsweise 70.000 verschiedene chemische Substanzen werden in die Luft, in den Boden und in das Wasser abgelassen. Die Ozeane nehmen nach offiziellen Berichten jedes Jahr 200 Millionen Tonnen Klärschlamm, Industrieabfälle und Baggergut auf - und diese Zahl ist fast mit Sicherheit zu niedrig geschätzt.

Am schlimmsten sind dabei die Millionen Tonnen an radioaktiven Abfällen, die durch Kernkraftwerke und die Herstellung von Kernwaffen erzeugt werden. Dabei handelt es sich unter anderem um Brennstäbe, hochradioaktive Flüssigkeiten und sogenannte schwach radioaktive Abfälle. Einige von ihnen sind bei Berührung tödlich, von anderen ist bekannt, daß sie Krebs, Sterilität, Immunkrankheiten, Geburtsfehler und genetische Mutationen verursachen können. Diese Abfälle befinden sich zum größten Teil in Zwischenlagern und warten noch auf ihre Endlagerung.

Abfälle anderer Art entstehen durch sorglosen Umgang mit dem Wohlstand. Trotz wachsender Kritik an der Wegwerfkultur und einem beachtlichen Anstieg der Wiederverwertung sind viele wohlhabende Völker noch immer rohstoffhungrig und verschwenderisch. Man schätzt, daß ein Mensch, der in den Vereinigten Staaten geboren wird und 82 Jahre lang lebt, insgesamt 225 Millionen Liter Wasser, 21.000 Tonnen Benzin, annähernd 200.000 Kilo Stahl und einen Wald von 1.000 Bäumen verbrauchen wird. Während seiner Lebenszeit wird er oder sie etwa 80.000 Kilo Abfall produzieren.

Die Menschheit hat die Umwelt seit dem Beginn der Zivilisation belastet, aber niemals im heutigen Ausmaß oder mit der heutigen Intensität. Die Biosphäre ist zwischen 1,5 und 2 Milliarden Jahren alt, aber die Sauerstoff-Stickstoff-Atmosphäre der Erde begann sich erst vor 300 bis 400 Millionen Jahren zu bilden, als sich auf den Kontinenten in Form von Wäldern und Grasland eine Vegetationsdecke entwickelt hatte. Arktische, Wald-, tropische, Steppen- und Wüstenlandschaften bildeten sich heraus, und Pflanzen wuchsen auf unterschiedlichen und zunehmend komplexen Böden. Eiszeiten und Zwischeneiszeiten führten zu einer weiteren Diversifizierung der Biosphäre. Aber der ökologische Einfluß unserer Vorfahren während mehrerer Eiszeiten und zwischeneiszeitlichen Perioden blieb gering; erst mit der Domestizierung von Pflanzen und Tieren sowie der intensiven Ausbeutung der unmittelbaren Umgebung begann der meßbar störende Einfluß auf die Umwelt. Mit der Einführung der Landwirtschaft wurden die Eingriffe tiefer.

In der Gegenwart verdichten sich die Eingriffe katastrophal. Zu viele Haustiere - Schafe, Rinder, Pferde, Kamele - überweiden die Grasnarbe und fördern die Verdichtung und Verkarstung des Bodens. Wenn die Vegetationsdecke weg ist, bläst der Wind den brüchig gewordenen Mutterboden davon, und es entstehen Wanderdünen und Barchane (Binnendünen). Durch diese Prozesse gehen zur Zeit jährlich etwa fünf bis sieben Millionen Hektar an produktivem Boden verloren.

Die modernen landwirtschaftlichen Methoden tragen zu diesem Verlust bei. Chemische Düngemittel sowie Insektizide und Herbizide überlasten die Böden, und Auswaschungen vergiften Grundwasser und Küstenbereiche. Sogar sauberes Wasser hat eine negative Wirkung, wenn es im Übermaß benutzt wird. Bewässerungssysteme, die unterirdische Wasserläufe anzapfen, müssen überschüssiges Wasser liefern, weil 50 bis 60 Prozent im Boden versickern. Das Sickerwasser löst Salze aus dem Boden und führt zu einer Versalzung des Grundwasserspiegels. Wenn dieser Spiegel auf eine Höhe von 1,5 bis 3 Meter unterhalb der Bodenoberfläche steigt, versalzt der Mutterboden. Durch diese sekundäre Versalzung haben weltweit etwa 120 bis 150 Millionen Hektar bewässerter Böden ihre Fruchtbarkeit verloren. Allein in den Staaten der ehemaligen UdSSR haben etwa 20 Millionen Hektar bewässertes Land dieses Schicksal erlitten. Weitere stark betroffene Staaten sind unter anderem Ägypten, Indien, China und der Iran sowie in jüngerer Zeit die USA, Australien, Mexiko und Argentinien.

Diese Entwicklungen belasten die primäre Produktivität der Biosphäre. Dem Verlust der primären Produktivität in der Biosphäre liegt eine allgemeine Faustregel zugrunde. Wenn etwa 70 Prozent einer Landfläche intensiv kultiviert werden, benötigt man stärkere Gaben von Düngemitteln, stärkere Bewässerung und mehr mechanische Energie, um den Ertrag pro Fläche auch nur zu halten. Während die Dosierungskurve steigt, bleibt die Produktivitätskurve eben. Später sinkt sie trotz erhöhter Zufuhren: Der übermäßig ausgebeutete Boden bricht zusammen. Wissenschafter am Institut für Photosynthese und Bodenpathologie an der Russischen Akademie der Wissenschaften haben ermittelt, daß diese Regel in der Geschichte eine bedeutende Rolle gespielt hat. Sie trug unter anderem zum Aufstieg und Fall der Zivilisationen in Mesopotamien bei. Dort trat der Bodenkollaps beim Einsatz der klassischen Methoden der Landwirtschaft innerhalb von ein bis zwei Jahrhunderten nach der kritischen Kultivierungsschwelle ein. Siedlungen mußten verkleinert oder aufgegeben werden, und ganze Zivilisationen gingen nieder. Bei der heutigen intensiven Landwirtschaft (der Anteil jedes Mannes, jeder Frau und jedes Kindes am weltweiten Düngerverbrauch stieg von fünf Kilogramm im Jahre 1950 auf 26 im Jahre 1986) könnte der Bodenkollaps innerhalb von Jahrzehnten eintreten. Falls dieser weit verbreitet auftritt, wäre die Folge eine globale Nahrungsmittelverknappung.

Industrielle Technologien beschleunigen die Zerstörung der primären Produktivität der Biosphäre. In einigen Industriezentren im Ural, in Sibirien und in der Ukraine fallen ein bis zwei Tonnen Industrieabfälle pro Person an. Fremdstoffe, Industriestaub, Asche und Ruß dringen in das Land ein und führen zu einer Vielzahl geochemischer Abnormitäten. Sie können in einem Umkreis von bis zu 150 Kilometern in jeder Richtung von der Quelle der Verschmutzung die Pflanzen, das Wasser, das Vieh und die Menschen vergiften. Sogar die Straßen und die Eisenbahnen verschmutzen die Umwelt. Böden und Pflanzen in einer Entfernung von 15 bis 20 Kilometern auf jeder Seite enthalten Blei und Quecksilber sowie Kohlenwasserstoffe.

Die Umwelteinflüsse der modernen Technologien beeinträchtigen auch das Wetter auf der Welt. Wenn sich das Kohlendioxid und andere in der Atmosphäre enthaltenen Treibhausgase (Methan, Ozon, Chlorkohlenwasserstoffe und Stickoxide) verdoppeln, würde das eine globale Erwärmung mit steigenden Durchschnittstemperaturen auslösen. In diesem Jahrhundert ist der Gehalt an solchen Gasen mit einer Geschwindigkeit von nahezu einem Prozent jährlich gestiegen. Damit übereinstimmend weisen klimatologische Aufzeichnungen einen jährlichen, mittleren Anstieg der globalen Lufttemperatur von etwa 0,5^{0}C seit 1905 aus. Wenn die Emission der Treibhausgase fortgesetzt wird, so könnte dies bis zum Jahre 2030 zu einer weltweiten Erwärmung zwischen 0,5^0 und 2,5^0 C führen sowie um bis zu 3,6^0 oder 4,5^{0}C im Jahre 2050. Diese Erwärmung würde wesentliche Veränderungen der Niederschlagsmuster bewirken. Die Folgen wären für alle ökologischen Nischen katastrophal, aber sie sind kaum mit Bestimmtheit vorauszusagen. Möglicherweise würde der Monsun den indischen Subkontinent verfehlen und die Wüsten in Zentralasien bewässern; das tropische Afrika könnte austrocknen, während Wasser auf den Sand der Sahara niedergeht. Ein Teil der Permafrostböden in Nordkanada und Sibirien würde schmelzen, dafür aber Böden freilegen, die nicht für eine intensive Kultivierung geeignet sind.

Geringere Niederschläge können zu Schwierigkeiten für die tropischen Regenwälder führen. Ihr Überleben hat enge Toleranzbereiche, weil tropische Gebiete nur leichten Temperaturschwankungen und geringfügigen Veränderungen der Niederschlagsmengen ausgesetzt sind. Wenn sich ihre Versorgung mit Wasser verschlechtert, können Regenwälder in Zentralafrika und Brasilien absterben. Falls der CO_2-Gehalt der Atmosphäre auf das Doppelte des heutigen Wertes steigt, würde das nicht nur die tropischen Regenwälder, sondern auch die nördlichen Wälder beeinflussen, die sich von Skandinavien bis Kanada sowie von Nordsibirien um die nördliche Erdhalbkugel ziehen. Von Wissenschaftern am Biosphärenprojekt des International Institute of Applied Systems Analysis (IIASA) erarbeitete Projektionen zeigen: Wenn sich der Kohlendioxidgehalt der Atmosphäre verdoppelt, wären bis zu 40 Prozent des nördlichen Waldgürtels nicht mehr in der Lage, die vorhandenen Baumarten zu tragen.

Heute gehen etwa dreitausend Quadratmeter Wald pro Tag verloren. Vor der Jungsteinzeit gab es auf diesem Planeten etwa 6,2 Milliarden Hektar Wald. Jetzt sind es noch etwa 4,2 Milliarden Hektar.

Der Verlust eines Drittels der Bäume auf der Erde hat bedeutende ökologische Folgen. Bäume absorbieren CO_2, halten Wasser im Boden fest und verhindern Erosion; außerdem bieten sie unzähligen Pflanzen-, Tier- und Insektenarten Schutz und gewährleisten so die notwendige biologische Vielfalt. Zur Wiederherstellung des Gleichgewichtes müßten in der Dritten Welt etwa 130.000 Quadratkilometer (etwa die Fläche des Staates Malaysia) aufgeforstet werden. In den Industriestaaten wären etwa 40.000 Quadratkilometer erforderlich, was der Fläche von Dänemark entspricht. Dies würde die wichtigsten Wasserscheiden stabilisieren, eine Verringerung des Kohlendioxidgehalts der Atmosphäre um 20 bis 25 Prozent bewirken und den dringlichsten Bedarf an Brenn- und Nutzholz decken.

Die Bodenzerstörung, die Entwaldung, die Luft- und Wasserverschmutzung sowie Phänomene wie zum Beispiel das Ozonloch sind nur Einzelteile eines komplexen Bildes. Die Biosphäre gleicht einem lebendigen System, nicht einem Haufen Ziegelsteine: Man kann nicht in eines ihrer Elemente eingreifen, ohne die anderen zu beeinflussen. Die Eingriffe des Menschen haben spezifisch und lokal einige Elemente der Natur beeinflußt, und die Auswirkungen machen sich nunmehr generell und weltweit bemerkbar. Im Laufe der früheren Geschichte war die menschliche Bevölkerung klein und die Einwirkungen bescheiden genug, um globale Probleme zu vermeiden. Mit den industriellen Revolutionen der Moderne wuchsen die Intensität und der Umfang der Einflüsse. Heute haben sie die kritische Schwelle erreicht. Damit ist die Schwelle gemeint, an der die fundamentalen katalytischen Zyklen der Natur ernsthaft beeinträchtigt werden. Wenn wir eine globale ökologische Instabilität abwenden wollen, müssen wir versuchen, die katalytischen Zyklen zu bewahren, von denen wir zur Erfüllung unserer Grundbedürfnisse abhängig sind. Die Emission synthetischer und das Einführen großer Mengen organischer Substanzen stört das Gleichgewicht zwischen Sauerstoff und Ozon, Kohlenstoff und Stickstoff sowie unzähliger anderer Substanzen im Boden, im Wasser und in der Luft. Normale biologische, geologische und chemische Zyklen sind aus dem Gleichgewicht geraten und vermindern die autokatalytischen Fähigkeiten der Biosphäre.

Menschliche Handlungen interagieren mit komplexen und äußcrst sensiblen Rückkopplungssystemen. Zum Beispiel: Arme Menschen schneiden Büsche auf der Suche nach Brennholz ab und entblößen so weite Landstriche. Die freigelegten Böden erodieren und werden ausgewaschen oder weggeblasen. Böden werden auch durch das Fällen von Bäumen, durch übermäßige Bewässerung, durch zu intensive Kultivierung und durch den Einsatz chemischer Düngemittel zerstört. Das Land und die Flüsse, die Meere und die Luft werden durch giftige Emissionen und durch Abfälle städtischer Gebiete und von Industriegebieten verschmutzt. Industrieschadstoffe verursachen auch sauren Regen, und der saure Regen trägt zum Waldsterben bei. Wenn Bäume sterben, wird das in ihnen gebundene Kohlendioxid an die Umwelt abgegeben, und dadurch wird der CO_2-Gehalt der Atmosphäre erhöht. Dies verstärkt die Luftverschmutzung und unterstützt den Treibhauseffekt, der wiederum zur Veränderung des Klimas beiträgt. Die Änderung des Wetters beeinträchtigt die landwirtschaftliche Produktion und führt zum Waldsterben. Die Folge sind niedrigere Ernten und weniger gesunde Ökosysteme - eine Verringerung der allgemeinen Tragfähigkeit der Biosphäre.

7

KULTURWANDEL IN DER GESELLSCHAFT

DER ZUSAMMENBRUCH DES NEOLITHISCHEN IRRTUMS

Die wirtschaftlichen und ökologischen Instabilitäten, die die Menschheit am Ende des 20. Jahrhunderts erschüttern, spiegeln sich in den aktuellen Veränderungen von Werten und Glaubenssätzen wider. Werte und Glaubenssätze haben sich von einer Kultur zur anderen und von einer Generation zur anderen zwar immer verändert, bisher jedoch wurden solche Veränderungen durch lokale Ereignisse und Bedingungen ausgelöst - durch militärische Eroberungen, den Aufstieg von Religionen und Ideologien sowie durch technologische Innovationen. In unserer Zeit beginnen die Werte und Glaubenssätze, auf globale Prozesse zu reagieren.

Der gegenwärtige Wertewandel ist außerordentlich tief. Es ist ein grundlegender Kulturwandel, ein Wechsel von Werten und Glaubenssätzen, die mit unterschiedlicher Deutlichkeit und Intensität seit zehntausend Jahren gültig waren.

Die landwirtschaftlich orientierten Gesellschaften der Levante haben in den letzten zehn Jahrtausenden daran geglaubt, daß sie die Natur beherrschen könnten, und ihre Religion spiegelt diese Annahme wider. Während die Gottheiten der orientalischen Religionen das Gleichgewicht der Natur respektierten und den Menschen halfen, innerhalb der natürlichen Ordnung einen Ausgleich untereinander zu finden, trug der allmächtige Gott der jüdisch-christlichen Kulturen dem Menschen auf, fruchtbar zu sein, sich zu vermehren und sich die Erde untertan zu machen. Wo der Geist von Konfuzius, das Tao oder die zehntausend Götter des Hinduismus und die Lehren des Gautama Siddharta Buddha vorherrschten, bauten die Menschen pastorale und landwirtschaftliche Gemeinschaften auf, die sich in einer relativen Harmonie mit ihrer Umwelt befanden. Die Völker, deren Geist sich in den weltlichen Religionen widerspiegelte, begaben sich dagegen auf einen anderen Weg.

Allerdings erwies sich die Unterwerfung der Erde als ein riskantes Unternehmen. Weil die westlichen Gemeinschaften ihre Rohstoffbasis von Zeit zu Zeit erschöpften und ihre Umwelt ausbeuteten oder zerstörten, provozierten sie Naturkatastrophen. Unter dem Eindruck der sieben Plagen, des Leides eines Hiob und der strafenden Hand Gottes in Sodom und am Berge Ararat nach der Sintflut betrachteten sie diese als Akte Gottes. Der Jehova des Alten Testaments erwarb sich einen strengen Ruf.

Der Glaube, ein erfolgreiches Volk könne die Natur meistern, blieb ungebrochen und wurde durch den Glaubenssatz ergänzt, ein solches Volk könne auch andere Stämme und Zivilisationen beherrschen. Die Weltreiche Alexanders und Cäsars wurden auf dieser Grundlage errichtet. Größe wurde gleichbedeutend mit Macht, und die Macht wurde durch hierarchische, soziale und politische Strukturen ergriffen und gehalten. Die monotheistischen Religionen reflektierten und stützten diese Strukturen durch den Mythos der allmächtigen Gottheit. Wie oben, so unten: So wie ein souveräner Gott den Himmel regierte, so herrschte ein souveräner König auf der Erde. Über Jahrhunderte hinweg beanspruchten die irdischen Herrscher eine göttliche Herkunft und taten, was sie konnten, um die Erde zu unterwerfen.

Obwohl das moderne Zeitalter Kirche und Staat trennte und den Weg für eine unabhängige Forschung bereitete, verstärkte sich der Glaube an Herrschaft, Macht und Hierarchie. Glaubenssätze dieser Art schienen gerechtfertigt, wenn die "zivilisierten" Nationen Europas "wilde" Völker kolonialisierten, wenn es "die Last des weißen Mannes" war, die Wildnis zu zähmen, und wenn der Mensch, wie es Francis Bacon in seinem berühmten Satz formulierte, der Natur ihre Geheimnisse aus dem Leib riß und sie zu seinem eigenen Nutzen einsetzte. Die erobernde Kultur des Abendlandes überwältigte die auf den Ausgleich ausgerichtete Kultur des Morgenlandes ebenso wie die ökologischen Kulturen der traditionsgebundenen Völker Afrikas, des präkolumbianischen Amerika und der abgelegenen Winkel Australiens und Ozeaniens. Der Westen hat die Welt erobert und Prozesse auf die Spitze getrieben, die schon in der Jungsteinzeit begonnen haben.

In all den Hunderttausenden von Jahren der Steinzeit haben die menschlichen Gemeinschaften nicht ernsthaft in ihre Umwelt eingegriffen. Sie lebten in geschlossenen ökologischen Systemen, in die nur wenige Dinge außer der Energie der Sonnenstrahlung Eingang fanden und von denen kaum etwas anderes als die in den Weltraum abgegebene Abwärme ausstrahlte. Die meisten anderen Energien und Dinge blieben in den Systemen und wurden durch die katalytischen Zyklen der Natur wiederverwertet. Nahrung und Wasser kamen aus der unmittelbaren Umgebung und wurden, nachdem sie vom Menschen verarbeitet worden waren, zur Wiederverwertung an die gleiche Umgebung abgegeben. Der menschliche Organismus trat auch im Tod wieder in die Erde ein und bereicherte ihn zur Ernährung der Pflanzen. Nichts von dem, was der Mensch hervorgebracht hat, war biologisch nicht abbaubar oder toxisch. Keine menschliche Tätigkeit störte oder zerstörte die wesentlichen katalytischen Zyklen der Natur.

Diese Situation änderte sich, als die Menschen lernten, die Natur zu manipulieren. Die Beherrschung des Feuers gestattete die Lagerung verderblicher Nahrungsmittel über längere Zeiträume und ließ es zu, daß Stämme sich immer weiter von der Quelle ihrer Lebensmittel entfernten. Menschliche Gemeinschaften bildeten sich in unterschiedlichen Umgebungen und begannen, ihre Umgebung für ihre Bedürfnisse umzugestalten. Die Menschen lernten, zu jagen und dann Samen zu säen sowie Flüsse für die Bewässerung und die Entfernung ihrer Abfälle zu benutzen. Sie begannen, Nahrung aus einer absichtlich veränderten Umgebung zu entnehmen, während Abfälle weiterhin bequemerweise verschwanden: Rauch löste sich in der Luft auf, und Müll wurde flußabwärts geschwemmt und in den Seen und Meeren verteilt.

Das Betreiben von Landwirtschaft verschaffte den Menschen die Illusion der Herrschaft über die Natur. Die natürliche Welt erschien friedlich und offen, eine unendliche Rohstoffquelle und eine unendlich große Senke für menschliche Abfälle. Auch wenn eine lokale Umgebung degenerierte (wie oben angemerkt, war der Bodenkollaps ein immer wieder auftretendes Phänomen), gab es reichlich jungfräuliches und nicht ausgebeutetes Land, das erobert und besiedelt werden konnte.

Und dennoch war die Ökologie der menschlichen Siedlungen - ob es von den Menschen erkannt wurde oder nicht - immer ein geschlossenes System sich selbst erhaltender katalytischer Zyklen. Bis zu einem gewissen Grad konnten diese Zyklen veranlaßt werden, mehr von dem zu erzeugen, was der Mensch brauchte - zum Beispiel einen höheren Ernteertrag pro Einheit des Landes. Wenn aber die Schwellen überschritten wurden, brachen die Zyklen zusammen, und die Menschen mußten weiterziehen. Sie gaben ihren Glauben auf ein offenes System der Natur nicht auf, solange sie Umgebungen fanden, die nicht ausgebeutete Ressourcen und leere Senken bieten konnten. Als die Menschheit aber zahlenmäßig wuchs und ihre Bedürfnisse größer wurden, kam der Zeitpunkt, zu dem diese Illusion nicht mehr aufrechterhalten werden konnte. Genau in dieser Zeit leben wir heute.

Heute wird der neolithische Irrtum ernsthaft in Frage gestellt. Das ist nicht verwunderlich, denn die durch Milliarden von Menschen erzeugte Last führt zu höchst sichtbaren Einflüssen. Unsere Generation war die erste, die aufgrund globaler statt lokaler ökologischer Zwänge bedeutende Beschränkungen auf dem Gebiet der erneuerbaren Ressourcen erfahren hat. Unsere Generation war auch die erste, welche die Auswirkungen einer limitierten globalen Ressourcensenke erlebt hat. Die Abfälle, die wir heute wegwerfen, lösen sich nicht mehr in der Luft auf, sondern kommen zurück und plagen uns und unsere Nachbarn. Der Müll, den wir in das Meer kippen, löst sich nicht mehr in einem endlosen Wasserbecken auf, sondern kehrt zurück und vergiftet das Leben im Meer und von der ökologischen Katastrophe, die auf die traditionelle Art der Industrialisierung folgt. Königin Beatrix der Niederlande widmete ihre gesamte Weihnachtsansprache an die Nation der Bedrohung des Lebens auf der Erde. Präsident Bush ernannte mit William Reilly, dem ehemaligen Vorsitzenden des *World Wildlife Fund*, einen hauptberuflichen Umweltschützer zum Leiter der EPA, der Environmental Protection Agency (mit dem deutschen Umweltministerium vergleichbar). Die internationale Staatengemeinschaft beschloß, die Stockholmer "World Conference on the Environment" von 1972 zu wiederholen und die dort angesprochenen Fragen beim sogenannten "Earth Summit" in Rio (Juni 1992) weiterzuverfolgen.

Das neue Bewußtsein übertrug sich innerhalb kurzer Zeit in die Welt der Wirtschaft. Die Titelgeschichte von *Newsweek* vom November 1990, *"The Greening of Business"* (Das Grünen der Wirtschaft), behandelte Umweltschutzmaßnahmen, die Unternehmen in der ganzen Welt ergriffen hatten. Im Dezember des gleichen Jahres hielt die *Business Week* in New York City eine Konferenz über Verantwortung für die Umwelt ab, die der "unternehmerischen Verantwortlichkeit und den wirtschaftlichen Chancen im Jahrzehnt des globalen Erwachens" gewidmet war. Der Herausgeber John W. Patten beendete seine Ansprache, indem er den Worten des UNEP-Exekutivdirektors Mostafa Tolba beipflichtete, die dieser vor der Umweltkonferenz "Globe '90" (Globus '90) gesprochen hatte: "Unsere Welt und unsere Zukunft stehen auf dem Spiel; wir können und wir sollten nicht schwanken." Marjorie Keller, Redakteurin und Herausgeberin der *Business Ethics*, schrieb, es gebe Anzeichen dafür, daß sich ein neues, "lebensbejahendes Paradigma" in der Wirtschaft entwickle, das mit dem Aufbau einer besseren Welt zu tun habe. Es habe auch damit zu tun, die Wirtschaft als Werkzeug zu benutzen.

In der Gesellschaft hat der Kulturwandel seinen Mittelpunkt in Grundwerten und Schlüsselwahrnehmungen. Die grundlegenden Wandlungsprozesse verlaufen in den folgenden Bereichen und Beziehungen:

- **Die Beziehung zwischen Mensch und Natur.** Der Grundgedanke des Abendlandes folgte bis heute dem neolithischen Irrtum. Er betrachtet den Menschen als Beherrscher der Natur zum Erreichen seiner eigenen Ziele. Das neue Bewußtsein sieht die Menschheit als einen organischen Bestandteil des sich selbst erhaltenden und sich selbst entwickelnden Systems der Natur im planetaren Zusammenhang der Biosphäre.

- **Ganzheit und Fragmentierung.** Die Geisteshaltung des klassischen Industriezeitalters war atomistisch und fragmentiert. Sie betrachtete die Gegenstände isoliert von ihrer Umgebung, die Menschen individuell und voneinander getrennt sowie in ihren jeweiligen Umfeldern austauschbar. Das ncue Bewußtsein nimmt Verbindungen sowie die Kommunikation zwischen den Menschen und der Natur wahr, und es betont die Einheit sowohl in der Welt der Natur als auch in der des Menschen.
- **Besitz und Tragbarkeit.** In der traditionellen industriellen Kultur wurde die Anhäufung materieller Güter als der Gipfel des Erfolges betrachtet, und man kümmerte sich nur wenig um die Kosten von Energie, Rohstoffen und ähnlichen Ressourcen. Das neue Bewußtsein stellt die Tragbarkeit der wertschöpferischen Prozesse in den Vordergrund. Es betont die Flexibilität und den Ausgleich unter den Menschen sowie zwischen dem Menschen und der Natur.
- **Konkurrenz und Kooperation.** Die klassische Industriegesellschaft förderte ein machthungriges, um den Gewinn konkurrierendes Arbeitsethos. Sie nahm die Wirtschaft als Arena für den Kampf ums Überleben und den Gewinn wahr und vertraute das Zustandekommen des Wohls des einzelnen und der Gemeinschaft der von Adam Smith so bezeichneten "unsichtbaren Hand" an. Das neue Bewußtsein betont den Wert der Zusammenarbeit stärker als die Konkurrenz und mäßigt die Konkurrenzlust des modernen Arbeitsethos durch die Toleranz und die Wertschätzung der Vielfalt sowie den Mut, mit Institutionen und Praktiken zu experimentieren, die Harmonie zwischen den Menschen sowie zwischen Menschen und Natur fördern.
- **Männerherrschaft und Partnerschaft.** Nicht zuletzt war die Gesellschaft in der Hauptsache von Männern dominiert. Sie war global und hierarchisch orientiert und sah eine starke Konzentration der Macht und des Reichtums als den besten Weg an, um die Interessen der Regierungen und der Unternehmen zu fördern und ihren Reichtum zu erhalten. Das neue Bewußtsein richtet sich an

der Partnerschaft von Männern und Frauen aus, und es ist eher mitbestimmend als hierarchisch orientiert. Es bewertet das Teilen und die gegenseitige Ergänzung und stellt sich gegen Kommandostrukturen und blinde Gehorsamkeit.
In der Unternehmenswelt hat ein entsprechender Wandel stattgefunden. Obwohl die Fragestellungen unternehmensspezifisch sind, lehnt sich das neue Denken in der Geschäftswelt eng an den fundamentalen Kulturwandel in der Gesellschaft an.

- **Hierarchische oder verteilte Entscheidungsfindung.** Die Philosophie des klassischen Unternehmens bestand in der Schaffung einer disziplinierten Hierarchie, in der das Topmanagement über alle wichtigen Parameter der Unternehmenstätigkeit entschied.
Die neue Unternehmenskultur bewegt sich hin zur dezentralisierten Entscheidungsfindung in netzähnlichen Strukturen, in denen die Menschen, die einem bestimmten Problem am nächsten sind, die Aufgabe lösen und die Verantwortung für die alltäglichen Entscheidungen tragen.
- **Mensch oder Maschine.** Das klassische Management betrachtete den Menschen als den verlängerten Arm der Maschine und ersetzte "unzuverlässige" Menschen durch "zuverlässige" Maschinen, wo immer dies möglich war. Die neue Unternehmenskultur ist der Ansicht, daß der Mensch in allen Phasen der Unternehmenstätigkeit lebenswichtig ist und nicht durch die Automatisierung ersetzt werden kann.
- **Mechanische Aufgaben oder verantwortungsvolle Tätigkeiten.** Unternehmen alter Form teilten die Aufgaben nach der Taylorschen Methode in einfache und hoch spezialisierte Fertigkeiten auf; sie mechanisierten den Arbeitsprozeß in der Art und Weise, die Charlie Chaplin in *Modern Times* karikiert hat.
Das neue Unternehmen nutzt halbautonome Arbeitsgruppen und optimiert ihren Beitrag durch die Übertragung eines umfassenden Verantwortungsbereiches, der ihren vielfältigen Fähigkeiten und ihrer vielseitigen Leistungsfähigkeit entspricht.
- **Kontrolle oder Selbstbestimmung.** Das Management der alten Art setzte in allen Arbeitsphasen rigorose Kontrollen ein - es benutzte dabei Aufsichtspersonal, Spezialisten und automatisierte Kontrollverfahren. Der neue Stil verläßt

sich auf die Selbstbestimmung durch halbautonome Arbeitsgruppen und umfassend vernetzte Unterabteilungen.

- **Komplementäre Geschlechterrollen.** In der alten Unternehmenskultur wurden Frauen typischerweise als ungelernte oder angelernte Arbeitskräfte betrachtet, und ihnen wurden einfache oder Routineaufgaben übertragen - am Fließband, bei der Reinigung und im Sekretariat. Die neue Kultur des Unternehmens bringt die Frau auf alle Ebenen der Entscheidungsfindung - sie anerkennt die gegenseitige Ergänzung der Fertigkeiten, Belange und Persönlichkeiten von Männern und Frauen.
- **Überreste des alten Denkens.** Obwohl Unternehmenskulturen von Natur aus flexibel sind, sind sie durch eingeführte Methoden und Verfahrensweisen belastet. Die wirtschaftliche Rationalität, die das moderne Industriezeitalter aufgebaut hat, beherrscht das Denken der Manager noch immer, obwohl einige ihrer Aspekte überholt sind. Die Wirtschaftswissenschaft, mit der die Manager aufgewachsen sind, nimmt eine Welt der Gewißheit, des technologischen Optimismus und ein hohes Maß der Ersetzbarkeit von nicht erneuerbaren Ressourcen an. Die von den meisten Unternehmen eingesetzten Methoden der Finanzbuchhaltung ignorieren die angebotsseitigen Beschränkungen in einer Umwelt, in der Ressourcen nur in einem begrenzten Umfang vorhanden sind. Das Bruttosozialprodukt und andere Indikatoren verschleiern die umweltrelevanten Kosten der wirtschaftlichen Tätigkeit. In Ertrags- und Kapitalflußberechnungen veranlassen die tatsächlich für die Berechnung des gegenwärtigen Wertes künftiger Kosten benutzten Ansätze die leitenden Angestellten dazu, die Kosten (wie auch den Nutzen) zu ignorieren, die etwas weiter in der Zukunft liegen. In manchen Berechnungen werden die Kosten der nicht erneuerbaren Ressourcen tatsächlich zum Nettoeinkommen addiert, weil die zulässigen Abschreibungen keine Kapitalauslagen verlangen. Folglich bieten die gegenwärtig eingesetzten Buchhaltungssysteme ein unrealistisches Bild der Kosten, des Nutzens, der Kapitalflüsse und des Unternehmenswertes.

In der Gesellschaft beginnt ein tiefgreifender Kulturwandel, und parallel zu diesem findet ein Wandel der Unternehmenskultur in der Welt der Wirtschaft sich auf die Selbstbestimmung durch halbautonome Arbeitsgruppen und umfassend vernetzte Unterabteilungen.

- **Komplementäre Geschlechterrollen.** In der alten Unternehmenskultur wurden Frauen typischerweise als ungelernte oder angelernte Arbeitskräfte betrachtet, und ihnen wurden einfache oder Routineaufgaben übertragen - am Fließband, bei der Reinigung und im Sekretariat. Die neue Kultur des Unternehmens bringt die Frau auf alle Ebenen der Entscheidungsfindung - sie anerkennt die gegenseitige Ergänzung der Fertigkeiten, Belange und Persönlichkeiten von Männern und Frauen.
- **Überreste des alten Denkens.** Obwohl Unternehmenskulturen von Natur aus flexibel sind, sind sie durch eingeführte Methoden und Verfahrensweisen belastet. Die wirtschaftliche Rationalität, die das moderne Industriezeitalter aufgebaut hat, beherrscht das Denken der Manager noch immer, obwohl einige ihrer Aspekte überholt sind. Die Wirtschaftswissenschaft, mit der die Manager aufgewachsen sind, nimmt eine Welt der Gewißheit, des technologischen Optimismus und ein hohes Maß der Ersetzbarkeit von nicht erneuerbaren Ressourcen an. Die von den meisten Unternehmen eingesetzten Methoden der Finanzbuchhaltung ignorieren die angebotsseitigen Beschränkungen in einer Umwelt, in der Ressourcen nur in einem begrenzten Umfang vorhanden sind. Das Bruttosozialprodukt und andere Indikatoren verschleiern die umweltrelevanten Kosten der wirtschaftlichen Tätigkeit. In Ertrags- und Kapitalflußberechnungen veranlassen die tatsächlich für die Berechnung des gegenwärtigen Wertes künftiger Kosten benutzten Ansätze die leitenden Angestellten dazu, die Kosten (wie auch den Nutzen) zu ignorieren, die etwas weiter in der Zukunft liegen. In manchen Berechnungen werden die Kosten der nicht erneuerbaren Ressourcen tatsächlich zum Nettoeinkommen addiert, weil die zulässigen Abschreibungen keine Kapitalauslagen verlangen. Folglich bieten die gegenwärtig eingesetzten Buchhaltungssysteme ein unrealistisches Bild der Kosten, des Nutzens, der Kapitalflüsse und des Unternehmenswertes.

In der Gesellschaft beginnt ein tiefgreifender Kulturwandel, und parallel zu diesem findet ein Wandel der Unternehmenskultur in der Welt der Wirtschaft statt. Aber der Kulturwandel in der Wirtschaft ist von Überresten des früheren Denkens belastet - er findet nicht so schnell statt, wie er sich vollziehen *könnte und sollte*. Eine weitere Öffnung des Bewußtseins der Manager ist erforderlich, damit sie die Notwendigkeiten unserer Zeit erkennen.

8

WANDLUNGEN DER ÖFFENTLICHEN FÜHRUNG

EXPERIMENTE DER NATIONALEN POLITIK

Nationale und globale Instabilitäten beeinflussen auch Regierungen. Eine Reihe von Nationalstaaten versucht, neue Richtungen einzuschlagen, und erprobt neue Handlungsweisen, die für die Wirtschaft von großer Bedeutung sind.

Regierungen bewahren sich wichtige Einflußmöglichkeiten, obwohl ihre Macht in der Welt der Wirtschaft heute insgesamt viel geringer ist als früher. Für verschiedene Industriezweige können sie günstige Bedingungen schaffen oder abschaffen. Diese Faktorbedingungen werden durch den Umfang und die Verteilung von Subventionen beeinflußt, die die Haltung zu den Kapitalmärkten und im weiteren Sinne durch die Sozial-, Kultur- und Schulpolitik, welche die Qualifikation und oft auch die Verfügbarkeit von Arbeitskräften beeinflussen. Regierungen können auch die Nachfrage auf den nationalen Märkten lenken, Standards für Produkte aufstellen und die Bedürfnisse der Käufer beeinflussen. Für militärische Hard- und Software bleiben sie die wichtigsten Käufer. In einigen Staaten gilt dies auch für Fernmeldeausrüstung, Flugzeuge sowie soziale

Baumaßnahmen und Leistungen. Die Präsenz der Regierungen auf diesen Märkten kann einen entscheidenden Einfluß auf die Faktorbedingungen bezüglich der Position der lokalen Industrie gegenüber dem fortschrittlichsten Wettbewerber darstellen.

Die Regierungen werden sich zunehmend der entscheidenden Natur der ihnen verbliebenen Einflußbereiche bewußt. Sie bewegen sich mit Vorsicht, denn Wählerverhalten und Interessengruppen müssen berücksichtigt werden. Einerseits müssen demokratische Regierungen auf die Trends reagieren, die sich in der öffentlichen Meinung herausbilden, andererseits haben sie die Rahmenbedingungen in ihren Volkswirtschaften zu setzen. Die Entwicklungsländer entwickeln sich nicht, und die entwickelten Länder stagnieren und stehen wachsenden Bedrohungen gegenüber. Die Unruhe in den Städten und die Umweltbelastung durchdringen das Gefüge der am weitesten entwickelten Gesellschaftsordnungen.

Eine entschiedene Haltung seitens der Regierungen stellt eine neue Phase in der Entwicklung der öffentlichen Macht dar. Vor dem Zweiten Weltkrieg hatten die Vereinigten Staaten und einige westeuropäische Länder keine Schwierigkeiten, die Richtung des technologischen Fortschritts festzulegen und auch den Welthandel und die Finanzwelt zu beherrschen. Mit diktatorischen Methoden im Osten und mit jenen der Rechtsprechung im Westen kontrollierten die Regierungen der Großmächte fast nach Belieben jeden Teil des sozialen und wirtschaftlichen Lebens ihrer Völker.

In der Nachkriegszeit wurden die Regierungen aber zunehmend von der steigenden Flut der Komplexität und wechselseitigen Abhängigkeiten überrollt. Die Großmächte traten in ein immer heftigeres Konkurrenzverhältnis. Diese Konkurrenz galt nicht nur untereinander, sondern auch gegenüber neuen Mächten und Herausforderern wie Japan, Europa und den neuen Industriestaaten Südostasiens. Währungs-, Handels- und Investitionsfragen wurden miteinander verflochten, und sie wurden komplex. Die Produktion auf der internationalen Ebene entglitt der Kontrolle der Regierungen. Mit Ausnahme des Rüstungssektors und der Raumfahrt gilt dies auch für den technologischen Fortschritt.

Der Aufstieg Japans, die Integration und dramatisch veränderte Situation Europas sowie der immer schlimmer werdende Morast der Krisen in Afrika, Lateinamerika und im Nahen Osten stellte nationale Regierungen vor politische Probleme, die keine klassischen Lösungen zuließen. Eine dirigistische Politik würde wirtschaftliche und soziale Ungleichheiten nur verschlimmern und ernsthafte Verzerrungen auf den Märkten verursachen - ein größerer Einfluß der Regierung würde nur zu mehr Restriktionen führen. Gleichzeitig zwingen wirtschaftliche, soziale, politische und ökologische Krisen die Regierungen zur Konzentration ihrer Energie und zur Mobilisierung ihrer Möglichkeiten. Da Volkswirtschaften durch traditionelle Methoden nicht mehr beherrschbar waren, wurden alternative Regierungsmethoden notwendig. Experimente in dieser Richtung tauchen immer öfter auf.

Die wichtigste Überlegung ist die Harmonisierung des wirtschaftlichen Wachstums mit der ökologischen Tragbarkeit. Diese verlangt eine besondere Art des Eingriffs in die Marktwirtschaft. Die aufgeklärteren Regierungen versuchen, ein wirtschaftliches Klima zu schaffen, das zu einem umweltbewußten Verhalten seitens der Unternehmen führt. Sie versuchen, die Öffentlichkeit dahingehend zu beeinflussen, daß sie "grüne" Geschäftspraktiken mit Verständnis und sogar steigender Bewertung der Aktien belohnt. Hauptsächlich kleine, neutrale und relativ wohlhabende Staaten, die eine Verpflichtung zu einer verantwortungsbewußten Politik spüren, sind die Pioniere dieser Art von Politik. Traditionell haben diese Staaten einen "dritten Weg" zwischen dem "Laissez-faire" des Kapitalismus und den klassischen Varianten des Sozialismus gesucht. Heute versuchen sie eine Politik zu entwickeln, welche die Marktwirtschaft mit dem sozialen Wohlergehen und der ökologischen Tragbarkeit verknüpft.

Schweden war vielleicht das bemerkenswerteste Experiment in dieser Hinsicht. Seit 1938 hatte Schweden - mit Ausnahme von sechs Jahren - sozialdemokratische Regierungen, und es erfreute sich in den letzten zwanzig Jahren eines außerordentlich hohen Lebensstandards. Die Regierung praktizierte eine westlichen Spielart des Sozialismus, die Privatwirtschaft mit einer starken staatlichen Präsenz in der Sozial- und Umweltpolitik kombinierte. Die Sozialleistungen standen von Anfang an ganz oben auf der Prioritätenliste der Regierung, wogegen Verstaatlichung auf dieser Liste überhaupt nicht aufschien.

Der Staat hat nie mehr als 7 Prozent der Produktionsmittel besessen; das ist erheblich unter dem europäischen Durchschnitt und weniger als die Hälfte des Staatseigentums in England. Allerdings hat die Öffentlichkeit das staatliche Wohlfahrtssystem mißbraucht: Die durchschnittliche wöchentliche Arbeitszeit ist auf 31 Stunden gefallen. Die Produktivitätssteigerung hat sich verlangsamt, und obwohl die zweistellige Inflationsrate im Jahre 1991 gebrochen wurde, erlebte die Wirtschaft eine starke Rezession. Die hohe Besteuerungsrate, die 56 Prozent des Bruttosozialproduktes erreicht hat, schadete zahlreichen Industriezweigen und raubte Privatunternehmen die Marktinitiative. Weil diese Probleme zunehmend zu Frustrationen führten, hat die sozialdemokratische Regierung ihre Mehrheit bei den Wahlen im September 1991 verloren.

In Österreich wurde ein weiteres Experiment geplant. Im Jahre 1990 führte die Österreichische Volkspartei ihren Wahlkampf unter dem Gesichtspunkt der Notwendigkeit, das wirtschaftliche Wachstum mit der ökologischen Tragbarkeit in Einklang zu bringen. Sie schlug das Konzept einer "öko-sozialen Marktwirtschaft" vor. Die Sicherung des Wirtschaftswachstums, verbunden mit der sozialen Gerechtigkeit und dem Umweltschutz, wurde als Ziel dieser Wirtschaftsordnung angegeben.

Durch den Einsatz einer Vielzahl von Instrumenten zur Regulierung des Marktes und zur Aufklärung der Öffentlichkeit sollte der Staat für die Verwirklichung dieses Systems die Verantwortung tragen. Die Ziele waren: Umweltrelevante Kosten sollten klar erkennbar und buchungspflichtig sein; die Konsumenten sollten über die Einflüsse ihrer Käufe auf die Umwelt informiert werden; Investitionen in umweltfreundliche Technologien sollten von der öffentlichen Hand unterstützt werden; das Steuersystem sollte zur Förderung sozial und ökologisch angepaßter Initiativen benutzt werden; schließlich sollte die Erziehung anstatt gesetzlicher Sanktionen die Grundlage des sozialen Wohlergehens und des Umweltschutzes bilden. Dazu ist allerdings zu bemerken, daß auch die Österreichische Volkspartei bei den Wahlen im September 1990 eine schwere Niederlage erlitt.

Ähnliche Gedanken tauchen bei den “grünen” Parteien in ganz Europa auf. Ihre Ideen sind oft interessant, aber wahrscheinlich noch Jahre ihrer Zeit voraus. So vertritt zum Beispiel in Deutschland die unbedeutende Ökologisch-Demokratische Partei die Marktregulierung durch Steuerreformen. Nach ihren Vorstellungen soll die Einkommensteuer schrittweise auf Null sinken, Steuern auf den Verbrauch von Energie und Rohstoffen sollen proportional dazu erhöht werden.

Die Wirtschaftsfachleute dieser Partei behaupten, daß diese Maßnahmen die Nutzbarkeit und Verfügbarkeit von Rohstoffen verlängere und die Umweltbelastung verringere. Die Menschen würden in der Fertigung mit Maschinen konkurrenzfähiger, der Wert langlebiger Güter würde gegenüber Wegwerfartikeln steigen, Reparaturen und Wartung würden wirtschaftlicher, Wiederverwendung und Wiederverwertung ermutigt und die Attraktivität der Schwarzarbeit würde sinken, weil keine Einkommensteuer gespart werden könnte. Steuergelder sollten für den Abriß veralteter Fabriken und Wohnungen, die Sanierung von Müllhalden, die Schaffung öffentlicher Parkanlagen, die Verbesserung der Wasseraufbereitungs- und Versorgungssysteme, die Verringerung schädlicher Emissionen der Industrie und des Transportwesens, die Förderung des Einsatzes erneuerbarer Energiequellen und zur Schaffung verbesserter Eisenbahn- und Radwegenetze verwendet werden.

Die Wähler haben in Schweden, Österreich sowie in Deutschland klargestellt, daß radikale Erneuerungen dieser Art in der Sozial- und Umweltpolitik noch nicht viele Wählerstimmen bringen. Andererseits finden marktfreundliche Umweltbestimmungen definitiv Eingang in die nationale Politik. Zum Beispiel führen die Regierungen der Industriestaaten “Umweltengel” oder ähnliche Zeichen ein, die dem Konsumenten das Erkennen umweltfreundlicher Produkte erleichtern.

Deutschlands blauen Umweltengel gibt es seit 1977, er ist heute ein begehrtes Symbol für den Marktwert. In Kanada wurde das weiße Ahornblatt und in England das grüne königliche Siegel in jüngerer Zeit eingeführt. Dies gilt auch für Dutzende von Kennzeichen der Verbraucherverbände, der Handelsketten und grünen Aktivisten in Europa, Nordamerika und Japan. Wer soll aber die ökologischen Standards festlegen? Wenn der Privatsektor selbst keine weitsichtigen Maßnahmen ergreift, könnten Umweltschutznormen als schmerzhafte Eingriffe seitens der öffentlichen Hand erfolgen.

Da die Belastung des globalen Systems wächst, ist es nicht wahrscheinlich, daß der "grüne" Trend verschwindet. In immer mehr Staaten werden das Wohlergehen der Öffentlichkeit und die Tragbarkeit für die Umwelt mit dem wirtschaftlichen Wachstum als fundamentale soziale Zielsetzungen vereint.

NEUE DOMÄNEN INTERNATIONALER AKTION

Es gibt drei fundamentale Bereiche, in denen internationale Kontrolle durch die öffentliche Hand notwendig ist und auch tatsächlich in Erscheinung tritt. Diese Domänen sind eigenständige "globale Systeme": das globale Finanzsystem, das globale Sicherheitssystem und das globale ökologische System.

Das globale Finanzsystem ist das jüngste dieser drei Systeme, daher befindet sich seine internationale Kontrolle noch im Embryonalstadium. Sogar das Konzept, daß ein der Sphäre der Weltwirtschaft zugehöriges System der Koordination oder konzentrierten Kontrolle bedürfe, ist umstritten, denn in der Vergangenheit sind alle Versuche gescheitert, die Weltwirtschaft zu regulieren. Das war bei der "neuen internationalen Wirtschaftsordnung" der Fall, die in den 70er Jahren von der "Gruppe der 77" befürwortet wurde, der UNO-Lobby der Entwicklungsländer. Wie es Willy Brandt, der damals Vorsitzender der Nord-Süd-Kommission war, so treffend formuliert hat, wurde der Kontakt zwischen den Wirtschaftssystemen des Nordens und des Südens nach 1980 zu einem "Dialog der Tauben". In jüngster Zeit sind die Kapitalströme allerdings stark informationalisiert und daher globalisiert worden. Das Finanzsystem wurde nicht nur am stärksten informationalisiert und daher am stärksten globalisiert, es wurde auch zum instabilsten und krisenanfälligsten Sektor der Weltwirtschaft.

Nach dem Versagen der von der UNO geführten Weltwirtschaftsordnung wurden die Versuche einer globalen Kontrolle der Weltwirtschaft nahezu aufgegeben. Der Niedergang des Kommunismus als Experiment der zentralen Planung der Wirtschaft hat diese Haltung verstärkt. (Ausnahmen sind hauptsächlich auf dem Gebiet des Handels eingetreten, auf dem das Allgemeine Zoll- und Handelsabkommen GATT ein Instrumentarium zur Durchsetzung seiner international bindenden Regeln entwickelt hat. Allerdings decken die geltenden GATT-Regeln nur etwa ein Drittel des Welthandels ab.) Trotz des weitverbreiteten Mißtrauens gegenüber der internationalen Wirtschaftskontrolle wird es offensichtlich, daß ein wohldurchdachter und global koordinierter Abbau der Handelsschranken durch Zölle und andere Maßnahmen - zusammen mit weltweiten Regeln für Dienstleistungen, grenzüberschreitende Investitionen und den Schutz geistigen Eigentums - notwendig ist, um das globale Wirtschaftswachstum sowie den Technologietransfer an unterentwickelte Staaten anzuregen.

Parallel dazu sind koordinierte Maßnahmen der Zentralbanken erforderlich, damit eine höhere Stabilität, Effizienz und Transparenz der Transaktionen erreicht wird. Unter den gegenwärtigen Bedingungen machen die spontane Deregulierung, die Schaffung neuer Finanzinstrumente, die Einführung neuer Märkte wie des Terminkontraktmarktes und die sofortige Verbindung der Märkte, Instrumente und Währungen mit Hilfe von Computern das Finanzsystem anfällig für periodische Krisen. Der Bericht für das Jahr 1991 von einer hochkarätigen Expertengruppe vom Inter Action Council unter dem Vorsitz des ehemaligen französischen Präsidenten Valery Giscard d'Estaing stellte die dringende Notwendigkeit der Stabilisierung des Systems durch Koordinierung der Bestimmungen über das Finanzwesen und der Interventionen durch die Zentralbanken fest. Es müsse eine Reihe von Normen auf der Grundlage der Neutralität, gesetzlichen Unabhängigkeit, Harmonisierung, Inklusivität, Transparenz und gegenseitigen Anerkennung geschaffen werden. Den Regierungen der Nationalstaaten wird allmählich klar, daß sie ihre Bürger ebensowenig vor einer konzertierten Aggression von außen bewahren oder ihr Volk vor den Auswirkungen der Umweltzerstörung abschirmen können, wie sie in der Lage sind, ihre jeweilige Volkswirtschaft gegen die schädlichen Einflüsse ungünstiger und unvorhersehbarer Kapitalströme zu schützen. Die Finanzwelt kennt, ebenso wie der Sicherheits- und die Umweltbereich, keine Staatsgrenzen, und sie reagiert nicht auf einseitige nationale Initiativen.

Im Sicherheitsbereich, der zweiten der sich herausbildenden Domänen internationaler Aktion, beginnen sich verschiedene nationale Regierungen davon zu überzeugen, daß die traditionelle Ansicht, wonach der Schutz des Staatsgebietes eine riesige nationale Streitmacht verlange, eine Fiktion ist. Besonders im Falle kleiner Staaten, die in eine regionale oder subregionale Gemeinschaft eingebettet sind, scheint es viel vernünftiger, die nationale Verteidigung einer regionalen Streitmacht anzuvertrauen. Die Grenzen eines Staates wie Dänemark ließen sich zum Beispiel wirksamer durch ein gemeinsames europäisches Verteidigungssystem sichern als durch eine dänische Armee. Ein großer Verteidigungshaushalt zur Unterhaltung eines riesigen Militärapparates ist oft Verschwendung. Mit Ausnahme einer Atommacht würde sich jede nationale Streitmacht in einer Konfrontation mit einer Großmacht als machtlos erweisen. Dabei spielt es keine Rolle, wie groß der Anteil am Gesamthaushalt für die Ausrüstung und Unterhaltung der nationalen Armee ist.

Angesichts nationaler und internationaler Krisen kommen die Regierungen Europas zunehmend zu der Überzeugung, daß eine gemeinsame Verteidigungsstreitmacht in ihrem nationalen Interesse wäre. Während die Pläne für eine europäische Verteidigungsgemeinschaft - die Frankreich in den 60er Jahren ablehnte - wahrscheinlich nicht wiederbelebt werden, könnten im Rahmen der KSZE (Konferenz für Sicherheit und Zusammenarbeit in Europa) wirksame Maßnahmen ergriffen werden. Deutschland begrüßt die Schaffung einer solchen Sicherheitsstreitmacht, und zahlreiche Staaten, einschließlich Dänemark, Holland, Belgien, Österreich und Italien, würden sie unterstützen. Sogar die Schweiz zeigt eine überraschende Flexibilität, obwohl sie traditionell auf ihrer Neutralität beharrte. Im November 1989 haben die schweizerischen Sozialisten genügend Unterschriften gesammelt, um ein Referendum über die Erhaltung oder Abschaffung der schweizerischen Armee zu erzwingen. Man erwartete, daß nicht mehr als 5 bis 6 Prozent der Schweizer nein zur Armee sagen würden. Es waren aber mehr als 30 Prozent, und diese Tatsache hat ein ernsthaftes Nachdenken über die nationalen Prioritäten ausgelöst.

Obwohl Frankreich ebenso wie England noch auf dem Status einer militärischen Großmacht beharrt, hat die Golfkrise von 1990 einen grundlegenden Wandel der Ansichten über Sicherheitsfragen in der Europäischen Gemeinschaft ausgelöst. Vorher haben die Präsidenten und Premierminister poetisch von einer politischen Föderation mit gemeinsamen Streitkräften gesprochen, aber niemand hat es gewagt, wirklich zu handeln. Dann hat die Invasion des Irak in Kuwait die Gemeinschaft als einen wirtschaftlichen Riesen mit einer schwachen politischen Stimme und ohne militärische Macht bloßgestellt. Peinlich berührt durch die Tatsache, daß sie sich zur Verteidigung ihrer vitalen Interessen auf die USA verlassen mußte, wurde die EG veranlaßt, ernsthafte Bemühungen zur Koordinierung der Verteidigungspolitik ihrer Mitgliedsstaaten zu unternehmen.

Es ist logisch, daß solche Staaten, die sich im wirtschaftlichen Interesse bereits zusammengeschlossen haben, auch im Sicherheitsbereich zusammenarbeiten. Jede Region, in der es eine Wirtschaftsgemeinschaft gibt, wird sich wahrscheinlich im Laufe der Zeit auch in einer Verteidigungsgemeinschaft zusammenschließen. Natürlich besteht die Gefahr, daß größere Streitkräfte, auch wenn sie zur Verteidigung vorgesehen sind, schlußendlich aggressiv werden. Wo eine Machtkonzentration vorhanden ist, besteht die Möglichkeit der Korruption. Aber die staatliche Aggression kann durch ein Verbot von Angriffswaffen und die Verleihung wirklicher Befugnisse an eine regionale Institution zur Bewahrung des Friedens oder an den UNO-Sicherheitsrat selbst abgewendet werden.

Ein kollektives Sicherheitssystem würde die Chancen für das Gedeihen seiner Mitglieder erhöhen. Wenn lokale und regionale Wirtschaftssysteme von der Last der Unterhaltung kostspieliger Militärapparate befreit werden, können sie ihre menschlichen und finanziellen Ressourcen für produktive Zwecke verwenden. Es ist kein Zufall, daß Deutschland und Japan, die beiden Verlierer des Zweiten Weltkrieges, die Gewinner des Wachstumsrennens der Nachkriegszeit waren.

Die Einsparung von Militärausgaben - den sogenannten "Friedensdividenden" - könnte auch dazu verwendet werden, notwendige Ziele des Umweltschutzes zu erreichen. Zum Beispiel würden die hundert Milliarden Dollar, die das Pentagon für die Programme des Kampfflugzeuges F-16 und das U-Boot Trident II ausgibt, für die Sanierung der 3000 schlimmsten Sondermülldeponien in den USA ausreichen.

Zwei Drittel der Kosten des amerikanischen Programms zur Reinhaltung des Wassers könnten gedeckt werden, wenn dafür die 68 Milliarden Dollar verwendet würden, die für die Fertigung des Stealth-Bombers vorgesehen sind. Die weltweiten Militärausgaben von vier Tagen reichten aus, um einen Fünfjahresplan zur Rettung der Regenwälder auf unserem Planeten zu finanzieren.

Sowohl die menschliche Gemeinschaft als auch die Systeme der Natur funktionieren heute auf der globalen Ebene, und die katalytischen Zyklen des einen Systems müssen auf die katalytischen Zyklen des anderen abgestimmt werden. Diese Tatsache verlangt, daß sich der Koordinations- und Exekutivapparat des öffentlichen Lebens sowohl in Sicherheits- als auch in Umweltfragen auf die globale Ebene begibt.

Damit kommen wir zur dritten Domäne, in der sich eine internationale Kontrolle herausbildet: der Umwelt. Die Bewahrung der natürlichen Ressourcen und der essentiellen Gleichgewichte der Biosphäre ist eine globale Aufgabe, die eine weitreichende internationale Zusammenarbeit verlangt. Die fundamentalen Ziele der internationalen Programme auf diesem Gebiet stehen unter drei Überschriften, nämlich der Regulierung des Abbaus und der Verwendung von Rohstoffen, der Bewahrung der Gleichgewichte und der Regenerationszyklen in der Natur sowie der Schaffung einer angemessenen Kapazität zur Abwehr von Umweltkatastrophen.

Gemäß einer wachsenden Anzahl von Erklärungen und Konventionen soll der Einsatz von Rohstoffen, die sich innerhalb eines Staatsgebietes befinden, vom Sachwalterprinzip bestimmt werden. Der Einsatz von Rohstoffen, die außerhalb von Staatsgebieten gefunden werden, soll dem Prinzip des kollektiven Erbes unterliegen. Dies bedeutet, die Volkswirtschaft und die wirtschaftlich Handelnden eines Staates sollen nach dem Prinzip vorgehen, daß sie Verwalter und nicht souveräne Eigentümer der Rohstoffe sind, die sich auf ihrem Staatsgebiet befinden. Diese Rohstoffe dürfen weder in unverantwortlicher Weise ausgebeutet noch als Geschenke betrachtet werden, die kostenlos zur Verfügung stehen.

Das Prinzip des kollektiven Erbes gilt für Rohstoffe, die außerhalb von Staatsgebieten liegen. Die Ausbeutung der Lagerstätten von industriell verwertbaren Metallen und Mineralien auf den Kontinentalschelfen der Meere, in den Polargebieten und sogar im Weltraum soll von internationalen Vereinbarungen bestimmt und auf der Grundlage strenger Überwachung durchgesetzt werden. Das Ziel ist, eine unfaire Ausbeutung von lebenswichtigen Rohstoffen durch technologisch oder finanziell mächtige, aber eigensüchtige Regierungen und Unternehmen zu verhindern.

Andere Maßnahmen sind auf die Bewahrung der Gleichgewichte und der Regenerationszyklen in der Natur abgestellt. Die Ziele dieser Maßnahmen sind zum Beispiel die rigorose Kontrolle der Emission von Fluorchlorkohlenwasserstoffen (FCKW) und der Verbrennung von fossilen Brennstoffen; die Festlegung von Obergrenzen für die Verwendung von Treibhausgasen wie Kohlenstoff- und Stickoxiden, Kohlenwasserstoffen und Methan; die Planung und Durchführung bedeutender Programme für die Wiederaufforstung; die Reservierung von bis zu 10 Prozent der Landfläche der Erde als Schutzgebiete für die Bewahrung des Genpools in der Natur und die Durchführung von Programmen für den Bodenschutz in geschädigten Gebieten. Diese Belange erstrecken sich auf die Luft-, Wasser- und Bodenqualität, auf die Nutzung des Landes, auf das Abfallmanagement, auf gefährliche Chemikalien sowie den Schutz der Flora, der Fauna und von Biotopen.

Schließlich gibt es Ziele zur Schaffung angemessener Kapazitäten zur Abwehr von Umweltkatastrophen. Die festgelegten Ziele umfassen die Identifizierung der geographischen Gebiete, die für Überflutungen anfällig sind, falls und wenn das Polareis zu schmelzen beginnt; die Warnung und nötigenfalls die Umsiedlung der Bevölkerung der von Überschwemmung bedrohten Küstengebiete; die Umschulung und die Umsiedlung von Bauern, die durch veränderte Klimabedingungen betroffen sind sowie die ständige Einrichtung von Rettungskapazitäten, die im Falle von ökologischen Unfällen und größeren ökologischen Katastrophen eingesetzt werden sollen.

Es scheint also, daß nicht nur nationale Regierungen und politische Parteien zunehmend mit Bestimmungen zur Kontrolle von Umwelteinflüssen experimentieren, sondern daß auch die internationale Dimension der öffentlichen Gewalt erkannt wird. Die EG-Staaten vereinen ihre Kräfte in der Gründung einer Europäischen Umweltbehörde zur Koordinierung der Umweltpolitik der Mitgliedsstaaten. Im April 1990 wurde in Den Haag Einigkeit darüber erzielt, daß ein Hochkommissariat für die Festlegung eines international bindenden Rahmens der Politik mit wirksamen Gesetzgebungsbefugnissen Notwendig ist.

Eine internationale Behörde mit wirklichen Befugnissen würde energische Maßnahmen ergreifen, um die weltweite Zerstörung der Umwelt aufzuhalten. Welche ersten Schritte sie auch immer zu ergreifen beschließt, es ist offensichtlich, daß man sich zunächst um die Frage der Finanzierung der Aktionsprogramme dieser Behörde wird kümmern müssen. Die Lösung der Finanzierungsfrage wird auch durch die Tatsache vorangetrieben, daß die richtigen Methoden für die Beschaffung der Mittel für den Umweltschutz gleichzeitig die Auswirkungen der Praktiken dämpfen könnte, die diese Probleme überhaupt erst schaffen. Dieses Zusammentreffen von Zielen gilt insbesondere hinsichtlich der Nutzung jener Bereiche, die durch den Begriff "globales Gemeindeland" beschrieben werden. Dazu zählen die Ozeane, die Atmosphäre, der Weltraum und die Polargebiete zählen. Hier verlangt die Durchsetzung des Prinzips des gemeinsamen Erbes geradezu nach einer Form der Besteuerung. Umweltschützer unterstreichen, daß das "globale Gemeindeland", weil es keinen Besitz daran gibt, vergleichsweise ungestraft genutzt und sogar mißbraucht werden kann. Wenn die Benutzung besteuert würde, wäre nicht nur der Mißbrauch erschwert - zumindest würde er teurer sein -, sondern es könnten auch die Kosten für Programme zur Reinigung und Bewahrung gesichert werden.

Zum Beispiel würde eine Steuer für die Meeresnutzung in Höhe von nur einem zehntel Prozent auf die 200 Milliarden Pfund Fisch, die in exterritorialen Gewässern gefangen werden, etwa 50 Millionen Dollar einbringen. Die Besteuerung der Offshore-Förderung von Öl und Gas würde etwa 75 Millionen erlösen, die Besteuerung der 200 Millionen Tonnen des in die Meere gekippten Mülls mit nur 1 Dollar pro Tonne erbrächte weitere 200 Millionen Dollar.

Da die Atmosphäre der Erde ebenfalls zur kostenlosen Abfallentsorgung genutzt wird, könnten auch Steuern für die Benutzung der Luft erhoben werden, die zusätzliche Mittel einbrächten. Eine Steuer von nur 10 Cent pro Tonne auf die 200 Milliarden Tonnen Treibhausgase, die jährlich in die Atmosphäre gepumpt werden, brächte 20 Milliarden Dollar ein, und von dieser Menge wäre sogar der Teil erheblich, dessen Verursacher ermittelt werden können. Steuern auf die Ausbeutung von Rohstoffen aus dem Weltraum könnten ebenfalls beträchtliche Mittel einbringen. Diese Steuern schließen zukünftige Lizenzeinnahmen für den Abbau von Mineralien auf der Oberfläche des Mondes und auf anderen Satelliten und den Asteroiden ein, auch mögliche Gebühren für das Positionieren geostationärer und die Erde umkreisender Satelliten sowie für die Benutzung von Frequenzen des elektromagnetischen Spektrums.

Mit der Zeit werden auf das "globale Gemeindeland" erhobene Steuern wahrscheinlich durch nationale Umweltsteuern ergänzt. Die Ratifizierung internationaler Vereinbarungen über territoriale Vorgänge wird Zeit brauchen, aber sie wird stattfinden. Die Aussichten für den weiteren Gebrauch der Luft, des Weltraumes, des Wassers und des Bodens als kostenlose Güter erscheinen düster. Das Ende des Zeitalters der kostenlosen Benutzung ist allerdings nicht notwendigerweise bedauerlich. Verantwortungsbewußte Standards für ihre Nutzung können die operative Umwelt der Unternehmen für viele Jahre sicher und produktiv machen. Weitsicht liegt hier im gemeinsamen Interesse der Öffentlichkeit und der Privatwirtschaft.

Die Systeme der Natur haben immer auf der globalen Ebene funktioniert, und das System der menschlichen Gesellschaftsordnungen hat diese Ebene jetzt auch erreicht. Aber die Einflüsse des global gewordenen Systems Mensch untergraben die katalytischen Zyklen, die das globale System Natur erhalten. Um dieser Situation abzuhelfen, muß das System Mensch lernen, sich selbst gegen die Aggression der Menschen untereinander und die Natur gegen die Aggression des Menschen zu schützen.

Überblick

DIE EVOLUTIONÄRE VISION

DIE VISION DES UNIVERSUMS

Das evolutionäre Denken ist globales Denken, das nicht durch die Grenzen des Globus beschränkt ist. Es bezieht sich auf die Ganzheit der bekannten Realität. Um sie gut zu verstehen, sollte man sich ihren vollen Umfang bewußt machen. Das heißt nicht, daß man alle Dinge im Universum kennen und beschreiben sollte; nur, daß man die Grunddynamik kennen und beschreiben sollte, durch die alle Dinge erst entstanden sind.

Um das evolutionäre Denken widerzuspiegeln, wollen wir zu den Anfängen des Evolutionsprozesses vor etwa zwanzig Milliarden Jahren zurückgehen. Wir sprechen hier von der Epoche in der Schöpfung des Universums, die durch jene Urexplosion, dem Urknall, bekannt wurde. Obwohl sich die Astronomie über die Einzelheiten des Prozesses nicht einig ist, herrscht doch Einigkeit darüber, daß das heute von uns beobachtete Universum einen zeitlichen Anfang hatte und daß es sich seit diesem Anfang zu der Ordnung und zu der Komplexität entwickelt hat, die wir betrachten.

Wir stellen uns einen Kosmos aus reiner Struktur vor, entblößt von allen Dingen und jeder Bewegung. Er ist ein "Hypervakuum" aus reiner, potentieller Energie. Mit der Ausnahme winziger Fluktuationen ist er ruhig und unvorstellbar konzentriert. Dann kristallisiert eine der Fluktuationen plötzlich, und das punktförmige Universum explodiert. Innerhalb des kleinsten Bruchteiles einer Sekunde entflammt sich die Struktur und bläht sich auf das Milliardenfache seiner vorherigen Größe auf. Es beginnt auseinanderzufliegen und kühlt sich während seiner Ausdehnung ab.

Das kontinuierliche Feld potentieller Energie zerbricht an unzähligen kritischen Punkten, und Knospen realer, Wirklichkeit gewordener Energie treten hervor. Diese Knospen besitzen eine entgegengesetzte Ladung, und wenn sie aufeinandertreffen, heben sie sich gegenseitig auf. Einige überleben und etablieren sich in Zeit und Raum. Jetzt ist etwas vorhanden: Das materielle Universum ist geboren. Die Knospen aus dauerhaft verwirklichten Energien verbinden sich und bilden größere Muster. "Dinge" kommen wie die Knoten eines Fischnetzes aus dem Hintergrund der potentiellen Energien hervor, sie treten über die expandierende Substruktur in Wechselwirkung und verzerren sie durch ihr Vorhandensein. In der Relativitätstheorie Einsteins sind sie "elektromagnetische Störungen" in der Matrix der vierdimensionalen Raumzeit.

Nehmen wir an, eine riesige Anzahl dieser Knospen sei über die Sphäre der Raumzeit verteilt, und diese Knospen hätten ungleiche Abstände voneinander. Sie bilden keine isolierten Einheiten, sondern Teile eines Kontinuums, und sie kommunizieren durch das Kontinuum miteinander. Die wichtigsten Arten ihrer Verständigung sind die Anziehungskraft und die Abstoßung, deren Größen von der Entfernung abhängig sind, die sie voneinander trennt. Die Anziehungskraft - Kraft der universellen Gravitation - ist die vorherrschende Art der Verbindung, und daher rücken jene Knospen zusammen, die sich relativ nahe beieinander befinden. Einige Einheiten erreichen einen Zusammenhalt in einem gemeinsamen Muster; sie stellen "Superknoten" einer komplexeren Art dar.

Eine Population solcher komplexer Entitäten verwandelt den Charakter der Raumzeit im Bereich ihrer Konzentration. Ein materielles Objekt entsteht - eine Galaxie und dann ein Stern. Diese Makroobjekte bleiben weiterhin durch das Kontinuum verbunden, dem sie übergelagert sind, aber sie agieren jetzt als integrierte Massen: Sie bilden durch den Ausgleich ihrer gemeinsamen Anziehungs- und Abstoßungskräfte Komplexe. Die Supereinheiten, die sich auf diese Weise herausbilden, treten in weitere Verbindungen zueinander. Schließlich ist das ganze Universum von Knoten innerhalb von Knoten übersät. Sie beeinflussen sich gegenseitig und bilden weitere Ordnungen eines empfindlichen Gleichgewichtes. Das Universum selbst nimmt das Wesen eines riesigen Systems ausgewogener Energien an. Daher expandiert das ganze Universum, oder es expandiert und zieht sich wieder zusammen, oder es erhält sich in einem dynamisch stabilen Zustand. Beim gegenwärtigen Stand der theoretischen Kosmologie wissen wir nicht, welche von diesen drei Auffassungen die wahre ist.

In einigen Regionen des Kosmos, zum Beispiel auf der Oberfläche eines Planeten, treten weitere Strukturierungsprozesse auf. Benachbarte Knospen treten in Wechselwirkung und passen sich an die inneren Strömungsmuster des jeweils anderen an. Die erneute Integration der bereits integrierten Energien ergibt komplexere Strömungen entlang relativ stabiler Pfade. Die Pfade selbst sind das Ergebnis früherer Integrationen, sie bestehen aus Energieströmen, die ein festgelegtes Muster haben. Sie dienen jetzt aber der Kanalisierung neuer Energieströme und agieren als "Struktur", die sich auf "Funktion" bezieht. Daher fließen neue Wellen formbildender Energie über stabilisierte Strukturen, die durch die vorherigen Wellen hervorgebracht wurden. Und dieser Prozeß setzt sich fort, die Reise geht weiter. Feststehende Strukturen bilden gemeinsam neue Pfade und diese, die selbst mit der Zeit zu festen Strukturen werdend, dienen als Schablonen für die Hervorbringung neuer Strömungssysteme. Die Muster werden komplex, die kosmische Kathedrale der Systeme wächst.

Die bekannten wissenschaftlichen Entitäten sind Schnittstellen auf verschiedenen Ebenen der aufragenden Kathedrale. *Elektronen* und *Nukleonen* sind die Kondensate der Energien im Raumzeit-Feld; diese Kondensate basieren auf der Integration von *Quarks*, welche sich ihrerseits zu ausgewogenen Strukturen integrieren können: stabilen *Atomen*. Hier bringt die Integration gegensätzlicher Kräfte innerhalb des Kerns eine positive Energie hervor, die mit Hilfe der summierten negativen Energie der Elektronen in den ihn umgebenden Schalen neutralisiert wird. Das Atom wird durch unvollständige Schalen chemisch aktiv, das heißt, es kann Bindungen mit benachbarten Atomen eingehen. Damit erhalten wir durch die Integration der Energien mehrerer durch Atome hervorgebrachter Systeme chemische *Moleküle*. Die gewaltigen Potentiale der Elektronenbindung sowie die schwächeren Assoziationskräfte gestatten unter günstigen energetischen Bedingungen die Bildung komplexer *Polymere* und *Kristalle*. In einigen Regionen, unter besonders günstigen Bedingungen, erreicht die Organisationsstufe die der außerordentlich komplexen organischen Substanzen wie der *Proteine* und *Nukleinsäuren.* Jetzt sind die Grundbausteine für die Herausbildung der sich selbst reproduzierenden Einheiten einer noch höheren Organisationsebene, der *Zellen*, vorhanden. Diese Systeme erhalten einen ständigen Fluß von Substanzen durch ihre Strukturen aufrecht, prägen ihnen einen stabilen Zustand auf, der spezifischen Parametern unterliegt. Ein- und ausfließende Substanzen und Energien können eine Koordinierung mit gleichartigen Einheiten im Umgebungsmedium erreichen, womit wir auf dem Wege hin zu mehrzelligen Erscheinungen sind. Diese Strukturen, die *Organismen*, sind ebenfalls stabile Muster, die einer kontinuierlichen Strömung aufgeprägt sind. In diesem Falle sind dies freie Energien, Substanzen (fest integrierte Energien) sowie Informationen (codierte Energiemuster).

Die Eingangs- und Ausgangskanäle der Organismen können sich weiter zu Pfaden mit einer definierten Struktur verfestigen, und die Natur dieser Pfade sowie die Vielzahl der lokal interagierenden organischen Systeme beschreiben das ökologische System. In einigen Fällen, wenn sich in einer starken Wechselwirkung befindliche Organismen sammeln, vereinigen sich die Pfade zu einem System, welches nur aus einer Organismenart besteht: Ein soziales System entsteht. Und wenn diese interagierenden Organismen bewußte, symbolbildende Kreaturen sind, kann das System, das sich im Sog ihres Verkehrs bildet, als soziokulturell bezeichnet werden. Schließlich sitzen die Fäden der Kommunikation und Interaktion auf der Region der Raumzeit, in welcher sie erscheinen, und sie bilden ein eigenes System. Dieses System ist Gaia, das System der globalen Bio- und Soziosphäre.

Dies ist eine Vision des größten aller "Organismen" - des Kosmos in seiner Totalität. Einst waren Visionen die Angelegenheit der Mystiker und Poeten, auch der Metaphysiker und Theologen, nicht aber der Wissenschafter. Dies ändert sich heute grundlegend. Die evolutionäre Vision wird heute durch die neue Physik, durch die neue Biologie, durch die neue Soziologie und die Avantgarde der Sozial- und Geisteswissenschaft hervorgebracht. Um für die Natur und die Menschen fruchtbar zu werden, muß sie in die Managementwissenschaften und Organisationstheorie übernommen werden.

Die evolutionäre Vision ist praktisch und kann angewendet werden. Auch wenn man sich auf den Wald konzentriert, darf man dabei nicht verlernen, die Bäume zu sehen. Wir können von einer Ebene zu einer anderen wechseln - entsprechend der Verlagerung des Interesses. Wir können ein Atom oder eine Zelle als ein sich entwickelndes System auffassen. Das gleiche gilt für ein Organ, einen Organismus, eine Familie, eine Gemeinschaft oder ein ökologisches System. Ein Unternehmen können wir ebenfalls auf diese Weise betrachten. Wir können das Unternehmen als ein evolutionäres System auffassen und seinen Platz sowie seine Rolle in der riesigen Kathedrale begreifen, die aus jenen zahlreichen Systemen besteht, die die Umwelt darstellen, in der es tätig ist. Dies gilt auch für die einzelnen Systeme, aus denen jedes Unternehmen besteht.

DIE VISION DER ETHIK

Aus der evolutionären Vision fließt ebenfalls eine ethische Managementphilosophie und ein verantwortungsbewußtes Führungskonzept. Behandeln wir zuerst die Frage der Ethik.

Manager leben mehr als alle anderen Menschen in einer Welt der Veränderung und der Komplexität. Es ist verständlich, daß sie oft eine größere Stabilität und Einfachheit suchen. Die evolutionäre Vision kann keine Stabilität der starren, strukturellen Art versprechen, aber sie kann den Weg zu sich wechselseitig ausgleichenden, sich funktionell ergänzenden Prozessen weisen, die eine Stabilität der dynamischen Art herbeiführen. Diese Vision vermittelt auch Einfachheit, aber von einer besonderen Art: Es ist nicht die Einfachheit, welche wir erhalten, wenn wir ein komplexes Ganzes reduzieren und nur eines seiner Teile betrachten, sondern jene Einfachheit, welche wir beim Begreifen der fundamentalen Dynamik erlangen, die das Verhalten des Ganzen bestimmt.

Die evolutionäre Vision ist eine von der Wissenschaft inspirierte Vision, aber sie erfreut sich keiner "wissenschaftlichen Neutralität". Keine Theorie oder Vision, die ihren Ursprung in der Wissenschaft hat und sich mit dem Menschen befaßt, ist neutral - in dieser Hinsicht ist die Unparteilichkeit der Wissenschaft eine Fiktion. Es ist einfach nicht wahr, daß die auf die menschlichen Belange angewandte Wissenschaft sich nur mit den Fakten befaßt und nichts über Werte aussagt. Wer zum Beispiel in bezug auf die Welt in der Gegenwart die Fakten wirklich kennt, der weiß, daß wir in einer Welt leben, die sich in einer schnellen und entscheidenden Umwandlung befindet, und er weiß auch, daß diese Umwandlung bewußt und zweckgerichtet gesteuert werden kann. Er oder sie kann mit diesem Wissen nicht neutral bleiben.

Wenn Manager einen wissenschaftlichen Blickwinkel auf die Gegenwart erwerben, können sie alles andere als neutral bleiben. Sie sind diejenigen unter den Entscheidungsträgern, die über die größte Lenkungskraft verfügen und daher die größte Verantwortung für die Lenkung tragen. Sie müssen erkennen, daß die Unternehmenswelt nicht nur in Verbindung mit der Anwendung der wissenschaftlichen Erkenntnisse durch die Technologie mit der Wissenschaft verbunden ist, sondern auch im Hinblick auf verantwortungsbewußtes Denken und Entscheiden. Das Problem unserer Zeit ist nicht die technische Beherrschung der Natur, sondern die Beherrschung der durch die Wissenschaft und durch die Technologie freigesetzten Kräfte für die Belange des Menschen.

Die Reaktion auf das Problem unserer Zeit verlangt ein verantwortungsvolles Verhalten. Verantwortungsbewußtes Verhalten ist praktische Ethik, die Umsetzung gesunder Prinzipien in Handlungen. Diese sind ein Teil der Moral, die allem gesellschaftlichen Umgang zugrunde liegt. Während das Individuum heranreift, wird seine Erfahrung mit sozialen Untertönen durchtränkt. Die instinktive Sozialisierung ist das Fundament des Lebens in einer Gemeinschaft, sie ist die wichtigste Grundlage der modernen Gesellschaft. Ohne irgendeine Form der sozialen Moral könnte keine Gesellschaftsordnung aufrechterhalten werden, sie könnte nicht einmal entstehen. Denn die evolutionäre Betrachtung der menschlichen Gesellschaft ist nicht das Ergebnis eines leidenschaftslosen Kooperationsvertrages zwischen den Menschen zwecks Verfolgung gemeinsamer Ziele. Jean Jacques Rousseau und andere Theoretiker des "Gesellschaftsvertrages" gingen mit ihren Rationalisierungen zu weit. Die Gesellschaft ist vielmehr ein Ergebnis der Evolution. Wenn Individuen in einem gemeinsamen Milieu in Wechselwirkung treten, verbinden sich ihre autokatalytischen Zyklen zu übergeordneten katalytischen Hyperzyklen. Es entwickeln sich Muster der gegenseitigen Unterstützung. Diese Verhaltensweise verstärkt das natürliche Einfühlungsvermögen und läßt die synergetische Konvergenz auf der Ebene der Gruppe zu, der nächsten Stufe der sozialen Organisation.

Die primären Gruppen treten ihrerseits zuerst untereinander in Verbindung, dann mit übergeordneten Gruppen und bilden die zahlreichen Schichten und Strukturen der heutigen Gesellschaftsordnungen. Im Laufe dieses Prozesses wird die soziale Moral codifiziert, zuerst in Tabus, Gebräuchen sowie Riten und später in den Systemen der ungeschriebenen und geschriebenen Gesetze. Die Moral nimmt die Form der Ethik an, einer Reihe von Prinzipien, die denkende Menschen gutheißen können.

Im Gegensatz zur instinktiven Moral ist die Ethik ein rationaler und bewußter Versuch, die Prinzipien des Guten und des Bösen, des Richtigen und des Falschen zu formulieren. Verglichen mit der instinktiven Moral hat sie den Vorteil der Offenheit für Prüfung, für Reflexion und für Verbesserung. Dies ist wichtig, denn ein Verhaltenskodex muß von Zeit zu Zeit angepaßt, auf den Entwicklungsstand der Gesellschaft gebracht werden. Die Ethik unserer Zeit ist keine Ausnahme von dieser Regel. Die kollektivistische Ethik des marxistischen Sozialismus ist zusammengebrochen, und die religiöse Ethik hat in der bürgerlichen Gesellschaft nur einen begrenzten Einfluß. Die mit den traditionellen Wertesystemen verbundene Ethik scheint im Verschwinden zu sein, während die dominante individualistische Ethik der Industriegesellschaft seit ihrer Formulierung vor zweihundert Jahren unverändert noch immer hauptsächlich auf die Probleme und Hauptbeschäftigungen der ersten industriellen Revolution konzentriert ist. Es scheint also an der Zeit zu sein, daß eine bewußte Innovation an der vordersten Front der zeitgenössischen Gesellschaft angeregt wird. Die Zeit für eine neue Ethik des Führens, vor allem eine neue Ethik des Managements, scheint gekommen.

Eine zeitgemäße Managementethik ist eine evolutionäre Ethik. Ihre Merkmale sind eine Widerspiegelung des Evolutionsprozesses: Die evolutionäre Ethik ist offen, interaktiv, sie macht sich die Koevolution des Individuums und des Unternehmens, des Unternehmens und des Industriezweiges, des Industriezweiges und der Natur sowie der Natur und der Gesellschaft zu eigen. Daher umfaßt sie auch das Individuum und das sich herausbildende, globale sozioökonomische System. Die Förderung der Entwicklung der umfassenderen Systeme liegt im Interesse des Managements. Die Tunnelsicht und die Kurzsichtigkeit lösen die Bindungen zwischen der Wirtschaft, der Gesellschaft und der Natur nicht auf, sie führen nur zu Schocks und Überraschungen.

Die "weichen" Faktoren, die lange von den "nüchternen" Analytikern vernachlässigt wurden, sind ein unabdingbares Element der evolutionären Managementethik. Die Wertschätzung des Menschen ist ihr Fundament. Diese Wertschätzung verlangt zuerst die Wertschätzung der eigenen Mitarbeiter. Die Persönlichkeitsentwicklung ist ein integraler Bestandteil der neuen Ethik, und zwar im Interesse des Unternehmens selbst. Die "weiche Kultur", die in innovativen Unternehmen bereits heranwächst, muß zielstrebig gefördert werden. Schließlich fallen die Interessen der Individuen mit denen der Organisation, an der sie teilhaben, und der Gesellschaft, die ihre gemeinsame Umwelt ist, zusammen. Wenn dieses Zusammentreffen anerkannt wird, können gewaltige Energien freigesetzt werden. Die Menschen würden nicht mehr durch unvereinbare Ziele ihres Privat- und Berufslebens zerrissen, sondern sie könnten sich mit ihrer Organisation identifizieren und sowohl sich selbst als auch ihre beruflichen Pflichten erfüllen. Selbstverwirklichte Menschen verfügen über Ambitionen, Motivation und Kreativität - die Grundzutaten des Unternehmenserfolges.

Evolutionär denkende Manager bewerten auch sich selbst. In der modernen Welt verlangt das Führen nach integrierten und vielseitigen Persönlichkeiten, die sich selbst erkennen und im unteilbaren Interesse ihrer selbst und des Unternehmens sowie des Unternehmens und der Gesellschaft handeln können. Aus diesem Grunde müssen die Manager einen Ausgleich zwischen der rationalen, der emotionalen, der sinnlichen und der spirituellen Dimension ihrer Persönlichkeit finden. Eine vereinfachende Trennung von Geist und Körper wie auch die Trennung der privaten und beruflichen Sphäre, ist unzureichend. Die Trennung zwischen der beruflichen und der privaten Sphäre bricht ohnedies zusammen. Die Arbeit von Managern findet ebenso Eingang in ihr Privatleben wie in das Privatleben einer großen Zahl anderer Menschen. Und heute formt das Privatleben der Menschen immer mehr ihre Arbeitsweise.

Die Wertschätzung des Menschen muß aber im evolutionären Kontext eingebettet sein: Das Leben besteht nicht nur in der Existenz, sondern in der Chance seiner Fortdauer. Ein echter Respekt für das Leben beinhaltet die Achtung vor den Chancen des Lebens der künftigen Generationen. Das Interesse an der Gesellschaft muß durch das Interesse an der Zukunft ergänzt werden.

Im evolutionären Kontext wird auch die Ethik der Arbeit neu überdacht. Ehrgeizige Manager leben, um zu arbeiten, wogegen Menschen in Routinetätigkeiten nur arbeiten, damit sie leben können. Weder das eine noch das andere erfüllt die Anforderungen der Evolution. Arbeiten und Leben sind sich gegenseitig stützende Unternehmungen, sie sind untrennbar und symmetrisch.

Arbeit dient weder nur dem Lebensunterhalt, noch ist sie der Sinn des Lebens. Die Arbeit besitzt nicht mehr, aber sicherlich auch nicht weniger Sinn als irgendein anderes Gebiet menschlicher Tätigkeit von den familiären Beziehungen bis hin zu Erziehung, Kultur, Sport und Hobbys. Jeder Tätigkeitsbereich überschneidet sich mit allen anderen und bildet mit ihnen gemeinsam jene Hyperzyklen, aus denen die Gesellschaft besteht, zusammen mit allen ihren Gruppen und Untersystemen.

Auf der Führungsebene befindet sich die Arbeit am Knotenpunkt zahlreicher Überschneidungen. Diese Tatsache erlegt den Managern eine große Verantwortung auf: Sie müssen sicherstellen, daß Arbeit auf keiner Beschäftigungsstufe entweder bedeutungslos oder für den Unterhalt des Arbeiters unzureichend ist. Die Erfüllung dieser Verantwortung ist ethisch sowie effizient, denn auch die einfachste Aufgabe wirkt sich auf den Erfolg des Unternehmens aus. Wenn sich alle Menschen innerhalb der Organisation ihres Beitrages zum Ganzen bewußt werden, können sie in ihrer Tätigkeit einen Sinn und die Motivation finden.

Evolutionäre Managementethik ist anspruchsvoll, aber sie ist nicht utopisch. Die moderne Informations- und Kommunikationstechnik verändert die Wahrnehmung der Realität weitaus schneller, als es das gedruckte Wort je tat. Die Rhythmen der Veränderung in unserer instabilen Welt dringen in die Welt der Wirtschaft ein. Die neue Generation der Manager stellt die etablierten Werte, Haltungen und Praktiken in Frage und sucht nach neuen Wegen des Denkens und Handelns. Sie befaßt sich nicht nur mit dem Unternehmensgewinn und dem Wachstum, sondern auch mit seiner natürlichen und sozialen Umwelt sowie mit den sich verändernden Parametern des menschlichen Lebens.

Manager, die begreifen, daß sie ein entscheidender Teil eines gewaltigen Evolutionsprozesses sind, werden motiviert, Effektivität mit Verantwortungsbewußtsein zu kombinieren. Die Erkenntnis, daß man durch sein Denken und Handeln eine wesentliche Kraft des Evolutionsprozesses ist, kann sich als machtvoller ethischer Faktor erweisen.

DIE VISION DER FÜHRUNG

Die evolutionäre Vision ist effektiv, ob man sich nun mit der Welt der Wirtschaft oder mit der Wirtschaft der Welt befaßt. Sie bietet eine machtvolle Methode für die Betrachtung des Unternehmens sowie der Welt insgesamt. Sie kann ein effektives und verantwortungsbewußtes Führungsverhalten fördern.

Schon im Jahre 1981 hat Erich Jantsch in einem Buch mit dem prophetischen Titel *Die evolutionäre Vision* festgestellt, daß der Lohn für die Ausarbeitung dieser Vision nicht nur ein verbessertes akademisches Verständnis dessen sein werde, wie wir auf allen Ebenen der Realität mit der evolutionären Dynamik in Verbindung stehen, sondern er bestehe auch in einer außerordentlich praktischen Philosophie, die uns in einem Zeitalter der kreativen Instabilität und bedeutenden Umstrukturierung als Leitfaden dienen könne. Einer der Autoren des vorliegenden Buches hat im Jahre 1987 sein Buch *Evolution: Die Neue Synthese* mit der Feststellung beschlossen, daß wir die Evolution zu einem bewußten Prozeß machen können. Wir müssen die Struktur erkennen und können durch die bewußte Evolution die uns bedrohenden Gefahren entschärfen sowie die Schaffung reiferer, autonomerer und dynamisch stabilerer menschlicher Systeme fördern.

Im Jahre 1991 umriß der Sozialpsychologe David Loye den aus der Entwicklung einer evolutionären Transformationstheorie für die Gesellschaft zu erwartenden Nutzen. Im Hinblick auf ein effektives und verantwortungsbewußtes Herangehen an das Führen mit Hilfe der evolutionären Vision sind die fundamentalen Vorteile die folgenden:

1. Die Vorteile verbesserter Voraussagen. Obwohl das Studium der Evolution durch das Chaos mit Hilfe der Naturwissenschaften spezifische Grenzen der Vorhersehbarkeit in Übergangsphasen entdeckt hat, werden heute auch neue Möglichkeiten für die Verbesserung von Voraussagen innerhalb dieser Grenzen durch die Erkennung von Mustern gefunden, die entweder auf ein bevorstehendes Chaos oder eine potentielle Ordnung nach dem Chaos hindeuten. Diese neuen Fortschritte weisen darauf hin, wie effektivere Frühwarnsysteme zur Erkennung drohender Krisen in den Bereichen Ernährung, Finanzen, Politik und Umwelt entwickelt werden können. Die Notwendigkeit solcher Systeme wurde glasklar, als die Führer der internationalen Gemeinschaft sich im Grunde unvorbereitet den großen Wellen der Systemveränderung gegenübersahen, Wellen, die in der Mitte dieses Jahrhunderts mit der Entkolonialisierung der Dritten Welt begannen, sich in den 80er Jahren mit Glasnost in der Zweiten Welt fortsetzten und zu einer Reihe von Krisen im Jahre 1991 führten.

2. Die Vorteile verbesserter Leitlinien für Interventionen. Das Erkennen fruchtbarer Wege aus Krisen heraus ist ebenso wichtig für das effektive Management wie die verbesserte Voraussage bevorstehender Krisen und Veränderungen. Eine der größten Schwierigkeiten, denen sich unsere Entscheidungsträger heute gegenübersehen, ist das Wissen, wo, wann und wie man zu intervenieren hat, um soziale, wirtschaftliche, politische oder ökologische Krisen entweder zu verhindern oder, wenn dies nicht mehr möglich ist, sie wenigstens zu lindern. In dieser Hinsicht beinhaltet die evolutionäre Vision ein wichtiges Versprechen. Mathematisch formulierte, dynamische Systemtheorien gestatten die Erzeugung von Computergrafiken, die es ermöglichen, gewaltige Mengen verwirrender Daten in eine verständliche Form zu bringen. Mit Hilfe dieser Methode kann die Vermittlung der Probleme sowie die Verbildlichung schneller und effektiver

Interventionsstrategien erleichtert werden. Angesichts dieser Möglichkeiten, so glaubt der Systemtheoretiker Ralph Abraham, kann die evolutionäre Modellbildung, besonders in ihrer als modulare Dynamik bekannten Form, der zeitgenössischen Zivilisation die Mittel zur Überwindung ihrer zukünftigen Krisen in die Hand geben.

3. Die Vorteile von Problemlösungen auf der Basis der Mitbestimmung. Traditionellerweise hat man sich in schwierigen Zeiten um Rat an Fachleute gewandt und die Ratschläge durch autoritäre Strategien durchgesetzt. Wie der gescheiterte Putsch in der Sowjetunion im August 1991 gezeigt hat, werden Schwierigkeiten durch den Versuch, Probleme ohne die Teilnahme und Motivierung der Menschen zu lösen, deren Leben und Wohlergehen beeinträchtigt sind, noch verschlimmert. In dieser Hinsicht liegt die Verheißung der evolutionären Vision darin, daß das Konzept, auf dem die vorgesehene Problemlösung beruht, breiten Teilen der Bevölkerung mitgeteilt werden kann. Dadurch könnten Führungspersönlichkeiten in der Öffentlichkeit ein breites Verständnis als Voraussetzungen für den Erfolge ihrer Strategien sicherstellen.

4. Die Vorteile klarerer langfristiger Ziele und humanistischer Ideale. Zukunftsforscher und Sozialwissenschafter haben festgestellt, daß im Gegensatz zu den leidenschaftlichen Visionen von einer besseren Zukunft, die die Revolutionen und Reformen des 18. und 19. Jahrhunderts beseelt haben, einer verwirrten und verängstigten Menschheit in unserem Jahrhundert die positiven Visionen auszugehen scheinen. Die romantischen Utopien wurden als unwissenschaftlich abgestempelt, die Vision des Marxismus hat versagt, und die durch religiöse Dogmen inspirierten Visionen erscheinen zu jenseitig, als daß sie praktikable Strategien anregen könnten. Die evolutionäre Vision könnte diese Situation beheben. Dank dieser Vision könnten wir heute auf eine zuverlässige, wissenschaftliche Weise nicht nur die Schwankung von Systemen und Gesellschaftsordnungen um bereits etablierte, traditionelle Zustände begreifen, sondern auch ihren Durchbruch zu neuen Phasen ihrer Entwicklung vorbereiten. Die evolutionäre Vision könnte die gegenwärtig zerfallenden Bilder der Zukunft ersetzen und die Motivation, nach humanistischen und realistischen Zielen zu streben, wiederbeleben.

Die Evolution ist nicht schicksalhaft: Die Zukunft ist offen. Moderne Gesellschaften sind gezwungen, sich zu verändern, und der Prozeß dieser Veränderung läßt eine Vielzahl von Ergebnissen zu. Obwohl die Menschheit nicht so bleiben kann, wie sie ist, kann sie sich ihre Zukunft aussuchen. Sie kann sich bis zu ihrer Vernichtung zurückentwickeln; sie kann sich positiv entwickeln; und sie kann eine Unzahl von Wegen dazwischen gehen. Wären wir für die Gefahren blind, von Verdammnis und Düsternis beherrscht oder hätten wir kein nutzbares Wissen, dann gäbe es Grund zum Pessimismus. Aber ein neues Bewußtsein entwickelt sich, und die zugehörige Wissensbasis wird verfügbar. Der Pessimismus ist voreilig. Aber es ist höchste Zeit zu handeln.

ESSAY III

WAS IST DER EGT? EINE VERTIEFTE DARSTELLUNG DER ALLGEMEINEN EVOLUTIONSTHEORIE[1]

Welche Sicherheit haben wir, daß der fundamentale Trend der Entwicklung sich in die Zukunft fortsetzen wird? Die Tatsache, daß ein Trend in der Vergangenheit gehalten hat, ist keine Garantie dafür, daß er sich auch in der Zukunft fortsetzen wird. In dieser Hinsicht können wir nur sicher sein, wenn wir den Trend von fundamentalen Prozessen ableiten, die selbst dauerhafter Natur sind. Genau dies ist beim evolutionären Gigatrend der Fall.

Der EGT ist das Produkt eines wahrhaft fundamentalen Prozesses. Es ist nicht wahrscheinlich, daß er über Nacht verschwindet. Er wird durch ein bestimmtes System in einer bestimmten Umgebung erzeugt. Die Art des Systems, das den Trend hervorbringt, läßt sich am besten als ein offenes System dritter Ordnung beschreiben und seine Umgebung als eine Welt der konstanten und reichhaltigen Energieflüsse.

Systeme dritter Ordnung. Die Physik läßt uns erkennen, daß Systeme in der Realität in drei Arten von Zuständen existieren.[2] Von diesen drei Zuständen unterscheidet sich einer radikal von den klassischen Konzepten. Es handelt sich um den Zustand, der weit vom thermischen und chemischen Gleichgewicht entfernt ist. Die beiden anderen Zustände beherbergen jene Systeme, die sich entweder im Gleichgewicht oder in seiner Nähe befinden. In einem Zustand des

Gleichgewichtes haben die Energie- und Materieflüsse die Temperatur- und Konzentrationsunterschiede eliminiert. Die Elemente des Systems liegen in einer ungeordneten, zufälligen Mischung vor, und das System selbst ist homogen und in dynamischer Hinsicht inert. Der zweite Zustand unterscheidet sich nur unwesentlich vom ersten: Systeme in der Nähe des Gleichgewichtes besitzen geringe Temperatur- und Konzentrationsunterschiede; ihre innere Struktur ist nicht dem Zufall unterworfen, und das System ist nicht inert. Derartige Systeme tendieren zum Gleichgewicht, sobald die Zwänge wegfallen, die sie im Ungleichgewicht halten. Das Gleichgewicht bleibt für Systeme dieser Art der "Attraktor", den es erreicht, wenn die vorwärts und rückwärts gerichteten Reaktionen sich statisch betrachtet aufheben, so daß insgesamt keine Konzentrationsschwankungen mehr vorhanden sind (ein Ergebnis, das als Massenwirkungsgesetz bekannt ist). Der Wegfall des Konzentrationsgefälles entspricht dem chemischen Gleichgewicht, und die Gleichförmigkeit der Temperatur entspricht dem thermischen Gleichgewicht. Weiterhin wissen wir aus der Thermodynamik: Während ein System in einem Zustand des Ungleichgewichtes Arbeit leistet und daher Entropie erzeugt, wird im Gleichgewicht keine Arbeit mehr geleistet, daher hört die Entropieerzeugung auf.[4]

Der dritte in realen Systemen mögliche Zustand ist der weit vom thermischen und chemischen Gleichgewicht entfernte. Systeme, die sich in diesem Zustand befinden, sind nichtlinear und gelegentlich unbestimmt. Sie tendieren nicht zum Minimum an freier Energie und zum Maximum an Entropie, sondern sie können gewisse Fluktuationen verstärken und sich zu einem neuen und dynamischeren Regime entwickeln, das sich radikal von den Zuständen im Gleichgewicht oder in seiner Nähe unterscheidet.

Auf welche Weise Systeme im Laufe der Zeit tatsächlich dynamischer werden können, hat der Wissenschaft lange Zeit Rätsel aufgegeben. Das berühmte zweite Gesetz der Thermodynamik sagt aus, daß Organisation und Struktur in jedem isolierten System zum Verschwinden tendieren und durch Einförmigkeit und Zufall ersetzt werden. Jedes System, das Arbeit leistet, sei es eine Zelle, ein Organismus, ein ökologisches System oder eine Gesellschaft, gibt die in ihm vorhandene freie Energie ab und muß ablaufen, wenn es seine Energievorräte nicht auffüllt. Dies gilt auch für Maschinen, die immer wieder mit Treibstoff versorgt werden müssen, damit sie weiterlaufen können, und das kann auch für das Universum insgesamt zutreffen, falls es auf den Endzustand des "Wärmetodes" zustrebt. Diese Tatsache gilt aber *nicht* für Systeme, die sich im Universum entwickeln. Diese Systeme sind weder isoliert noch geschlossen: Vielmehr sind sie für Zuflüsse und Abflüsse von Energie offen und oftmals auch für Materie- und Informationsflüsse. Folglich beschreibt das Zweite Gesetz nicht vollständig die Vorgänge, die in Systemen ablaufen, die sich entwickeln - genauer gesagt, welche sich zwischen ihnen und ihrer Umgebung abspielen. Obwohl die inneren Prozesse eines Systems dem zweiten Gesetz folgen (wenn freie Energie einmal verausgabt ist, steht sie für weitere Arbeit nicht mehr zur Verfügung), wird durch diese Systeme verfügbare Energie für die Ausführung weiterer Arbeit aus ihrer Umgebung "importiert". Die Systeme besitzen einen Transport an freier Energie, negativer Entropie, über ihre Grenzen hinweg.[3] Wenn die freie Energie im System und die aus der Umgebung transportierte Energie sich ausgleichen, befindet sich das System in einem stabilen Zustand. Weil sich diese beiden Flüsse in einer dynamischen Umwelt selten über längere Zeit genau ausgleichen, tendieren reale Systeme eher zur Fluktuation um ihre stabilen Zustände als zur Verfestigung in ihnen ohne Schwankungen.

Die Umgebung von Systemen dritter Ordnung. Offene Systeme im dritten Zustand entwickeln sich in allen Bereichen der natürlichen Welt. Dies gilt für das physikalische Universum ebenso wie für die Welt des Lebens. Sie benötigen aber immer eine spezifische Art der Umgebung. Im wesentlichen ist dies eine im Fluß befindliche Umwelt, in der eine reichhaltige und konstante Energiequelle die Systeme bestrahlt. Es ist bekannt, daß solche durch komplexe Systeme fließende Strömungen sie auf Zustände zutreibt, die durch ein höheres Niveau an freier Energie und niedrigere spezifische Entropie gekennzeichnet sind. Schon im Jahre 1968 zeigten Experimente des Biologen Harold Morowitz, daß ein Energiefluß, der durch eine komplexe Molekülstruktur fließt, seine Bestandteile so organisiert, daß die Systeme auf wachsende Mengen freier Energie zugreifen, sie nutzen und speichern.[4] Die Erklärung dieses Phänomens wurde in den Begriffen der Thermodynamik durch den israelischen Thermodynamiker Aharon Katchalsky im Jahre 1971 geliefert. Er wies nach, daß eine wachsende Durchdringung mit Energie Systeme, die aus einer großen Anzahl diffus gekoppelter, nichtlinearer Elemente bestehen, immer zu Zuständen eines zunehmenden Ungleichgewichtes treibt. Die Einzelheiten des Prozesses wurden in Laborexperimenten demonstriert. Sie reichen von der Bildung von Bénard-Zellen in einer Flüssigkeit bis zum Erscheinen des Lebens in der Biosphäre.

Das Bénard-Zellen-Experiment ist einfach. In einer Flüssigkeit wird durch Erhitzung ihrer unteren Oberfläche ein vertikaler Temperaturgradient erzeugt. Dadurch bewegt sich ein kontinuierlicher Wärmefluß von unten nach oben. Wenn der Gradient einen kritischen Wert erreicht, wird der Zustand der Flüssigkeit instabil, indem Wärme durch die Leitfähigkeit nach oben transportiert wird. Es entsteht eine Konvektionsströmung, die die Geschwindigkeit der Wärmeübertragung erhöht. Die Strömung hat die Form einer komplexen räumlichen Organisation der Moleküle in der Flüssigkeit: In einer kohärenten Bewegung bilden sie sechseckige Zellen einer bestimmten Größe.[5] Die Zellen erhalten sich im Wärmefluß und dissipieren mit hoher Geschwindigkeit Entropie. Dieser Vorgang unterscheidet sich grundlegend von Prozessen in Systemen, die sich in der Nähe des Gleichgewichtes befinden.[6]

Wenn in einem Medium ein dauerhafter Energiefluß vorhanden ist, bilden sich spontan neue Ordnungen. Dies gilt für den Wärmefluß aus dem Kern eines Sternes wie der Sonne zu seinen äußeren Schichten: Die Strömung organisiert sich selbst und erzeugt die typischen Bénard-Zellen. Es gilt auch für die Strömung von Warmluft von der Oberfläche der Erde in der Richtung des Weltraumes. Die Erde, die durch die Sonne erwärmt wird, heizt die Luft von unten auf, während der Weltraum, der viel kälter ist, die Wärme der oberen Schichten der Atmosphäre absorbiert. Während die untere Schicht der Atmosphäre aufsteigt und die obere Schicht fällt, entstehen Zirkulationsstrudel. Diese nehmen die Form von Bénard-Zellen an. Als dicht gepackte Sechseckgitter hinterlassen diese Zellen ihren Abdruck auf dem Muster der Sanddünen der Wüste und der Schneefelder in der Arktis. Sie stellen eine fundamentale Form der Art von Ordnung dar, die sich in offenen Systemen bildet, wenn sie sich hin zu Zuständen bewegen, die weit vom thermodynamischen Gleichgewicht entfernt sind.

Das Leben auf diesem Planeten kann durch einen solchen Prozeß der fortschreitenden Organisation von Systemen dritter Ordnung entstanden sein. Es ist wohlbekannt, daß eine gleichmäßige Bestrahlung durch Energie von der Sonne von fundamentaler Bedeutung für die Auslösung der Grundreaktionen war, die zu den ersten Protobionten in den flachen Urmeeren führten. Es ist auch möglich, daß die Energie der Erde selbst in Form heißer Unterseequellen in den archaischen Meeren eine Rolle gespielt hat. Die Hypothese verlangt, ähnlich wie bei den chemischen Reaktionen, die für die Bénard-Zellen verantwortlich sind, eine Reihe von kleinen Reaktoren mit einem kontinuierlichen Fluß. Die Reaktionssysteme der Natur können aus brüchigen Fronten des Gesteins unter Wasser bestanden haben, durch die sich das Meereswasser schnell erhitzt hat und mit Chemikalien im Gestein und der See in der Umgebung reagierte. Während die heiße Flüssigkeit an die Oberfläche stieg, hat sie ihre Wärme abgestrahlt. Die Chemikalien, die als Grundbausteine des Lebens dienten, wurden ständig in dem kontinuierlichen Energiefluß in den flachen Meeren gemischt, die durch das auf den Meeresgrund austretende und die Sonnenenergie verstärkende Magma gebildet wurden. Die Protobionten (die Lipidbläschen, aus denen sich in den nachfolgenden Äonen die komplexeren Lebensformen entwickelt haben) könnten aus dieser Reaktionsreihe entstanden sein.

Die höheren Stufen der Komplexität. Wie wir eben gesehen haben, treten Systeme mit einer geordneten Struktur und einem geordneten Verhalten in Erscheinung, wenn eine Reihe von Reaktanten einem reichhaltigen und dauerhaften Energiefluß ausgesetzt sind. Wenn der Prozeß andauert, werden die Systeme zunehmend strukturiert und komplex. Weil sie sich immer weiter vom Gleichgewicht entfernen, werden sie auch zunehmend instabil. Ihr Bestand ist dann durch die katalytischen Zyklen bedingt, die sich zwischen ihren Hauptbestandteilen und Untersystemen herausbilden. Komplexe Systeme zeigen in der Natur fast immer irgendeine Art von katalytischen Zyklen. Da sie im Laufe der Zeit über große Flexibilität und hohe Reaktionsgeschwindigkeiten verfügen, werden diese Zyklen tendenziell selektiert.[7] Lars Onsager konnte schon im Jahre 1931 nachweisen, daß in einem stabilen System zyklische Materie-Energieflüsse auftreten. In einem einfachen chemischen System, welches aus den drei den drei Molekülarten A, B und C besteht, in dem sowohl vorwärts als auch rückwärts gerichtete Reaktionen möglich sind, z. B.:

A = B, B = C, C = A

verlagert das System durch die Einführung einer kontinuierlichen Bestrahlung mit Energie in einem der Zyklen seine Struktur, z. B.:

A + hv > B

tendenziell in ein zyklisches Muster

A > B > C > A

Daher dominieren in einem relativ einfachen chemischen System die autokatalytischen Reaktionen, wogegen in einem komplexeren Prozeß, der für die Phänomene des Lebens kennzeichnend ist, ganze Ketten wechselkatalytischer Zyklen auftauchen. Die Physiker Manfred Eigen und Peter Schuster haben gezeigt, daß katalytische Zyklen der Stabilität in der Reihenfolge der Nukleinsäuren zugrunde liegen, die die Struktur der lebenden Organismen codieren und die Fortdauer der zahlreichen Lebensformen auf diesem Planeten sicherstellen.

Wenn genügend Zeit und ein dauerhafter Energiefluß vorhanden ist, tendieren die fundamentalen katalytischen Zyklen dazu, sich in Hyperzyklen zu verblocken. Diese Zyklen erhalten zwei oder mehr Systeme durch koordinierte Funktionen in einer gemeinsamen Umgebung . Zum Beispiel enthalten die Nukleinsäuremoleküle sowohl die für ihre Reproduktion benötigte Information als auch ein Enzym. Das Enzym katalysiert die Produktion eines weiteren Nukleinsäuremoleküls, das dann sich selbst und ein weiteres Enzym reproduziert. Der Regelkreis kann eine große Anzahl von Elementen enthalten. Letztendlich schließt er sich aber in sich selbst und bildet einen wechselkatalytischen Hyperzyklus, der wegen seiner hohen Reaktionsgeschwindigkeit und Stabilität unter einer Vielzahl von Bedingungen bemerkenswert ist.

Die Bildung von Hyperzyklen läßt es zu, daß dynamische Systeme auf immer höheren Organisationsebenen hervortreten. Die Verlagerung von einer Organisationsebene zur anderen mit Hilfe der Hyperzyklen ruft den Konvergenzaspekt des evolutionären Gigatrends hervor. Konvergente Systeme auf zunehmend höheren Organisationsstufen haben eine breitere Palette an Möglichkeiten, jene Prozesse festzulegen, durch die sie auf wachsende Mengen freier Energie in entsprechend komplexen Strukturen zugreifen, sie verwenden und sie speichern. Der Grund dafür ist die Tatsache, daß auf der höheren Ebene dank der größeren Vielfalt und Reichhaltigkeit der Bestandteile sowie dank der Untersysteme eines Systems ein größerer Grad an Komplexität als auf der niedrigeren Ebene entwickelbar ist.

Die breitere Palette der strukturellen Möglichkeiten bietet neue Entwicklungsmöglichkeiten. Aus zahlreichen Atomen aufgebaute Moleküle und aus zahlreichen Molekülen aufgebaute Zellen können sich zu den komplexen Polymeren entwickeln, die die Grundlage des Lebens sind.

Lebende Organismen, aus zahlreichen Zellen aufgebaut, können sich zu den höheren Lebensformen entwickeln, und auf zahlreichen Spezies und Populationen beruhende ökologische Systeme können zu regionalen und zu kontinentalen Ökosystemen heranreifen. Die menschlichen Gesellschaftsordnungen, selbst aus zahlreichen Populationen und Organisationsebenen aufgebaut, tendieren zur Entwicklung zunehmend umfassenderer Einheiten: in Richtung auf Nationen und regionale Gemeinschaften von Völkern und Nationen sowie auf eine globale Gemeinschaft aller Nationen und Völker.

ANMERKUNGEN ZU ESSAY III

[1] Dieser Exkurs über die Grundlagen der Evolutionstheorie ist für den wissenschaftlich geneigten Leser gedacht. Er verlangt allerdings kein wissenschaftliches Fachwissen, denn technische Einzelheiten werden in die Fußnoten verwiesen. Weitergehende und zusätzliche technische Details sind in den Werken zu finden, die am Ende dieses Buches aufgeführt sind.

[2] Die Ereignisse in der Realität werden als Systeme behandelt, weil die Berechnung von Effekten durch die Betrachtung von Dingen als getrennte, durch Kausalbeziehungen miteinander verbundene Entitäten, unglaublich umständlich wird, wenn es um Dinge geht, die über mehrere Variablen und Mehrfachverbindungen zwischen den Variablen verfügen. Der Mensch besteht aus etwa fünf Oktillionen Atomen, sein Gehirn ist aus etwa zehntausend Millionen Neuronen aufgebaut. Ein Wasserstoffatom besteht aus nur einem Proton und einem Neutron in seinem Kern sowie einem Elektron in seiner Hülle, aber die Anzahl der Kräfte, die in ihm wirken, ist so komplex, daß zu ihrer Darstellung die multidimensionale Mathematik benötigt wird. Der Kybernetiker W. Ross Ashby hat gezeigt, daß bei der Arbeit mit wirklich großen Zahlen, zum Beispiel mit zehn Milliarden Nervenzellen oder mit komplizierten Interaktionsmustern, wie denen zwischen den Spezies im Amazonasdschungel, die Kombinationsmöglichkeiten zu fantastisch großen Zahlen führen. Ebenso fantastisch ist die Kapazität der Informationsverarbeitung, die von einem System verlangt wird, das die Interaktionen berechnen soll. Der Physiker H. J. Bremermann vertritt die Ansicht, daß die Obergrenze der praktischen Berechenbarkeit die enorm hohe Zahl 10^{70} sei - und diese Zahl erreicht man bald, wenn man sich mit dem Kombinationsraum mehrerer in Wechselwirkung stehender Variablen befaßt. In der Mathematik der Berechnung tauchen exponentiell, faktoriell und noch explosiver ansteigende Funktionen auf. Aus diesem Grunde ist es völlig unmöglich, die Gedanken, die einer Person durch den Kopf gehen, durch die Summierung der elektrochemischen Entladungen der Neuronen in ihrem Gehirn zu erklären oder auch nur das Verhalten eines Unternehmens durch die Summierung der individuellen Charakteristika seiner Angestellten zu berechnen. Auch im Falle weniger Variablen mit einer geringen Wechselwirkung untereinander tauchen Zahlen auf, die ebenso groß oder größer sind als diejenigen, die realistisch durch unsere eigene "Wetware" oder auch durch hochentwickelte Computer-Hard- und Software gehandhabt werden können. Folglich hat die Wissenschaft gelernt, die individuellen Interaktionen als Teil des Verhaltens eines integrierten Ganzen zu betrachten, das heißt von komplexen Systemen. In diesem Sinne erzeugt die Komplexität in den Phänomenen keine Komplexität, die dem Verständnis im Wege stände.

[3] In einem Zustand des Gleichgewichtes sind die Erzeugung von Entropie sowie die Kräfte und die Flüsse (die Geschwindigkeiten irreversibler Prozesse) alle Null, während die Entropieerzeugung in Zuständen nahe am Gleichgewicht klein ist, die Kräfte schwach und die Flüsse lineare Funktionen der Kräfte sind. Daher ist ein Zustand in der Nähe des Gleichgewichtes der eines linearen Ungleichgewichtes, welcher durch die lineare Thermodynamik im Sinne statistisch vorhersehbarer Verhaltensweisen beschrieben wird, da das System zur maximalen Dissipation der freien Energie und der höchsten Ebene der Entropie tendiert. Ungeachtet der Ausgangsbedingungen wird das System letztendlich einen Zustand erreichen, der durch

die geringste Menge an freier Energie und die höchste Entropie gekennzeichnet ist, die mit seinen Grenzbedingungen verträglich ist.

Die Veränderung der Entropie von Systemen wird durch Prigogines berühmte Gleichung $dS = d_iS + d_eS$ definiert. Hier bedeutet dS den Betrag der Veränderung der Entropie im System, während d_iS die Veränderung der Entropie beschreibt, die durch unumkehrbare Prozesse hervorgerufen wird, und d_eS bedeutet die über die Systemgrenzen transportierte Energie. In einem isolierten System ist dS immer positiv, weil der Wert eindeutig durch d_iS bestimmt wird. Dieser Wert wächst notwendigerweise, während das System Arbeit leistet. In einem offenen System dagegen kann d_eS die im System erzeugte Entropie ausgleichen und sogar übersteigen. Daher muß dS in einem offenen System nicht positiv, sondern der Wert kann Null oder negativ sein. Das offene System kann sich in einem stationären Zustand befinden ($dS = 0$), oder es kann wachsen und komplexer werden ($dS < 0$). Die Veränderung der Entropie in einem solchen System ist durch die Gleichung

$$d_eS = (-d_iS \leq 0)$$

gegeben. Dies bedeutet, daß die durch unumkehrbare Prozesse im System erzeugte Entropie an die Umgebung abgegeben wird.

[4] Die freie Energie eines Systems ist nach der Gleichung

$$F = E - TS$$

umgekehrt proportional zur Entropie. In dieser Gleichung bedeutet F die freie Energie, E bedeutet die Gesamtenergie, T ist die absolute Temperatur und S die Entropie. Je kleiner die Entropie des Systems bei einer beliebigen Temperatur ist, desto größer ist seine freie Energie, und umgekehrt.

[5] Der Leser kann in seiner Küche sein eigenes Bénard-Zellen-Experiment durchführen. Die einfachste Möglichkeit ist das Erhitzen von etwas Speiseöl in einer flachen Pfanne über einer schwachen Wärmequelle. Es entsteht ein Temperaturgradient zwischen der Unter- und der Oberseite der Flüssigkeit. Um die Bénard-Zellen sichtbar zu machen, genügt die Beigabe eines granulierten Pulvers, gleichmäßig über die Oberfläche verteilt. Die Körnchen des Pulvers organisieren sich in sechseckigen Zellen, wenn der Wärmefluß in der Flüssigkeit von der einfachen Wärmeleitung zur effektiven Konvention umschlägt.

[6] Die Chemie trägt zur Aufklärung darüber bei, wie sich Systeme aus untereinander in Wechselwirkung stehenden Elementen von Zuständen im oder nahe am Gleichgewicht zu Bereichen des Ungleichgewichtes entwickeln. Unter kontrollierten Laborbedingungen werden chemische Reaktionen bestrahlt und dadurch gezwungen, sich immer weiter vom chemischen Gleichgewicht zu entfernen. Relativ nahe am chemischen Gleichgewicht läßt sich das Reaktionssystem noch mit Erfolg durch das Lösen der chemischen, kinetischen Gleichungen beschreiben, die im Gleichgewicht gelten, sowie durch die Lösung der Gleichungen, die der Brownschen Molekularbewegung und der zufälligen Mischung der Bestandteile entsprechen. Während die Reaktionsgeschwindigkeiten steigen, wird das System an irgendeinem Punkt instabil, und neue Lösungen sind zur Erklärung ihres Zustandes erforderlich. Diese verzweigen sich von denjenigen, welche im Beinahegleichgewicht gelten. Die modifizierten Lösungen zeigen neue Zustände der Organisation im System der Reaktanten an: stationäre oder dynamische Muster der Struktur oder chemische Uhren, die mit unterschiedlichen Fre-

quenzen ablaufen. Wo der Gleichgewichtszweig der Lösung instabil wird, nimmt das Reaktionssystem solche Merkmale an, die allgemein für Systeme im Ungleichgewicht kennzeichnend sind: Es tritt ein kohärentes Verhalten und eine größere Unabhängigkeit von der Umgebung auf. Die Elemente haften in einer erkennbaren Einheit mit einer charakteristischen räumlichen und zeitlichen Ordnung aneinander. Wir haben jetzt ein dynamisches System, während in der Nähe des Gleichgewichtes nur eine Reihe von Reaktanten vorhanden war.

[7] Es gibt zwei Arten katalytischer Zyklen: Zyklen der Autokatalyse, wobei das Produkt einer Reaktion seine eigene Synthese katalysiert, und Prozesse der Crosskatalyse, wobei zwei verschiedene Produkte (oder Gruppen von Produkten) ihre Synthese gegenseitig katalysieren. Ein Beispiel für die Autokatalyse ist das Reaktionsschema

$$X + Y \rightarrow 2X.$$

Ausgehend von einem Molekül X und einem Molekül Y werden zwei Moleküle X erzeugt. Die chemische Ratengleichung für diese Reaktion ist

$$\frac{dX}{dt} = K X Y$$

Wenn Y bei einer konstanten Konzentration gehalten wird, wächst X exponentiell. Crosskatalytische Reaktionszyklen sind von der Schule Ilya Prigogines im Detail untersucht worden. Ein als der Brüsselator bekanntes Modell einer solchen Reaktion besteht aus den folgenden vier Schritten:

(1) $A \rightarrow X$
(2) $B + X \rightarrow Y + D$
(3) $2X + Y \rightarrow 3X$
(4) $X \rightarrow E$

In diesem Reaktionsmodell sind X und Y Zwischenmoleküle einer Gesamtfolge, die A und B zu D und E umwandelt. In Schritt (2) wird Y aus X und B synthetisiert, während in Schritt (3) ein zusätzliches X durch Kollisionen von 2X und Y erzeugt wird. Während also (3) an sich eine Autokatalyse darstellt, ist die Kombination aus (2) und (3) die Crosskatalyse.

DIE AUTOREN

ERVIN LASZLO

ist ein globaler Querdenker mit europäischen Wurzeln. Er war in seiner Jugend ein erfolgreicher Konzertpianist und entdeckte als Liszt-Preisträger auf internationalen Tourneen sein Interesse an Philosophie, Sozialwissenschaften und Zeitgeschehen. Daraufhin wandte er sich den Wissenschaften zu. Als Hochschullehrer vertritt er mehrere Lehrstühle in Europa, den USA und Asien. Seine Wirkungsstätten umfassen den Globus: So ist er ein Gründungsmitglied des CLUB OF ROME, stand der UN-Organisation "United Nations Institute for Training and Research" als Leiter vor und ist Generalsekretär des "European Culture Impact Research Consortium EUROCIRCON". In der "General Evolution Research Group" vernetzte er weltweit führende Wissenschafter. Er schrieb über 50 Bücher und ist Herausgeber mehrerer Zeitschriften und Buchreihen. Ervin Laszlo ist wissenschaftlicher Berater des Generalsekretärs der UNESCO.

CHRISTOPHER LASZLO

ist der Sohn von Ervin Laszlo. Er ist ein junger, global agierender Manager mit hoher theoretischer Kompetenz und besitzt akademische Abschlüsse in Wirtschaftswissenschaften und Politikwissenschaften von der Columbia University, an der er auch lehrte. Bei Braxton Associates in Boston und Paris, einer Beraterfirma für Unternehmesstrategie, war er Seniorberater. Seitdem arbeitet er als Vizepräsident für strategische Planung bei Lafarge Coppée (genauer gesagt: bei der North American Lafarge Corporation in Dallas, Texas), einer Fortune-500-Firma, deren Sitz in Paris liegt. Christopher Laszlo berät und trainiert Unternehmen in Europa und den USA.

Index

Verzeichnis der Abbildungen

Bibliographie der Hauptwerke von Ervin Laszlo

ESSENTIAL SOCIETY
An Ontological Reconstruction
The Hague: Martinus Nijhoff, 1963

INDIVIDUALISM COLLECTIVISM AND POLITICAL POWER
A Relational Analysis of Ideological Conflict
The Hague: Martinus Nijhoff, 1963

BEYOND SCEPTICISM AND REALISM
An Exploration of Husserlian and Whiteheadian. Methods of Inquiry
The Hague: Martinus Nijhoff, 1966

PHILOSOPHY IN THE SOVIET UNION
A Survey of the Mid-Sixties
(edited)
Dordrecht: D. Reidel;
New York: Humanities Press, 1966

SYSTEM STRUCTURE AND EXPERIENCE
Toward a Scientific Theory of Mind
New York and London: Gordon & Beach, 1969

HUMAN DIGNITY: THIS CENTURY AND THE NEXT
with R. Gotesky (edited)
New York and London: Gordon & Breach, 1971

EMERGENT MAN
with J. Stuhman (edited)
New York and London: Gordon & Breach 1973
EVOLUTION AND REVOLUTION
Patterns of Development in Nature, Society, Culture and Man
with R. Gotesky (edited)
New York and London: Gordon & Breach, 1971

INTRODUCTION TO SYSTEMS PHILOSOPHY
Toward a New Paradigm of Contemporary Thought
New York and London: Gordon & Breach;
Toronto: Fitzhenry & Whiteside, 1972,
reprinted: Gordon & Breach, 1984
revised edition:
New York, Evanston, San Francisco, London: Hrper Torchbooks, 1973

THE SYSTEMS VIEW OF THE WORLD
The Natural Philosophy of the New Developments in the Sciences
New York: George Braziller, 1972

THE RELEVANCE OF GENERAL SYSTEMS THEORY
(edited)
New York: George Braziller, 1973

A STRATEGY FOR THE FUTURE
The Systems Approach to World Order
New York: George Braziller, 1974

GOALS FOR MANKIND
Reports to the Club of Rome on the New Horizons of Global Community
New York: E. P. Dutton, 1977
New York: New American Libary
Signet Books, 1978

THE INNER LIMITS OF MANKIND
Heretical Reflections on Contemporary Values, Culture and Politics
Oxford and New York: Pergamon Press, 1978
revised and updated edition:
Oxford: Oneworld Publications, 1989

THE OBJECTIVES OF THE NEW INTERNATIONAL ECONOMIC ORDER
with R. Baker, E. Eisenberg, V. K. Raman
New York: UNITAR and Pergaman Press, 1978

THE UNITED STATES CANADA AND THE NEW INTERNATIONAL ECONO-MIC ORDER
with J. Kurtzman (edited)
New York: UNITAR and Pergamon Press, 1979

WESTERN EUROPE AND THE NEW INTERNATIONAL ECONOMIC ORDER
with J. Kurtzman (edited)
New York: UNITAR and Pergamon Press, 1979

THE SOVIET UNION EASTERN EUROPE AND THE NEW INTERNATIONAL ECONOMIC ORDER
with J. Kurtzman (edited)
New York: UNITAR and Pergamon Press, 1979

FOOD AND AGRICULTURE IN THE GLOBAL PERSPECTIVE
with I. Miljan and J. Kurtzman (edited)
New York: UNITAR and Pergamon Press, 1979

THE STRUCTURE OF THE WORLD ECONOMY AND PROSPECTS
for a new international economic order
with J. Kurtzman (edited)
New York: UNITAR and Pergamon Press, 1980

SYSTEMS SCIENCE AND WORLD ORDER
Selected Studies
Oxford and New York: Pergamon Press, 1983

COOPERATION IN THE 1980s
Principles an Prospects, edited
London: Cassell-Tycooly, 1984

EVOLUTION: THE GRAND SYNTHESIS
Boston and London: New Science Library
Shambhala Publications, 1987

EVOLUTION - DIE NEUE SYSNTHESE
Wege in die Zukunft
ISBN: 3- 203-50968-7
Wien: Europa Verlag 1987

THE NEW EVOLUTIONARY PARADIGM
Transdisciplinary Studies
edited
New York: Gordon & Breach, 1991

THE AGE OF BIFURCATION
The key to Understanding the Changing World
New York: Gordon & Breach, 1991

GLOBAL DENKEN
Die Neu-Gestaltung der vernetzten Welt
Vorw. v. Prigogine, Ilya,
ISBN 3-926116-11-0
Rosenheim: Horizonte Verlag 1989

NEW LECTURES ON SYSTEMS PHILOSOPHY
Beijing: Chinese Social Science Press, 1992

THE EVOLUTION OF COGNITIVE MAPS
New Paradigms for the 21st Century
(edited, with I. Masulli)
New York: Gordon & Breach, 1992

DIE INNEREN GRENZEN DER MENSCHHEIT
Mit einem Essay v. Peccei, Aurelio.
ISBN 3-926116-08-0
Rosenheim: Horizonte Verlag 1988

A MULTICULTURAL PLANET
Diversity and Dialogue in Our Common Future, Report to UNESCO (edited)
Oxford: Oneworld Publications, 1992

RETTET DIE WELTKULTUREN
Vielfalt erhalten - Kommunikation fördern.
Der Report einer internationalen Expertengruppe
Hrsg. v. Laszlo, Ervin. 1992.
ISBN: 3-926116-47-1
Rosenheim: Horizonte Verlag, 1992

AUX RACINES DE L'UNIVERS
Vers une théorie unifée de l'esprit et du matière
Paris: Fayard, 1992
(Deutsche, Italienische und Chinesische Fassung in Vorbereitung)

GEPLANTE VERÖFFENTLICHUNGEN:

THE DESTINY CHOICE
The Laszlo Report on Global Survival 2000 Plus (Der Laszlo-Report, München: mvg 1992)

VISION AND REALITY
Cognitive Maps at the Dawn of the 21st Century
(with Robert Artigiani, Allan Combs, and Vilmos Csanyi) (Fulda: PAIDIA, 1993)